Michael Opoczynski

Wunderland ist abgebrannt

Michael Opoczynski

Wunderland ist abgebrannt

Wie wir noch zu retten sind

Unter Mitarbeit von
Ruth und Friedhelm Schwarz

Droemer

Besuchen Sie uns im Internet:
www.droemer.de

Die Einschweißfolie ist biologisch abbaubar.
Dieses Buch wurde auf chlor- und säurefreiem Papier gedruckt.

Ein Unternehmen der Droemerschen Verlagsanstalt
Th. Knaur Nachf. GmbH & Co. KG, München

Umschlaggestaltung: ZERO Werbeagentur, München
Umschlagabbildung: ZDF/Carmen Sauerbrei
Satz: Adobe InDesign im Verlag
Druck und Bindung: GGP Media GmbH, Pößneck
Printed in Germany
ISBN 978-3-426-27417-0

5 4 3 2 1

Inhalt

Vorwort

Deutschland in den letzten sechzig Jahren: Jahrzehntelang geht es nur aufwärts – schneller, höher, weiter. In den Nachkriegsjahren wundert man sich noch ein bisschen. Und freut sich an dem Wiederaufstieg.
Doch dann gewöhnen sich die Älteren an das unaufhaltsame Bergauf. Die Jungen kennen es gar nicht anders. Die Autos werden größer und schneller. Das Internet bringt uns in die weite Welt. Die Kleidung ist so billig, dass nichts mehr geflickt werden muss. Wegschmeißen, neu kaufen! Schuhe putzen – wie geht das? Jedes Jahr eine kleine Tariferhöhung. Und wer keinen Job hat, wird irgendwie aufgefangen. Geht doch! Wunderbares Wirtschaftswunderland.
Die Menschen in der Dritten Welt liefern uns für billiges Geld ihre Waren. Das Öl fließt. Der Strom kommt aus der Steckdose. Indien und China – naja, tut uns leid, dass die so abgehängt sind.
Dann kommt ein kleiner Knick: Mit der Wiedervereinigung Deutschlands wächst die gesamtdeutsche Familie unvermittelt zusammen. Die Brüder und Schwestern freuen sich aufs Mitmachen im Wunderland. Sie wissen zwar nicht so genau, dass auch hart gearbeitet werden muss, und sie haben auch nichts eingezahlt in die Rente. Aber wir nehmen sie an der Schulter: Wird schon gehen! Blühendes Wunderland – auch für euch!
Dann plötzlich ein heftiger Knick. Jemand hat in die

Kasse geguckt. Oh Schreck: Da ist ja nichts drin. Unvermutet wird uns gesagt, dass es nicht so weitergehen kann: kurze Arbeitswochen, lange, hohe Rentenzahlungen, billige Krankenversicherung, Kündigungsschutz, Sozialhilfe für jeden. Auf einmal ist Schluss.

Und nicht nur das: Die Menschen aus den anderen Ländern überholen uns rechts und links. Diese Inder, diese Chinesen, die sind einfach schneller als wir. Die bauen ihre Autos selbst und billiger als wir. Die haben bessere Schulen und mehr Studenten.

Da ahnen wir plötzlich: Wunderland ist abgebrannt. Nicht jetzt, völlig unvermittelt, sondern in einem stetigen Schwelbrand während der letzten Jahre. Nicht nur ein bisschen – nein, bis auf die Grundmauern. Und uns beschleicht zunehmende Gewissheit: Es wird ziemlich ungemütlich.

Viele geben auf, weil sie nicht sehen, wie wir wieder aufschließen wollen zu den anderen. Sie ziehen sich zurück auf ihre Finca in Spanien und sehen per Satellit in den Nachrichten, wie Deutschland verkommt.

Andere sehen die Stärken unseres Landes, die engagierten Menschen, den kulturellen Reichtum, die landschaftliche Schönheit. Sie wollen nicht zulassen, dass Deutschland auf Dritte-Welt-Niveau sinkt. An diese Menschen richtet sich dieses Buch. Mit einem schonungslosen Blick auf das ehemalige Wunderland und einem skeptischen Blick in die Zukunft zeigt es, welche Schritte zur Rettung unternommen werden müssten, und bietet sich damit als Wegweiser an für alle, die nicht aufgeben wollen.

Michael Opoczynski

Die Spaltung unserer Gesellschaft

Jung ist er – der 25-jährige Absolvent der European Business School im Rheingau in der Nähe von Wiesbaden. Glücklich ist er – gutes Examen in der Tasche; einige international bekannte Unternehmen haben schon bei ihm angefragt: »Hätten Sie Lust, bei uns ...?« Stolz ist er – die Eltern haben ihm zum Examen einen BMW-Roadster geschenkt. Den hat er sich schon lange gewünscht. Und cool ist er – mit der Debatte über die neue Unterschicht kann er nichts anfangen. Das ist nicht seine Welt. Er weiß nicht, worüber da geredet wird, und es interessiert ihn auch nicht.

Was hat er gemein mit einem, der die Schule vor zwei Jahren abschloss – fünf Jahre jünger, Hauptschulabgänger mit Migrationshintergrund, seit zwei langen Jahren vergeblich auf der Suche nach einem Ausbildungsplatz? Was verbindet den 55-jährigen Hartz-IV-Empfänger in Mecklenburg-Vorpommern, der nebenher alte Fernsehgeräte repariert, mit dem 55-jährigen Besitzer einer gut gehenden Apotheke, der sich überlegt, ob er in diesem Winter erst auf die Seychellen zum Tauchen und dann zum Skifahren fährt oder umgekehrt?
Welche Perspektiven teilen sie: der arbeitslose Maschinenbauingenieur am Niederrhein, der nicht weiß,

wie er den Kredit für sein Reihenhaus weiter abbezahlen soll, mit einer Absolventin einer Technischen Hochschule, die sich entschließt, einen Job bei einer indischen Firma in Bangalore anzunehmen, weil sie in Deutschland keine Arbeit findet?
Wo sind die Gemeinsamkeiten zwischen einer vierköpfigen Hartz-IV-Familie, die das Schimmelproblem in ihrer 3-Zimmer-Wohnung in Duisburg nicht in den Griff bekommt, und der fünfköpfigen Akademikerfamilie im Taunus, die sich nicht entscheiden kann, ob sie statt des nur englischsprachigen Au-Pair-Mädchens nicht lieber eines aus Hongkong nehmen sollte, das auch noch gutes Chinesisch spricht? Und welche Gemeinsamkeiten haben der mittelständische Unternehmer, der sich um einen Kredit bemüht, um sein Mineralbrunnen-Unternehmen in der Eifel auszubauen und neue Arbeitsplätze schaffen möchte, und der Bankmanager, der ihm diesen Kredit verweigert, weil er den Standort nicht für zukunftsträchtig und das Unternehmen mit hundert Mitarbeitern für zu klein hält?
Diese Liste unterschiedlicher Schicksale, Probleme und Ziele ließe sich fortsetzen. Sie alle zeigen, wie breit die Palette der Existenzbedingungen und Lebensentwürfe in Deutschland geworden ist. Das Einzige, was alle verbindet, ist, dass sich kaum einer in die Situation des anderen einfühlen kann. Man ist sich fremd und steht sich verständnislos gegenüber. War das schon immer so?
Die bundesrepublikanische Gesellschaft war nie darauf angelegt, eine Form von Gleichheit zu schaffen, wie sie als Ziel sozialistischer Gesellschaften propagiert worden ist. Ungleichheit im Einkommen und

Besitz, in Funktion und Verantwortung wurde sogar mehrheitlich, besonders in der Mittelschicht, als Motivation angesehen, um mehr zu leisten, um aufzusteigen.
Aufzusteigen, es einmal besser zu haben als die Eltern, mehr zu verdienen als der Vater, das war für viele Jugendliche bis zum Ende der siebziger Jahre eine große Motivation. Die Chancen dafür waren vorhanden. Der Sohn des Arbeiters wollte eine kaufmännische Ausbildung machen oder studieren und Lehrer werden, der Sohn des Arztes wollte Bankier oder Rechtsanwalt werden. Die Vorstellung, aufsteigen zu wollen und aufsteigen zu können, war in fast allen Gesellschaftsschichten weit verbreitet.
Ungleichheit war auch identitätsstiftend. Das sah man zum Beispiel bei den Stahlarbeitern, die für höhere Löhne und kürzere Arbeitszeiten gemeinsam auf die Straße gingen und sich später gegen die Schließung ihrer Werke wehrten. Es war nicht das, was man so gern als »Klassenbewusstsein« bezeichnet, was hier seine Wirkung entfaltete, sondern das Bewusstsein, etwas zu leisten, was für die Unternehmen und für die Gesellschaft wertvoll war und deshalb gerecht bezahlt werden sollte. Und es war das Bewusstsein, dass man gemeinsam stark sein und etwas bewegen kann.
Aber was ist daraus geworden? Die alten Stahlwerke wurden demontiert und nach Asien verkauft, die Mitarbeiter mit hohen Prämien in den Vorruhestand entlassen, und die neuen Stahlwerke arbeiten höchst profitabel, nahezu vollautomatisch, mit menschenleeren Hallen. Neue Arbeitsplätze für die nachfolgenden Generationen gibt es in dieser Branche nur wenige.

Diese Identität mit der und durch die berufliche Existenz ist verloren gegangen. Sie wurde durch das Bewusstsein, überflüssig zu sein und nicht gebraucht zu werden, ersetzt. Es gibt in den Städten des Ruhrgebiets für viele Menschen keine Möglichkeit mehr, eine Arbeit zu finden, die ihnen ein Selbstwertgefühl verleiht, das auf echter Leistung beruht. Leere, Frustration und Isolation bestimmen heute den Alltag.

In den ersten beiden Jahrzehnten nach Ende des Zweiten Weltkriegs wurden die Ungleichheiten in der deutschen Gesellschaft zwar wahrgenommen, aber sie störten niemanden. Schließlich ging es allen immer besser. Alle standen gemeinsam in einem großen Fahrstuhl, der nur nach oben fuhr. Heute sehen sich die Menschen eher in einem Paternoster, bei dem einige zwar nach oben fahren, aber andere ebenso schnell nach unten. Und immer mehr Menschen erleben, dass sie es selbst sind, die keine Möglichkeit haben, sich gegen das Auf und Ab zu wehren.

Wenn man in Deutschland in der Vergangenheit von Spaltung sprach, war meist die Teilung Deutschlands in Bundesrepublik und DDR gemeint. Bei der Öffnung der Mauer wurde zwar »Wir sind ein Volk« gerufen, aber es dauerte doch etliche Jahre, bis zusammenwuchs, was zusammengehörte. Die Spaltung auf der politischen Ebene, im Bereich der öffentlichen Verwaltung und in vielen Regionen auch in der wirtschaftlichen Infrastruktur, ist überwunden. Doch in den Köpfen vieler Menschen besteht das Ost-West-Denken weiter fort und bestimmt das Handeln.

Tatsächlich aber verläuft die Spaltung nicht mehr zwischen Ost und West, sondern sie zieht sich kreuz und quer durch den gesamten Osten. Neben dem Aufschwung Ost gibt es nämlich auch einen Niedergang Ost. Die Unterschiede, die dadurch entstanden sind und immer noch entstehen, sind weitaus gravierender als die Unterschiede zwischen den prosperierenden und stagnierenden Regionen im Westen.

Heute werden bestimmte Regionen des Ostens als »Leuchttürme« bezeichnet. Ihr Licht strahlt hell und wird noch heller strahlen, aber letzten Endes beleuchtet es nur die Einöde, die sie umgibt. Die Spaltung im Osten ist tief und wird eines Tages unüberwindlich werden. Viele Ortschaften und Regionen werden einfach aufgegeben, weil es sich nicht zu lohnen scheint, dort noch zu investieren. Da werden dann auch Kindergärten und Schulen aufgegeben; wenn die Eltern ihren Kindern eine angemessene Ausbildung zukommen lassen wollen, müssen sie ihnen stundenlange Schulwege zumuten. Oder sie ziehen weg – Richtung Westen.

Es ist einfach nicht genug Geld da, um alle gleichmäßig damit zu versorgen. Auch im Westen gibt es immer mehr Not leidende Regionen. Während die Menschen im Westen in den fünfziger und sechziger Jahren aus der Ungleichheit der Marktwirtschaft Kraft schöpften, um für sich selbst etwas aufbauen zu können, erlebten die Menschen im Osten, dass die Marktwirtschaft sie aus einer relativ gleichen, wenn auch unfreien Gesellschaft in die Ungleichheit stürzte und ihnen ihre Identität nahm.

Wer keine Perspektive hat, greift nach jedem Strohhalm, der sich ihm bietet, auch wenn er ihm aus der rechten Ecke hingehalten wird. Und wer aus der eigenen Leistung keine Identität schöpfen kann, muss sie sich wenigstens durch Abgrenzung gegen andere schaffen.

Für uns Journalisten ist offensichtlich, dass sich die Gesellschaft immer weiter aufspaltet. Wer über die Menschen berichten will, muss zu ihnen gehen. Dann erlebt man die Verzweiflung der Abgestiegenen, für die das »Fordern und Fördern« der Bundesagentur für Arbeit wie Hohn klingt. Man erlebt auch die Selbstbezogenheit junger Manager, die ihre Karriere in aller Kälte betreiben und denen die Mitarbeiter als »Humankapital« erscheinen. Das sind handfeste Beobachtungen, die aber von den Sozialwissenschaftlern bestätigt werden. Und auch der einzelne Bürger stellt im Alltag fest, dass es scheinbar unüberbrückbare Gegensätze der Interessen, Erwartungen und Lebenshaltungen gibt. Was sind die Ursachen dafür? Ob und wie lassen sich diese Brüche und Verwerfungen im Hinblick auf die Zukunft reparieren oder korrigieren?

Bis zum Ende des Zweiten Weltkriegs war Deutschland in großen Teilen eine uniforme, oft auch uniformierte Gesellschaft, mit der man nach 1945 sowohl im Westen als auch im Osten nichts mehr zu tun haben wollte. Beide Teile Deutschlands waren auf der Suche nach einer neuen Identität, die sich aber auch nach der Wiedervereinigung bis heute nicht recht einstellen will. 2006 sah sich Deutschland zwar als eine große, begeisterte Fußballnation, doch diese Begeisterung hielt nicht lange an.

Was Deutschland fehlte und bis heute fehlt, ist die große nationale Identität, die schon im Kaiserreich in blutigen Massenschlachten geopfert und dann im Terrorregime der Nazis endgültig pervertiert wurde. Was den Deutschen sowohl im Westen wie im Osten blieb, um in den fünfziger und sechziger Jahren wieder ein Selbstwertgefühl entwickeln zu können, war die wirtschaftliche Leistungsfähigkeit. Die deutsche Identität bekam eine ökonomische Grundlage.

Das Wirtschaftswunderland machte das, was man in Deutschland unter sozialer Marktwirtschaft verstand, zum Maßstab allen gesellschaftlichen Handelns. Auch wenn unser Land als »pluralistische Gesellschaft«, als »multikulturelle Gesellschaft« oder auch als »multioptionale Gesellschaft« bezeichnet wird, ist sie in allererster Linie eine materielle Gesellschaft, in der jede Form gesellschaftlichen Handelns zunächst einmal unter ökonomischen Aspekten betrachtet wird. Die erste Frage lautet immer: »Was kostet es?« und die zweite: »Wie zahlt es sich für uns aus?« Ob es um die Ausbildung, die Gesundheit, die Infrastruktur oder die Altersversorgung geht – der Kosten-Nutzen-Aspekt steht im Vordergrund.

So ist es nicht verwunderlich, dass sich schon vor mehr als vierzig Jahren erste Risse in der Gesellschaft abzeichneten, die sich bis heute zu tiefen Spalten ausgeweitet haben. 1960 lag die Arbeitslosenquote gerade einmal bei 0,7 Prozent. Das waren 131 000 erwerbslose Personen. In dieser Zeit der Vollbeschäftigung brauchte sich niemand, der arbeiten wollte, Gedanken über seinen Lebensunterhalt zu machen. Wenn ihm der Arbeitsplatz nicht gefiel oder er meinte, nicht genug zu verdienen, ging er eben einfach zu einem anderen Unternehmen. Da wurde er mit offenen Armen empfangen.

Jede Art von beruflicher Qualifikation, und war sie auch noch so gering, wurde händeringend gesucht. Um der Nachfrage nach Arbeitskräften überhaupt entsprechen zu können, wurden 1960 die ersten 120000 ausländischen Arbeitnehmer aus Spanien und Griechenland angeworben.
In dieser Zeit entwickelten sich die Wurzeln für die bis heute blühende Anspruchsgesellschaft. In jener Zeit wurden junge Leute in Führungspositionen befördert, nicht weil sie schon führen und entscheiden konnten, sondern weil es sonst niemanden für diesen Arbeitsplatz gab. Unterqualifiziert und überbezahlt blieben sie dann auf Jahrzehnte im mittleren Management hängen, um dann ab Mitte der neunziger Jahre reichlich belohnt in den Ruhestand zu gehen.
Aus Arbeitern wurden in jener Zeit Vorarbeiter, denn die ausländischen Arbeitnehmer kannten die deutschen Verhältnisse nicht und mussten entsprechend angeleitet werden. Wer selbst nicht qualifiziert war, hatte natürlich eine Heidenangst, dass bessere Nachwuchskräfte ihm seinen Job streitig machen würden. So kam es zu einer Verkrustung in den unteren Führungsetagen, die erst in den vergangenen Jahren durch gewaltsame Entlassungen aufgebrochen wurde. Dass das zu Rissen und Spaltungen auch innerhalb einzelner Unternehmen führte, ist nur zu verständlich.
1962 richtete der damalige Wirtschaftsminister Ludwig Erhard seinen ersten Maßhalteappell an die deutsche Bevölkerung. Die Deutschen kauften und konsumierten auf Teufel komm raus und trieben Preise wie Löhne immer weiter in die Höhe. 1964 erreichten die Arbeitslosenzahlen einen neuen Tiefst-

stand. Den nur knapp 103 000 Arbeitssuchenden standen 680 000 offene Stellen gegenüber.
In Deutschland wurde die Bildungskatastrophe ausgerufen. Es fehlte an Abiturienten, Mittelschulabsolventen und auch an Lehrern. Der wirtschaftliche Aufschwung schien in Gefahr zu sein, weil es nicht genügend Nachwuchskräfte gab und sich die Unternehmen um die Schulabgänger förmlich rissen. Man versuchte, Lehrlinge mit Prämien und Geschenken wie Mopeds in die Unternehmen zu locken.
All dies kann man sich heute kaum mehr vorstellen. Doch wer heute sechzig Jahre alt ist, hat all dies persönlich erlebt, und natürlich hat es sein Leben und seine Einstellung tief geprägt. Aber sehr schnell begann sich das Blatt zu wenden. Schon zwei Jahre später, 1966, geriet Deutschland in die erste große Nachkriegsrezession. Das war neu für die vom ersten Wirtschaftswunder beeindruckten Menschen.
Mehr als 300 000 Menschen waren plötzlich ohne Arbeit. Die Volkswagen AG kündigte als erstes Großunternehmen Kurzarbeit an. Ein Jahr später hatte sich die Zahl der Arbeitslosen auf 673 000 bereits mehr als verdoppelt. Krisenstimmung! Damals kam die Zeit der ersten Großen Koalition. Auch sie trat an, um gemeinsam ein alle betreffendes Problem zu lösen. Aus heutiger Sicht und im Vergleich zum Bündnis von heute lief es erfolgreicher. Bundeswirtschaftsminister Karl Schiller rief die »konzertierte Aktion« ins Leben. 1968 beruhigte sich die Wirtschaftskrise wieder. Die Arbeitslosenquote ging auf 0,8 Prozent zurück, und es herrschte praktisch wieder Vollbeschäftigung.
Damals konnten auch noch Zuwächse verteilt wer-

den. Schon ein Jahr später forderten rund 80000 Arbeiter im Rahmen wilder Streiks Lohnerhöhungen. Sie erhielten teilweise über zehn Prozent mehr. Die Wirtschaft boomte wieder, die Krise war vergessen. Um die Konjunktur zu dämpfen, wurde 1970 neben der Lohn-, Einkommen- und Körperschaftssteuer ein zusätzlicher Aufschlag von zehn Prozent, der so genannte Konjunkturzuschlag, erhoben.

Auch wenn die sechziger Jahre mit der Studentenbewegung eine ganze Politikergeneration, zu der auch Gerhard Schröder und Joschka Fischer gehören, als ihre wichtigsten Repräsentanten prägten, blieb die Mehrheit der damaligen Jugendlichen und heutigen »Silver Ager« unpolitisch und konsumorientiert.

Diejenigen jedoch, die politisch aktiv waren, setzten zum Marsch durch die Institutionen an. In die Wirtschaft konnten oder wollten sie nicht, also zogen sie sich in die Hochschulen, parteinahen Stiftungen und Gewerkschaften zurück. Sie legten den Grundstein für die neu entstehende Kaste der Berufspolitiker, die heute immer stärker die Macht in den Parlamenten, Regierungen und Verwaltungen übernimmt. Sie sind es, die ihre eigene Sprache sprechen, in Verwaltungsstrukturen denken, sich fern von den Menschen bewegen und nur bei Wahlkämpfen die Bürger suchen – um sich bejubeln zu lassen. Letzten Endes sind sie es, die aus Eigeninteresse oder Ignoranz die Spaltung zwischen Bürger und Staat immer weiter vorantreiben.

Wie wenig Bedeutung man in Deutschland, aber auch in der übrigen Welt, damals dem aufkeimenden Terrorismus beimaß, zeigte sich 1972 bei den Olympischen Spielen in München, als die palästinensische

Organisation Schwarzer September die Unterkunft der israelischen Mannschaft überfiel und dabei zwei Sportler tötete. Bei der anschließenden, missglückten Befreiungsaktion auf dem Flughafen Fürstenfeldbruck starben dann weitere neun Geiseln, ein Polizist sowie fünf der Terroristen. Nach einem Trauertag wurden die Olympischen Spiele jedoch fortgesetzt. So etwas wäre heute völlig unmöglich.

1973 begann dann in Deutschland die erste wirklich schwere Wirtschaftskrise. Die Ölpreise stiegen. Die Regierung setzte autofreie Sonntage durch und Geschwindigkeitsbegrenzungen auf den Autobahnen. Die Zahl der Arbeitslosen überstieg erstmals die Millionen-Marke. 1975 kletterte die Arbeitslosenquote erstmals auf über fünf Prozent und zugleich wurde sowohl das Arbeitslosengeld als auch die Arbeitslosenhilfe kräftig angehoben. 1978 nahm die Bevölkerung Arbeitslosigkeit erstmals als Problem wahr und die Bundesanstalt für Arbeit verschärfte die Zumutbarkeitsregelungen für Arbeitslose. Trotzdem ging es den Deutschen gut. 1975 hatten die Jugendlichen schon doppelt so viel Geld zur Verfügung wie die Jugend Anfang der fünfziger Jahre.

Anfang der achtziger Jahre wendete sich das Blatt. Die Shell-Jugendstudie von 1981 zeigt, dass die Jugend nun sorgenvoll in die Zukunft blickte. 1980 wurden Die Grünen als Bundespartei gegründet; Themen wie Umweltschutz oder Reform der Bildungssysteme standen auf der Tagesordnung. Doch die etablierten Politiker, allen voran die Bundesregierung unter Helmut Kohl, schienen noch alles im Griff zu haben.

Dabei wurden langfristige Themen wie die Alterung

der Bevölkerung oder die Explosion der Kosten für die Sozialsysteme bewusst oder unbewusst verdrängt. Im Dezember 1982 überschritt die Arbeitslosenquote erstmals die Zwei-Millionen-Marke. Unruhe löste das nicht aus – auch nicht bei den Organisationen der Arbeitnehmer. 1984 setzten die IG Metall und die IG Druck nach langen Arbeitskämpfen durch, dass die Wochenarbeitszeit auf durchschnittlich 38,5 Stunden gesenkt wurde. Der Bundestag verabschiedete zur Bekämpfung der Arbeitslosigkeit das Vorruhestandsgesetz, das allen Arbeitnehmern vom 58. Lebensjahr an ermöglichte, vorzeitig in den Ruhestand zu treten, um jüngeren Arbeitslosen Platz zu machen.

Der Staat schob sich als scheinbarer Problemlöser für alle Lebenslagen immer mehr in den Vordergrund. Deutschland wandelte sich von der Leistungsgesellschaft hin zur Vollkasko-Republik, in der der Bürger nichts mehr selbst entscheiden muss, aber auch nichts mehr selbst entscheiden darf. Damit wurde eine neue Bruchstelle vorgezeichnet, nämlich die zwischen den Leistungsbereiten und den Leistungsunwilligen.

1985 erlaubte das Beschäftigungsförderungsgesetz als Maßnahme im Kampf gegen die Massenarbeitslosigkeit, befristete Arbeitsverträge abzuschließen. Die Arbeitslosigkeit erreichte mit 2,6 Millionen den höchsten Stand seit 1949. 1986 wurde Deutschland Exportweltmeister. Das Exportvolumen lag mit 243 Milliarden Dollar erstmals über dem der Vereinigten Staaten. Man begann sich in Deutschland daran zu gewöhnen, dass internationaler wirtschaftlicher Erfolg und eine wachsende Arbeitslosigkeit sich nicht widersprechen.

Es zeichnete sich auch eine allmähliche Deindustrialisierung ab, aber den Deutschen ging es immer noch besser als den Menschen in Großbritannien oder in den Niederlanden. Die Arbeitslosen kamen ebenso gut über die Runden wie die Vorruheständler, die ja mindestens 65 Prozent ihres monatlichen Bruttoentgelts weiter erhielten. Von Jugendarbeitslosigkeit sprach noch niemand.

Dann kam die Wiedervereinigung und damit ein nicht vorhersehbares Konjunkturprogramm: Die Wirtschaft der Bundesrepublik lief auf Hochtouren. 1989 wuchs das Bruttosozialprodukt um real 4 Prozent und die Inflationsrate lag nur bei 2,8 Prozent. Doch dieser vorübergehende Produktionsschub verflog schnell wieder. Der Managerkreis der SPD-nahen Friedrich-Ebert-Stiftung diagnostizierte, dass aus dem Wirtschaftswunderland ein Wirtschaftskummerland wurde. Statt 6 Prozent Wachstum wie in den sechziger Jahren fiel die Steigerung der volkswirtschaftlichen Leistung in den Neunzigern auf 1 Prozent.

Deutschland verzeichnete die niedrigsten Geburtenraten und 1997 tauchte in der Politik ein neues Wort auf: Reformstau. Der damalige Bundesminister für Arbeit und Sozialordnung Norbert Blüm schlug vor, bis zum Jahr 2030 das Rentenniveau von damals rund 70 Prozent auf etwa 64 Prozent der durchschnittlichen Nettolöhne zu senken. 1998 wurde erstmals in der Geschichte der Bundesrepublik eine Regierung abgewählt. Gerhard Schröder wurde Kanzler.

Doch die Politik konnte nichts mehr daran ändern, dass aus Rissen und Bruchstellen allmählich größere

Spalten wurden, die sich durch das ganze Land zogen. Lagen die Staatsschulden zu Beginn der sechziger Jahre noch bei 17 Prozent des Staatshaushaltes, waren sie mittlerweile auf über 60 Prozent angestiegen. Während zum Beispiel in den Niederlanden die Zahl der geleisteten Arbeitsstunden von 1982 bis 1998 um 17 Prozent stieg, sank sie in Deutschland um 6 Prozent.

Auch wenn es paradox klingt, ist die im Jahr 2005 entstandene Große Koalition ein Endergebnis dieser Spaltung. Die deutsche Bevölkerung konnte sich in der Bundestagswahl nicht auf eine Richtung einigen, in der es weitergehen sollte. Fürsorgender Staat? Oder jeder für sich? Die Bürger entschieden sich unentschlossen und in sich gespalten für ein klares Sowohl-als-auch.

Wie die Gegenwart die Zukunft bestimmt

Ich gehe aufmerksam durch einen großen Elektronikmarkt in Köln. Kaufen will ich nichts. Nur mal schauen! Neugier gehört zu meinem Beruf, ich habe die »Lizenz zum Neugierigsein« und genieße es wie ein Privileg. Ist es nicht fantastisch, wie günstig man heute hochwertige Waren einkaufen kann? Da macht mir dieser Händler, der seit langem behauptet, dass Geiz geil sei, das Angebot, einen wertvollen Vollverstärker für 49 Euro zu bekommen. Und da: ein Stapel mit CD-Playern für 41 Euro. Ich kenne die Marke – nicht schlecht! Ich bin erstaunt und denke: So billig waren diese Geräte noch nie.

Doch halt, das ist ja gar nicht der Preis, den man in der Anzeige lesen kann, sondern nur die Monatsrate. Man kann die Geräte kaufen, ohne Zinsen bezahlen zu müssen. Allerdings läuft dieser zinslose Kredit über 60 Monate, also fünf Jahre. Und dann stellt man plötzlich fest, dass der Vollverstärker 2940 Euro kostet und der CD-Player 2460 Euro.

Das ist viel Geld, wenn man es auf einmal auf den Tisch legen soll. Aber mit monatlichen Raten auf fünf Jahre verteilt sieht es sehr günstig aus. Und genau da ist das Problem. Wissen wir, was in fünf Jahren sein wird? Halten die teuren Geräte so lange das, was sie heute versprechen? Haben wir in fünf

Jahren noch Spaß an dem, was wir heute gut finden? Schauen wir doch einfach nur in unserem Leben fünf Jahre zurück und versuchen wir zu beurteilen, ob die Entscheidungen, die wir damals getroffen haben, aus heutiger Sicht noch richtig sind.

Wenn jemand heute vor der Entscheidung steht, ob er sich etwas Großes leisten soll, wofür er fünf Jahre zu bezahlen hat, dann sollte er sich auch ansehen, wo die Wirtschaft und die Gesellschaft heute stehen und welche Schlüsse er aus der Gegenwart für die Zukunft ziehen kann.

Vor ungefähr fünf Jahren, am 22. September 2002, war Bundestagswahl. Die SPD errang 251 und Die Grünen 55 Sitze der 603 Abgeordnetenplätze. Die CDU/CSU lag bei 248, die FDP bei 47 und die PDS bei zwei Sitzen. Die Arbeitslosenzahl lag bei rund vier Millionen und die fünf beliebtesten Lehrberufe bei Männern waren Kfz-Mechaniker, Maler und Lackierer, Elektroinstallateur, Tischler und Einzelhandelskaufmann. Bei Frauen waren die fünf beliebtesten Lehrberufe Bürokauffrau, Einzelhandelskauffrau, Friseurin, Arzthelferin und Zahnarzthelferin.

Die im Dezember 2001 erstmals vorgelegte PISA-Studie (PISA = Programme for International Student Assessment) zeigte, dass sich die Kenntnisse deutscher Schüler im internationalen Vergleich beim Lesen zwischen Rang 21 und 25 bewegten, in der mathematischen Grundbildung zwischen Rang 20 und 22 und bei der naturwissenschaftlichen Grundbildung zwischen Rang 19 und 23. Im Jahr 2002 rollte auf Deutschland die größte Pleitewelle der Nachkriegsgeschichte zu. Darunter waren auch die Pleiten von Holzmann, Kirch Media und Babcock-

Borsig. Insgesamt fielen in diesem Jahr durch Firmenzusammenbrüche 550 000 Arbeitsplätze weg.

Und heute? Besser geworden ist für die Mehrheit der Bevölkerung nichts. Rein statistisch gesehen ging es aber dem durchschnittlichen Deutschen im vergangenen Jahr gar nicht einmal so schlecht. Aber wer ist schon Durchschnitt? Die Summe aller in Deutschland gezahlten Bruttolöhne und Gehälter sank 2005 um 0,3 Prozent gegenüber dem Vorjahr, gleichzeitig stiegen die Verbraucherpreise um 2 Prozent. Das Realeinkommen nahm also ab. Doch rein statistisch lag der Jahresverdienst bei einem versicherungspflichtigen Arbeitsverhältnis brutto immer noch bei 29 569 Euro.

Wie relativ diese statistischen Durchschnittszahlen allerdings sind, erkennt man sehr schnell, wenn man davon ausgeht, dass der Tariflohn im ostdeutschen Wach- und Sicherheitsgewerbe bei 4,96 Euro brutto pro Stunde liegt. Mit diesem Stundenlohn müsste der Arbeitnehmer bei acht Stunden pro Tag 745 Tage pro Jahr arbeiten, um auf das durchschnittliche Niveau zu kommen. Wie soll er das machen, wenn das Jahr nur 365 Tage hat? Ohne einen zweiten Job und ohne eine Arbeitszeit von mehr als 16 Stunden täglich bleibt man auf jeden Fall unter dem Durchschnitt.

Tatsächlich sind es die Gehälter der Manager, die die Durchschnittszahlen so nach oben treiben. Ein Manager erhielt nämlich in Deutschland im Jahr 2005 immerhin 2,9 Prozent mehr als im Vorjahr und 55 Prozent der Führungskräfte verdienten zwischen 50 000 und 100 000 Euro. Die Gehälter der Topmanager stiegen sogar noch stärker. Sie erhielten im Jahr 2005 5 Prozent mehr, das ist allerdings zugegebener-

maßen sehr wenig im Vergleich zu 2004, wo sie sogar 22 Prozent mehr bekamen.
Wie groß die Spaltung heute zwischen den Spitzenverdienern und den Normalverdienern ist, sieht man, wenn man die Verteilung der Nettoeinkommen auf die Privathaushalte betrachtet. Die oberen 10 Prozent kassieren 22,4 Prozent des Gesamteinkommens. Das ist so viel, wie die unteren 40 Prozent der Privathaushalte zusammen verdienen. Die oberen 30 Prozent erhalten fast die Hälfte des gesamten deutschen Nettoeinkommens. Wer zum unteren Zehntel gehört, bekommt nur 3,1 Prozent vom gesamten Nettoeinkommen ab.
Noch viel krasser sieht das Bild aus, wenn man sich die Verteilung des Nettovermögens anschaut. Das gesamte Vermögen der Bevölkerung in Deutschland wurde für das Jahr 2005 auf über 9000 Milliarden Euro geschätzt. Davon betrug das so genannte Geldvermögen mit rund 4250 Milliarden Euro etwas weniger als die Hälfte. Die andere Hälfte steckte in Immobilien, Unternehmensbesitz und anderen Vermögenswerten wie Kunstsammlungen.
Von diesen 9000 Milliarden Euro gehörten dem oberen Zehntel der Bevölkerung knapp 47 Prozent. Die unteren 50 Prozent besaßen dagegen nur knapp 4 Prozent des Volksvermögens, wobei die Kluft zwischen den unteren 30 Prozent und den nachfolgenden 20 Prozent besonders groß war. Nach Abzug der Schulden besaßen die unteren 30 Prozent nämlich überhaupt kein Vermögen.
Dass sich das Vermögen von unten nach oben keineswegs kontinuierlich verteilte, sondern in großen Sprüngen, sieht man, wenn man nach dem oberen

Zehntel, das knapp 47 Prozent des Vermögens besaß, das nächste Zehntel anschaut. Hier verzeichnete man weniger als die Hälfte, nämlich nur noch 21 Prozent des Vermögens. Das nächste Zehntel hatte lediglich noch etwas mehr als 14 Prozent. Insgesamt jedoch waren beim oberen Drittel der Bevölkerung 82 Prozent des materiellen Reichtums angehäuft, während das untere Drittel de facto überhaupt nichts besitzt.

Dieses Prinzip der Ungleichverteilung ist keineswegs ein Phänomen der Gegenwart. Der italienische Ökonom Vilfredo Pareto hatte es bereits im Jahr 1897 entdeckt, als er die Verteilung von Reichtum und Einkommen in England im Verlauf des 19. Jahrhunderts untersuchte. Er fand dabei heraus, dass eine Minderheit über die höchsten Einkommen und Vermögen verfügt. Dieses Pareto-Prinzip wurde immer wieder überprüft, und es stellte sich auch in anderen Gesellschaften der Welt heraus, dass immer rund 20 Prozent der Bürger etwa 80 Prozent des Vermögens besitzen. Warum das so ist, konnte lange Zeit nicht erklärt werden.

Im Februar 2000 veröffentlichten dann die französischen Physiker Jean-Philippe Bouchaud und Marc Mézard die Ergebnisse einer Computersimulation. Sie gaben 1000 fiktiven Personen in einem Netzwerk ein per Zufall bestimmtes Startkapital und ließen ihr Modell einige Zeit laufen. Heraus kam eine mathematische Verteilung nach dem Pareto-Gesetz. 20 Prozent der fiktiven Personen besaßen am Ende des Experiments 80 Prozent des Spielkapitals.

Die Physiker kamen zu der Erkenntnis, dass die Kombination von Zins und Zinseszins dazu führt, dass selbst in einer durch Zufall gesteuerten Welt vorhandenes Kapital weiter wächst. Etwas Ähnliches wird auch durch den so genannten Gini-Koeffizienten bestätigt. Dabei geht es um die Entwicklung der Einkommensverteilung. Seit 1990 ist die Verteilung der Einkommen in Deutschland immer ungleichmäßiger geworden. Sozialforscher sehen die Ursache für diese Umverteilung von unten nach oben in der gestiegenen Arbeitslosigkeit und in dem immer größeren Rentneranteil. Wer also glaubt, dass er die Spaltung der Gesellschaft in Arm und Reich verhindern kann, wird durch die Ergebnisse dieser Forschungen eines Besseren belehrt.

Wenn man erst einmal ein Vermögen von einer bestimmten Größe erreicht hat – erarbeitet kann man wohl kaum sagen, denn durch eigene Arbeit ist noch niemand zu den Spitzenplätzen des Wohlstands aufgestiegen –, ist die Wahrscheinlichkeit, noch reicher zu werden, deutlich größer als die Chance, einen Teil seines Vermögens wieder zu verlieren. Es sei denn, man macht es so, wie der Frankfurter Bankierserbe Tom Koenigs, der Anfang der siebziger Jahre sein Erbe dem Vietkong geschenkt hat. Wie stabil großer Reichtum in Deutschland ist, zeigt seit dem Jahr 2001 das *manager magazin.* Es stellt jährlich eine Rangliste der reichsten Deutschen auf.

Man kann sagen, dass es jedenfalls auf den Spitzenplätzen nicht viel Bewegung gibt. 2001 standen die beiden Brüder Karl und Theo Albrecht mit 41 Milliarden DM auf Platz 1. Im Jahr 2002 wurden sie dann getrennt gelistet. Theo Albrecht von Aldi-Nord hatte 14,6 Milliarden Euro und Karl Albrecht von Aldi-Süd 12,6 Milliarden Euro. Auf Platz 3 fand sich dann Susanne Klatten mit 7,5 Milliarden Euro ein, weil sich der ihr gehörende Pharma-Konzern Altana gut entwickelte und die große Beteiligung an BMW ebenfalls.

Im Jahr 2003 stand Theo Albrecht mit 15 Milliarden Euro allein auf Platz 1, während sein Bruder Karl Albrecht mit »nur« 13 Milliarden Euro auf Platz 3 zurückgefallen war. Wie sagte doch die Mutter der Albrecht-Brüder so schön: »Je schlechter es den Leuten geht, desto besser geht es uns«. Wer in diesem Jahr unter die 100 reichsten Deutschen kommen wollte, musste wenigstens 750 Millionen Euro mitbringen, sonst wäre er nur auf den hinteren Plätzen gelandet.

Egal wie es den Deutschen im Jahr 2004 ging, auch in diesem Jahr waren die Albrechts wieder ganz vorn – auf Platz 1 diesmal Karl Albrecht mit 15,2 Milliarden Euro und auf Platz 2 Theo Albrecht mit 15,1 Milliarden Euro. Auch Susanne Klatten hatte sich von einem Zwischentief erholt. Sie stand auf Platz 3 mit 7,5 Milliarden Euro. Zu den armen Reichen zählten all jene, die nicht mehr als 200 Millionen Euro besaßen. Das Schlusslicht auf Platz 300 bildete die Familie Blohm, vormals Blohm + Voss, mit 150 Millionen Euro.

Im Jahr 2005 hatte sich gegenüber 2004 kaum etwas geändert. Nur war der Einstiegsplatz in die Liste der 300 Reichsten um 50 Millionen Euro teurer geworden. Auch im Jahr 2006 hielten Karl und Theo Albrecht die beiden Spitzenpositionen. Allerdings hatten beide wieder innerhalb eines Jahres ein paar Hundert Millionen dazugelegt. Eine Überraschung gab es auf dem dritten Platz. Hier erschien nämlich plötzlich Dieter Schwarz, der mit seinen Lidl- und Kauflandmärkten den Albrechts erheblich Konkurrenz macht. Er war mit 10,25 Milliarden Euro zwar noch weit von den Albrecht-Brüdern entfernt, von denen jeder mehr als 16 Milliarden Euro besaß, aber er konnte Susanne Klatten mit ihren 7,75 Milliarden von Platz 3 verdrängen.

Um unter die ersten 100 der reichsten Deutschen zu kommen, musste man im Jahr 2006 dann immerhin schon eine Milliarde Euro mitbringen. Mit der Summe von 800 Millionen DM, die noch 2001 als Eintrittskarte in den Club der 100 Reichsten reichte, landete man 2006 erst auf dem 200. Platz. Wir können also beruhigt sein (oder besser beunruhigt): Das Naturgesetz, nach dem die Reichen immer reicher werden, ist weiterhin in Kraft. Das Wunderland wird für die ganz Reichen nicht abbrennen – für sie nicht.

Armer Enkel, reicher Opa – die versteckte Armut der Deutschen

Wer früher Armut sehen wollte, fand sie im Gottesdienst am 24. Dezember. Arme, alte Frauen, die sich nichts sonst mehr gönnen konnten als diesen »kostenlosen« Gottesdienst zu Weihnachten. Frauen, die zwar litten, aber nicht klagten. Es hieß: »Armut ist alt und weiblich.« Heute ist die Armut auch jung, auch männlich. Mehr als ein Drittel der Armen oder von Armut bedrohten Menschen sind Alleinerziehende und ihre Kinder. Fast jedes siebte Kind und jeder fünfte Jugendliche sind von Armut betroffen. In Deutschland wächst die Armut von Kindern deutlich stärker als in den meisten anderen Industrieländern.

Wer sie sehen will, findet sie in den Städten mit hoher Arbeitslosigkeit – in den Vierteln, wo die Geschäfte leer stehen und die Wohnungen verwahrlost aussehen.

Als die Bundesregierung im Sommer 2005 endlich ihren zweiten Armuts- und Reichtumsbericht auf den Tisch legte, war es nicht mehr wegzudiskutieren: Die Armut nimmt zu. Deutlich! Im Jahr 2003 galten 13,5 Prozent der Bevölkerung als arm, rund 11 Millionen Menschen. Im Jahr 2002 waren es 12,7 Prozent und 1998 nur 12,1 Prozent. Das Tempo der Verarmung beschleunigte sich also von durchschnittlich 0,15 Prozentpunkte pro Jahr auf 0,7 Prozentpunkte pro Jahr.

Als die zuständige Bundesministerin Ulla Schmidt ihren Bericht im Bundestag vorlegte, sagte sie als Erstes: »Der vorliegende Armuts- und Reichtumsbericht der Bundesregierung füllt eine Lücke, die von der Regierung Kohl mit Absicht hinterlassen worden ist. Die damalige Regierung wollte die mit einem solchen Bericht verbundenen heißen gesellschaftlichen Eisen nicht anpacken.« Was Frau Schmidt in dem Moment wohl übersehen wollte, war, dass Helmut Kohl schon sieben Jahre lang nicht mehr im Amt war, als sie diese Rede hielt.

Daran sehen wir, in welchen Zeiträumen die Politik denkt und handelt. Da können wir uns einen Reim darauf machen, wann das, was heute verändert werden muss, tatsächlich in Angriff genommen wird. Im weiteren Verlauf ihrer Rede verzichtete die Ministerin allerdings auf die vielen unschönen Details, die ihr Bericht zutage gefördert hat. Stattdessen ver-

sprach sie, dass in Zukunft alles besser werden solle. Aber da wusste sie noch nicht, welche öffentlichen Diskussionen sie im Herbst 2006 erwarteten.
Das einzig Beruhigende am Armutsbericht ist, dass Alter und Armut heute nicht mehr so zusammengehören, wie das früher der Fall war. Die Altersarmut ist rückläufig. Sie sank von 13,3 Prozent im Jahr 1998 auf 11,4 Prozent in 2003. Von den über 65-Jährigen waren nur noch 1,8 Prozent auf Sozialhilfe angewiesen. Aber dies wird nicht lange so bleiben, vermuten Experten. All die Arbeitslosen, Teilzeitbeschäftigten und Mini-Jobber von heute werden im Alter nur sehr geringe Renten erhalten. Sie werden nicht genug zum Leben haben.
Was Armut eigentlich ist, lässt sich nur schwer definieren. Im Weltmaßstab gilt ein Mensch als arm, der pro Tag weniger als einen US-Dollar ausgeben kann. Daran gemessen, gehören selbst die Ärmsten in Deutschland noch zu den Reichen der Welt. Armut ist relativ. Nach den Maßstäben der Weltgesundheitsorganisation WHO wird derjenige als »arm« bezeichnet, der monatlich weniger als die Hälfte des Durchschnittseinkommens seines Landes zur Verfügung hat.
Danach würde in Deutschland die Armutsgrenze bei etwa 600 Euro liegen. Die Bundesregierung setzt die Armutsgrenze aber höher an. Für sie gilt erst derjenige als arm, der weniger als 60 Prozent des durchschnittlichen Einkommens bekommt. Für die deutschen Politiker liegt die Armutsgrenze also erst bei 720 Euro. Aber auch dann lebten nach dem Armuts- und Reichtumsbericht der Regierung im Jahr 2003 immerhin 41 Prozent der Arbeitslosen in Armut oder

an der Armutsgrenze. Und durch die Einführung von Arbeitslosengeld II sind vermutlich noch mehr Menschen in die Armut abgedrängt worden. Doch materielle Armut ist nicht das Hauptproblem.

Im Oktober 2006 erregte der Begriff »Die neue Unterschicht« die Öffentlichkeit. Der SPD-Vorsitzende Kurt Beck hatte das Wort »Unterschicht« in einem Nebensatz erwähnt. In einem Interview mit der *Frankfurter Allgemeine Sonntagszeitung* hielten ihm Journalisten vor: »Ihr Vater war Maurer. Der Aufstieg in die Mittelschicht ist heute nicht mehr selbstverständlich.« Darauf antwortete Beck: »Das ist leider wahr. Deutschland hat hier ein zunehmendes Problem. Manche nennen es ›Unterschichten-Problem‹. Die Gesellschaft hat an Durchlässigkeit verloren. Das ist eine Entwicklung, die wir dringend ändern müssen. Es gibt zu viele Menschen in Deutschland, die keinerlei Hoffnung mehr haben, den Aufstieg zu schaffen. Sie finden sich mit ihrer Situation ab. Sie haben sich materiell oft arrangiert und ebenso auch kulturell. Es gibt Fernsehsender, bei denen regelrecht von Unterschichten-Programmen gesprochen wird. Früher gab es in armen Familien, auch in meiner eigenen, das Streben der Eltern: Meine Kinder sollen es einmal besser haben! Es besteht die Gefahr, dass dieses Streben in Teilen der Gesellschaft verloren geht. Das ist besorgniserregend.«

Beck bezog sich dabei auf eine Studie mit dem Titel »Gesellschaft im Reformprozess«, die die Friedrich-Ebert-Stiftung bei dem Institut TNS Infratest in Auftrag gegeben hatte. Dass es sich um ein Unterschichtenproblem handelt, wenn es zu viele Menschen gibt, die keinerlei Hoffnung mehr haben, den Aufstieg zu schaffen, davon wollten die Spitzenpolitiker anschließend aber nichts mehr wissen. Sie wehrten sich vehement dagegen, dass es in Deutschland Schichten geben könnte. Da ist es doch vornehmer, von »sozial Benachteiligten« zu sprechen. Oder von »Menschen, die es schwerer haben«. Tatsächlich wurde in der Studie auch nicht von der Unterschicht gesprochen, sondern im Soziologen-Deutsch vom »abgehängten Prekariat«.

Das Wort Prekariat leitet sich von prekär ab, was soviel bedeutet wie misslich, bedenklich oder schwierig. Und es soll eine Analogie zu dem Begriff Proletariat bilden. Proleten mochten die Wissenschaftler die Menschen wohl nicht nennen, aber »Prekarier« und erst recht »abgehängte« ist kein bisschen schöner. Der Begriff hat Chancen, das Unwort des Jahres zu werden. Sagen wir also, es sind Menschen in schwierigen Lebenssituationen, die in dieser Studie unter anderem beschrieben werden.

Erinnern wir uns doch noch einmal kurz, was in dieser Studie »Gesellschaft im Reformprozess« steht: Zunächst einmal zielte die Befragung darauf ab, herauszufinden, welche Wertepräferenzen in der Bevölkerung vorliegen und wie auf dieser Grundlage bestimmte politische Typen definiert werden können. Man wollte herausfinden, welche neuen politischen Milieus es gibt, oder um es ganz platt zu sagen, die SPD wollte wissen, wer heute und in Zukunft ihre Wähler sind und wo sie noch Wähler hinzugewinnen kann, um die Mehrheit zu bekommen.

Dabei zeigte sich, dass die deutsche Gesellschaft eine Drei-Drittel-Gesellschaft ist mit einem oberen Drittel, das gesicherte Chancen und Lebensperspektiven hat, einer Mitte, in der die Verunsicherung angekommen ist, und einem unteren Bereich, in dem Unzufriedenheit mit den gesellschaftlichen Realitäten herrscht. In diesem unteren Bereich befinden sich auch solche Menschen, die sich von der sozialen und politischen Entwicklung bereits abgekoppelt haben oder bei denen das Risiko der Abkoppelung besteht. Das ist das so genannte »abgehängte Prekariat«.

Die Studie beschreibt also auch Menschen, die mit sehr vielen sozialen Problemen zu kämpfen haben. Dazu gehören Arbeitslosigkeit, familiäre und finanzielle Probleme, aber auch eine generelle Chancenlosigkeit. Die berufliche Mobilität und der Aufstiegswille sind bei ihnen nur gering ausgeprägt.

Eines der zentralen Ergebnisse ist, dass Verunsicherung die dominante gesellschaftliche Grundstimmung ist. 63 Prozent der Bevölkerung haben Angst vor den gesellschaftlichen Veränderungen. 46 Prozent empfinden ihr Leben als ständigen Kampf, 44 Prozent fühlen sich vom Staat alleingelassen und 15 Prozent fühlen sich generell verunsichert. Auch die Verschlechterung der finanziellen Situation macht den Deutschen für die Zukunft Sorgen. 59 Prozent geben an, sich derzeit finanziell einschränken zu müssen und 49 Prozent befürchten, ihren Lebensstandard nicht halten zu können.

Immerhin sind aber 87 Prozent mit ihrer familiären Situation zufrieden und 72 Prozent glauben, dass sie sich mit ihrer eigenen Flexibilität auf eine schwierige Situation einstellen können. Wohlgemerkt, sie können sich darauf einstellen, das heißt aber nicht, dass diese Situation auch zu verändern ist. 68 Prozent meinen, dass es keine Mitte mehr gibt; in

Deutschland gibt es ihnen zufolge nur noch ein Oben und Unten. Aber nur diejenigen, die ganz unten sind, werden auch als »Unterschicht« bezeichnet oder rechnen sich selbst dazu. Die übrigen Menschen klammern sich nach wie vor an die Vorstellung, zur Mittelschicht zu gehören.

Zwei Drittel der neuen Unterschicht haben ihren Job bereits verloren und die Übrigen halten ihren Arbeitsplatz nicht für sicher. Das Erstaunliche ist, dass zu dieser neuen Unterschicht nicht nur diejenigen gehören, die schon früher als »Unterschichtler« bezeichnet wurden, also jene mit wenig Einkommen und wenig Bildung, was aber nicht gleichbedeutend ist mit Armut. Zur neuen Unterschicht gehören auch immer mehr Menschen aus der Mittelschicht, die einen gesellschaftlichen Abstieg – meist durch Arbeitslosigkeit – hinter sich haben und wenig Perspektiven für die Zukunft sehen. Dadurch gehören zur neuen Unterschicht auch Akademiker und andere mit hoher beruflicher Qualifikation, die früher zumindest zum Teil zur oberen Mittelschicht gehörten.

Das eigentlich Erschreckende an dieser Studie ist aber die Anzahl der Betroffen: Rund 6,5 Millionen Menschen gehören zur neuen Unterschicht; 25 Prozent der Ost- und 4 Prozent der Westdeutschen sind dieser Gruppe zuzurechnen. Das sind immerhin 8 Prozent der Gesamtbevölkerung. »Armut und soziale Ausgrenzung sind nicht über uns gekommen«, sagt der SPD-Linke Ottmar Schreiner. Besonders die Arbeitsmarktpolitik mit Mini- und Ein-Euro-Jobs sowie befristete Arbeitsverhältnisse hätten dazu geführt, dass Millionen Menschen keine Chance mehr haben, aus dem Niedriglohnsektor mit seinen Hungerlöhnen herauszufinden. Schreiner gibt also eigenen Parteigenossen und im Besonderen dem früheren SPD-Kanzler Gerhard Schröder eine Mitschuld an den heutigen Problemen.

Dass es 2006 einen so großen Wirbel um den Begriff der neuen Unterschicht gab, ist eigentlich erstaunlich. Schon lange wusste man, dass es so etwas wie eine Unterschicht gibt und dass dieses Unterschichten-Dasein nicht oder zumindest nicht immer etwas mit Armut zu tun hat. Das zeigen Erhebungen des Statistischen Bundesamtes.

Die heutige Unterschicht leidet keine Not. Jedenfalls nicht jene Not, wie sie in Romanen des 19. Jahrhunderts über das Leben der Proletarier beschrieben wurde. Die vom Sozialamt bezahlten Wohnungen verfügen meist über Einbauküche, Mikrowelle, Waschmaschine sowie Spülmaschine, und natürlich gehören Fernseher, Mobiltelefon und Zugang zum Internet zur Standardausstattung. Was als Hauptproblem angesehen wird, ist nicht die Armut im Portemonnaie.

Wie die PISA-Studien gezeigt haben, werden Unterschicht-Kinder in keinem anderen Bildungssystem eines OECD-Landes so gravierend benachteiligt wie in Deutschland. Die deutsche Unterschicht hat eigene Lebensformen entwickelt. Man kann sogar von einer Unterschicht-Kultur sprechen. Die Spaltung zwischen oben und unten ist also nicht finanzieller Natur. Auch wenn die Reichen erheblich reicher geworden sind, sind die zehn Millionen Armen, zu denen auch 800 000 junge Menschen in Ausbildung und Studium zählen, nicht im finanziellen Sinne ärmer geworden.

Der französische Soziologe Pierre Bourdieu hat schon 1987 in seinem Buch *Die feinen Unterschiede* die Kultur der unteren Klasse beschrieben. Solche verbindenden Merkmale lassen sich heute auch in Deutschland identifizieren. Kinder der Unterschicht sitzen häufiger vor dem Fernseher als Kinder aus anderen Schichten. Aber das Problem ist nicht nur, dass sie mehr fernsehen, sondern sie bevorzugen auch Werbung und billige Comics, während Sendungen mit pädagogischem Ansatz wie *Löwenzahn* sie schon überfordern.

Dass Männer, aber auch Frauen aus der Unterschicht viel seltener eine Arbeit haben, ist für sie selbst vollkommen logisch. Würden sie Lohn erhalten, müssten die Männer Unterhalt zahlen und die Frauen eventuell Schulden begleichen. Davor drückt man sich dann lieber. Der CDU-Abgeordnete Friedrich Merz hat in schöner Klarheit von dem »in sich ökonomischen Verhalten« dieser Menschen gesprochen.

In der Unterschicht sind die Menschen gerade von chronischen Krankheiten überdurchschnittlich stark betroffen. Das Krankheitsrisiko ist etwa doppelt so hoch wie in anderen Schichten, auch beim Herzinfarkt – der eigentlich als Managerkrankheit gesehen wird. Auch die Heilungsprozesse verlaufen schlechter. Ein Drittel der Unterschicht-Frauen haben starkes Übergewicht (32 Prozent), also vier Mal so häufig wie Oberschicht-Frauen (8 Prozent). Das liegt nicht am billigen, sondern am falschen Essen. Fastfood zu essen ist einfach bequemer, als selbst am Herd zu stehen und zu kochen.

Konsumforscher sagen, dass Menschen der Unterschicht stärker zu »demonstrativem Konsum« neigen.

Die neueste Mode, das neueste Handy und das Auto mit der lautesten Stereoanlage kann man bei ihnen finden. Die meisten Schulden werden für Unterhaltungselektronik gemacht. Aber auch in anderen Bereichen unterscheiden sich die Unterschichtler von den anderen. Sport findet für sie im Wesentlichen im Fernsehen statt: Couchpotato statt Jogging. Je höher das sportliche Leistungsniveau ist, desto geringer ist unter den Wettkämpfern der Anteil von Angehörigen aus der Unterschicht.

Was fehlt, sind Disziplin, Zuverlässigkeit, Durchhaltevermögen und Leistungsorientierung. In vielen Unterschicht-Familien gibt es keine Uhr. Es ist der Fernseher, der den Tag strukturiert, weil er immer läuft. Zeit spielt keine Rolle. Wozu auch? Man versäumt ja nichts, weil man nichts vorhat. Kinder in der zweiten oder dritten Generation von Sozialhilfeempfängern leben in einer Welt ohne Zeit und ohne Orientierung.

Gerade deshalb ist es nach Ansicht der Sozialarbeiter so wichtig, dass sie in Kindergärten und Ganztagseinrichtungen kommen. Dort werden sie mit den Grundbegriffen unserer Gesellschaft vertraut gemacht. Und das ist wichtig, denn die Mittel- und Oberschicht bekommt immer weniger Kinder. Das Leben mit Kindern wird mehr und mehr zur Lebensform der Unterschicht, aber gerade auf diese Kinder werden wir in Zukunft angewiesen sein.

Bildung nach unten offen – die PISA-Studien

Die Unternehmer klagen seit langem, dass die Auszubildenden immer schlechter würden. Ich konnte es nicht mehr hören. Also besuchte ich ein mittelständisches Unternehmen an dem Tag, an dem Jungen und Mädchen geladen waren. Abschluss: Hauptschule. Ziel: Ausbildungsplatz. Ich bin dabei – scheinbar als Mitarbeiter –, während sie sich präsentieren. Sie haben fast noch Kindergesichter, angezogen wie Streetfighter; nicht billig die Klamotten. Warum kommst du zu uns? Das hat der Lehrer geplant. Was produzieren wir hier? Keine Ahnung. Was willst du denn? Geld verdienen. Wie heißt der Bundeskanzler? Herr Koch. Wie heißt die Hauptstadt von Italien? Pisa! – Da reicht es mir. Ich verstehe Personalchefs, die hier keine Ausbildung investieren wollen. Ich habe den Zipfel eines großen Problems zu sehen bekommen.

Beim ersten internationalen OECD-Vergleichstest der schulischen Leistung von 15-Jährigen aus 32 Ländern, der im Dezember 2001 veröffentlichten PISA-Studie, schnitt Deutschland katastrophal ab. Sowohl die Fähigkeit zu lesen und zu verstehen als auch die mathematischen und naturwissenschaftlichen Fähigkeiten deutscher Schüler lagen weit unter dem internationalen Durchschnitt.

Beim Anteil der besonders schwachen Schüler lag Deutschland an der Spitze, und auch bei den starken Schülern konnten die Deutschen nicht den internationalen Durchschnitt erreichen. Weitere Ergebnisse

der Studie waren ein großes Auseinanderklaffen der Leistungen der deutschen Schüler, eine starke Koppelung der schulischen Leistung an die soziale Herkunft sowie außerordentlich große Sprachprobleme der Kinder mit Migrationshintergrund.
Daraufhin beschloss die Kultusministerkonferenz eine bessere Förderung sowohl von lernschwachen als auch von besonders begabten Schülern, eine bessere Förderung von Kindern mit Migrationshintergrund sowie eine bessere Aus- und Weiterbildung der Lehrer. Zusätzlich sollte eine Qualitätskontrolle von Schule und Unterricht eingeführt werden, eine ergebnisorientierte Gestaltung des Unterrichts sowie ein altersgemäßes Lernen bereits im Kindergarten. Und schließlich sollte die Lernkultur verbessert werden. Schöne Beschlüsse!
In der zweiten PISA-Studie, die Ende 2004 veröffentlicht wurde, schnitt Deutschland geringfügig besser ab. Bei der Lesekompetenz und in den Bereichen Mathematik und Naturwissenschaften erreichten die deutschen Schüler Durchschnittswerte, bei der Problemlösungsfähigkeit lagen sie sogar etwas darüber. Dabei zeigte sich, dass gegenüber der vorherigen Studie die schwächeren Schüler ihre Leistungen gesteigert hatten, aber fast ausschließlich nur an Gymnasien und nicht an Hauptschulen.
Unverändert groß blieben die Unterschiede zwischen den besten und den schlechtesten Schülern, und auch der deutliche Zusammenhang zwischen schulischer Leistung und sozialer Herkunft war erhalten geblieben. 22 Prozent der Schüler wurden als so genannte »Risikoschüler« identifiziert, die später große Probleme am Arbeitsmarkt haben dürften. 22 Prozent der

Schüler – das hört sich noch harmlos an. Was aber, wenn daraus in einigen Jahren 22 Prozent der neuen Erwerbstätigen geworden sind? Mehr als ein Fünftel hat von Anbeginn der Berufstätigkeit Probleme, die dann ein Leben lang anhalten. Wie soll der Einzelne damit klarkommen? Und die Gesellschaft? Wo wir doch wissen, dass in Zukunft ungelernte Arbeitskräfte kaum noch gebraucht werden?

Interessant auch, dass die Unzufriedenheit in Deutschland sowohl bei den Lehrkräften als auch bei den Schülern größer war als in anderen Ländern. Deutsche Lehrer und Lehrerinnen klagten besonders häufig über die schlechte Arbeitshaltung ihrer Schüler. Die deutschen Schüler beschwerten sich besonders häufig über mangelnde Zuwendung der Lehrer. Auch hier also eine Spaltung, die weit von den pädagogischen Idealen entfernt ist.

Die nationale PISA-Studie, die 2005 veröffentlicht wurde, ergab, dass die Schüler in Bayern am besten waren, gefolgt von denen in Sachsen und Baden-Württemberg. Ein weiteres Ergebnis war, dass die Chance, ein Gymnasium zu besuchen, bei gleichen Kenntnissen für ein Kind von Akademikern vier Mal höher war als für ein Kind von Facharbeitern.

Besonders schlechte Chancen hatte das Arbeiterkind in Bayern und Sachsen-Anhalt, vergleichsweise gut waren die Chancen in Niedersachsen und Brandenburg. Jeweils über 27 Prozent »Problemschüler« gab es in Hamburg und Bremen; das waren fast doppelt so viele wie in Bayern und Sachsen. Die Aufteilung der Gesellschaft in Schichten und die Abgrenzung dieser Schichten gegeneinander verläuft also kreuz und quer durch Deutschland.

Bildung gibt es nicht zum Nulltarif

Im internationalen Vergleich gibt Deutschland zu wenig für Bildung aus. 2002 waren es 5,3 Prozent des Bruttosozialproduktes gegenüber 5,8 Prozent im OECD-Durchschnitt. An der Spitze lagen die USA mit 7,3 Prozent des Bruttosozialproduktes, Frankreich mit 6,0 Prozent sowie Österreich und Finnland mit 5,8 Prozent. Die Investitionen, die die Bundesländer in die Hochschulen steckten, wurden von 1995 bis 2001 nur um 7 Prozent erhöht. Der OECD-Durchschnitt: 30 Prozent. Bei den Schulen lag der Ausgabenzuwachs in Deutschland im gleichen Zeitraum bei 6 Prozent gegenüber 21 Prozent OECD-weit.

Der im Jahr 2005 veröffentlichte Bildungsreport sieht erkennbare Fortschritte im deutschen Bildungssystem. Allerdings konnten die seit den achtziger und neunziger Jahren bestehenden Rückstände im internationalen Vergleich nicht aufgeholt werden. Im Jahr 2002 wurden in Deutschland nur 9,8 Prozent der gesamten öffentlichen Ausgaben in Bildung gesteckt, während es im OECD-Durchschnitt 12,9 Prozent waren. Die höchsten Investitionen in Bildung gab es in Mexiko mit 23,9 Prozent der gesamten öffentlichen Ausgaben, in Südkorea mit 17,0 Prozent, in Norwegen mit 16,1 Prozent, in Dänemark mit 15,3 Prozent und in den USA mit 15,2 Prozent.

Und wie steht es mit der Verteilung des Geldes? In die Grundschule wurde und wird bei uns nur die Hälfte investiert im Vergleich zur gymnasialen Oberstufe. Genau verkehrt, denn in den ersten Schuljahren werden die Weichen für den Bildungserfolg

gestellt. Da muss also das Geld hin. Und die Grundschullehrer sind – wenn man so will – mehr »wert« als die Gymnasiallehrer. In der Hierarchie jedoch stehen sie unten, beim Gehalt auch. Verhängnisvoll. Andere machen es besser.
So lag die jährliche Unterrichtszeit eines sieben- bis achtjährigen Schülers in Deutschland mit 625 Stunden um mehr als 160 Stunden unter dem OECD-Durchschnitt. Und nur 35 Prozent eines Jahrgangs erreichten 2003 in Deutschland das Abitur oder die Fachhochschulreife (OECD: 56 Prozent). In Finnland lag die Studienanfängerquote bei 71 Prozent, in Polen bei 70 Prozent und in den USA bei 64 Prozent.
Allerdings wuchs der Anteil der Hochschulabsolventen eines Jahrgangs in Deutschland zwischen 1998 und 2003 von 16 auf 19,5 Prozent (OECD: 32,2 Prozent in 2003). Vernachlässigt wurde aber nach wie vor der naturwissenschaftliche Bereich. Auf 100 000 junge Erwachsene im Alter zwischen 25 und 34 Jahren kamen in Deutschland nur 852 mit einem naturwissenschaftlichen Hochschulabschluss. Damit lag Deutschland auf Platz 20 im Ranking der 24 OECD-Staaten.
Selbst wenn es sofort radikale Änderungen im deutschen Bildungssystem gäbe – die Fehler sind gemacht. Sie wirken fort, und zwar noch etwa 30 bis 40 Jahre. Eine erschreckend große Zahl deutscher Arbeitnehmer wird im Durchschnitt weniger können als die Arbeitnehmer in anderen Ländern.

Es geht nicht ohne Schulreformen

Das schlechte Abschneiden der deutschen Schüler bei internationalen Tests hat die Diskussionen um das deutsche Schulsystem verstärkt. Immer mehr Bildungsforscher, Lehrerverbände und Parteien beziehungsweise Politiker fordern die Abschaffung der Hauptschule. Stattdessen wird nach dem Vorbild Schwedens, das in den internationalen Tests immer gut oder sehr gut abgeschnitten hat, eine sechs-, acht-, neun- oder zehnjährige »Schule für alle« propagiert.

In einigen Bundesländern wie Hamburg oder Berlin befinden sich in den Hauptschulen heute fast nur noch Schüler schwieriger sozialer Herkunft und/oder mit Migrationshintergrund. Insgesamt lag im Schuljahr 2004/05 der Ausländeranteil in Hauptschulen bei 18,7 Prozent und in Gymnasien bei 4,1 Prozent.

Das Saarland hat bereits 1996 die Hauptschule abgeschafft. Nach einer vierjährigen Grundschule gehen die Schüler wahlweise aufs Gymnasium, auf die erweiterte Realschule oder auf die Gesamtschule. In Bremen sollen zukünftig die Schüler nach der Grundschule aufs Gymnasium oder auf eine Sekundarschule, wo sie weitere vier Jahre lang gemeinsam unterrichtet werden, bevor in der neunten und zehnten Klasse die Aufteilung in Haupt- und Realschule erfolgt.

In den neuen Bundesländern wurde das Schulsystem bereits weitgehend umgebaut. Dafür gab es aber weniger qualitative Gründe, vielmehr ging es in erster Linie um die sinkenden Schülerzahlen. Brandenburg

hat nur noch ein zweigliedriges Schulsystem: sechs Jahre Grundschule, danach wahlweise Oberschule oder Gymnasium. In Sachsen, Sachsen-Anhalt und Thüringen gehen die Schüler nach der Grundschule auf die Mittelschule oder das Gymnasium. In Mecklenburg-Vorpommern folgt auf die Grundschule entweder das Gymnasium oder eine zusammengefasste Haupt- und Realschule, Regionalschule genannt.
Als ein Mittel zur Verbesserung der individuellen Förderung der Schüler gilt die Ganztagsschule mit einer Rundum-Betreuung durch pädagogische Fachkräfte. Bis April 2006 wurden mit Mitteln des Bundes mehr als 5000 Ganztagsschulen eingerichtet. Von 2003 bis 2007 will der Bund insgesamt vier Milliarden Euro für den Auf- und Ausbau von 10 000 Ganztagsschulen investieren, die Personalkosten für zusätzliche Lehrer müssen aber die Länder übernehmen.
Welche Chancen ein Schüler fürs Leben bekommt, hängt also nicht nur von seinen direkten Lehrern ab, auch nicht nur von der Schule, in die er geht, oder von der Stadt, in der er lebt. Auch das Bundesland mit seinem jeweiligen Schulsystem stellt die Weichen für sein Leben und zementiert die bestehenden Unterschiede bis weit in die Zukunft.

Gesundheit wird teurer – vom Machbaren und vom finanziell Tragbaren

Eigentlich hatte der Kollege nur Schmerzen im Knie. Da sie nicht von selbst verschwanden, ging er zum

Arzt – zum praktischen Arzt. Der runzelte die Stirn und schickte ihn zum Orthopäden. Der schaute auf das Knie und sah eine Schwellung. Das müssen wir uns näher ansehen, sagte der Orthopäde und ließ röntgen. Das erste Bild zeigte angeblich zu wenig, und so ließ er ein zweites Mal röntgen. Jetzt war das Bild klarer und der Orthopäde runzelte die Stirn. Er schickte den Kollegen zu einem Spezialisten: Bitte eine Computertomografie! Mein Kollege wollte dem Spezialisten seine Beschwerden schildern, doch der winkte ab. Interessiert mich nicht, bitte folgen Sie mir zur Maschine. Danach sah auch der Orthopäde etwas klarer, aber eindeutig äußerte er sich nicht. Es folgte eine Operation am Meniskus mit Vollnarkose. Danach war das Knie immer noch nicht in Ordnung. Kann sein, dass das ein wenig dauert, sagte der Orthopäde und ließ abrechnen. Aber das deutsche Gesundheitssystem hatte einen kräftigen ökonomischen Impuls erhalten. Na gut, sagte der Kollege, ich habe halt viele Arbeitsplätze gesichert …

Die Leistungen der gesetzlichen Krankenversicherungen in Deutschland sind von 1991 bis zum Jahr 2005 um 1005 Prozent gestiegen. Eine Explosion in Zahlen! Zugleich ging die Zahl der sozialversicherungspflichtigen Beschäftigten, also der Beitragszahler, zurück, allein zwischen 1995 und 2005 von 28,2 Millionen auf 26,1 Millionen. Weniger Menschen müssen sich mehr aufpacken!
2005 mussten die 253 gesetzlichen Krankenkassen 143,6 Milliarden Euro an Leistungen zahlen und die 48 privaten Krankenkassen 16,8 Milliarden Euro. Dem standen 2004 Beitragsaufkommen von 145,5

Milliarden Euro bei den gesetzlichen und 19,6 Milliarden Euro bei den privaten Kassen gegenüber.
Von den gesetzlichen Krankenversicherungen gingen im Jahr 2005 über die kassenärztliche und -zahnärztliche Bundesvereinigung 21,6 Milliarden Euro als Honorare an die niedergelassenen Ärzte und 7,5 Milliarden an die niedergelassenen Zahnärzte. Für die Krankenhausbehandlung wurden 49 Milliarden Euro gezahlt und für Arzneimittel 25,4 Milliarden Euro. Weitere 8,2 Milliarden Euro betrugen die Erstattungen für Heil- und Hilfsmittel. Auch die Verwaltung kostete richtig Geld – etwa 8 Milliarden Euro.
Was für eine gigantische Branche! Setzen wir diese Zahlen in Bezug zu einer älter werdenden Gesellschaft, in der es immer weniger Erwerbstätige und damit Beitragszahler gibt, können wir uns ausmalen, was uns in Zukunft blüht.
Die Gesundheitsindustrie ist zur mit Abstand größten Branche in Deutschland aufgestiegen. Die Pharmakonzerne, Ärzte, Krankenhäuser und Apotheker erwirtschaften jeden zehnten Euro in Deutschland. Die Branche setzt täglich rund 650 Millionen Euro um und beschäftigt 3,8 Millionen Menschen.
Im Vergleich mit den europäischen Nachbarländern und Finnland steht Deutschland im Jahr bei den Gesundheitsausgaben mit 10,9 Prozent vom Bruttoinlandsprodukt an der Spitze vor Frankreich, Österreich und den Niederlanden. Trotzdem hat keiner der Beteiligten, weder die Beschäftigten der Gesundheitsbranche noch die Patienten, das Gefühl, ein Premium-System zu erleben.
Weniger gut ausgestattet sind mittlerweile die deut-

schen Ärzte. Früher hatte ein Dr. med. die Garantie zur finanziell guten Ausstattung. Vorbei! Die Gehälter von Krankenhausärzten in unserem Land betragen ein Fünftel der Gehälter amerikanischer Ärzte; sie verdienen nicht einmal halb so viel wie englische Ärzte und auch weniger als ihre französischen oder holländischen Kollegen.

Auch den Hausärzten in Deutschland geht es finanziell nicht besser. Pro Patient und Quartal erhalten sie im Durchschnitt als Grundfreibetrag 11,75 Euro. Einzelleistungen werden extra bezahlt, zum Beispiel 20 Euro für einen Hausbesuch, 11 Euro für ein EKG und 7,50 Euro für ein zehnminütiges Gespräch mit dem Patienten. Dafür heben Handwerker nicht einziges Mal den Hammer. Bei solchen Einkommensaussichten ist es nicht verwunderlich, wenn viele Abiturienten sich nicht mehr für ein Medizinstudium entscheiden. Und wer heute kein Arzt wird, kann auch morgen niemanden behandeln.

Im Jahr 2010 gehen ungefähr 40 Prozent der heute in Praxen und Kliniken arbeitenden Ärzte in den Ruhestand. Schon heute sind mehr als die Hälfte der bundesweit etwa 116 000 Hausärzte älter als 50 Jahre. Sie werden sicherlich noch einige Jahre weiterarbeiten, aber bis 2015 wird die Hälfte der Ärzte aus der ambulanten Versorgung ausgestiegen sein. Bei den niedrigen Gehältern ist es überhaupt ein Wunder, dass sie so lange weitergearbeitet haben. Aber wohin sollen sie denn umsteigen? Die Vertretergarde der Industrie (Pharmareferenten) muss vor allem jung und dynamisch wirken.

Am Beispiel der Ärzte sieht man sehr gut, dass eine pauschalierende Arbeitspolitik nicht die Probleme

der Gesellschaft lösen kann. Die vielen Arbeitslosen ohne Berufsausbildung können nichts am Ärztemangel ändern. Hier hätte schon vor 20 Jahren eine andere Bildungspolitik einsetzen müssen. Sollte heute also etwas verändert werden, sähen wir Ergebnisse frühestens erst in 20 Jahren.
Die gesetzlichen Krankenversicherungen erwarten bis Ende 2007 ein Defizit, das auf 15 Milliarden und bis Ende 2009 auf 25 Milliarden Euro anwachsen könnte, wenn keine Gegenmaßnahmen ergriffen werden. Der höhere Beitrag ist beschlossene Sache, der Gesundheitsfonds auch, doch an der Kostenexplosion ändert das nichts. Wunderland ist abgebrannt.

Die Lebenskurve verläuft heute anders – gut versorgt bis in den Tod?

Der Mann hat sichtlich Spaß an der Situation. Er steht als Referent vor einem Kreis von Bankvorständen, alle ziemlich weit oben in der Hierarchie, alle nicht mehr die Jüngsten. Dann wirft er, der Professor aus Freiburg – Spezialist für demografische Entwicklungen –, seine PowerPoint-Präsentation an. »Das war einmal die Alterszusammensetzung«, sagt er und zeigt auf eine Art Pyramide, unten die Neugeborenen, oben die Alten. »Und das wird in ein paar Jahren sein; das ist keine Pyramide mehr«, ruft Professor Raffelhüschen, »das ist ein Döner.« Die Banker zucken zusammen. »Und wissen Sie, wer schuld ist? Sie sind es, weil Sie keine Kinder in die Welt gesetzt haben!« Die Banker ziehen die Köpfe ein. Und der

Wissenschaftler schiebt ganz kühl nach: »Ich gebe hier keine Prognose ab, sondern sage Ihnen, was bereits geschehen ist. Die Fehler sind passiert. Die Folgen sind unabwendbar.« Schlechte Stimmung im Konferenzsaal. Raffelhüschen schmunzelt.

Die Deutschen werden immer älter. Sie werden immer weniger, und der Aufbau der Gesellschaft hat schon lange keine Pyramidenform mehr. Der Aufbau der Bevölkerung glich schon im Jahr 1960 eher einer »zerzausten Wettertanne« und wird im Jahr 2050 so aussehen wie der Döner, von dem Raffelhüschen sprach. All diese Entwicklungen werden unter dem Begriff »demographischer Wandel« zusammengefasst. Was erwartet uns nun im Einzelnen?

Überalterung – ein Problem mit dramatischen Folgen

Die Lebenserwartung in Deutschland hat sich seit 1871 nach den Modellrechnungen des Statistischen Bundesamtes in Wiesbaden mehr als verdoppelt. Vor 135 Jahren lag die Lebenserwartung von neugeborenen Jungen gerade einmal bei 39,1 Jahren und von Mädchen bei 42,1 Jahren. Heute kann ein im Jahr 2004 geborener Junge damit rechnen, dass er im Durchschnitt ein Alter von 84,9 Jahren erreicht, und ein Mädchen liegt rein statistisch bei 90,4 Jahren.

Das Statistische Bundesamt geht davon aus, dass sich der Rückgang der Sterblichkeit im gleichen Tempo fortsetzen wird. Anders rechnet die Versicherungswirtschaft. Sie legt nur den Trend der vergangenen zehn Jahre zugrunde und kommt deshalb zu deutlich höheren Zahlen. Neugeborene Jungen können danach mit einem Lebensalter von 98,5 Jahren rechnen und neugeborene Mädchen sogar mit 102,4 Jahren. Der Grund für die unterschiedlichen Zahlen liegt unter anderem darin, dass die Versicherungskunden generell eine höhere Lebenserwartung als die Gesamtbevölkerung haben, weil sie im Durchschnitt mehr verdienen und ein gesünderes Leben führen.

Die Altersforscher stimmen ohnehin darin überein, dass ein genetisches Lebensalter von über hundert Jahren möglich ist. Im vergangenen Jahrhundert starben noch viele Menschen durch Infektionen und Seuchen. Ob Katastrophen, neue Krankheiten oder die zunehmende Fettleibigkeit dazu führen werden, dass die durchschnittlichen Lebenserwartungen wieder sinken, vermag aber noch keiner zu sagen.

Die Lebenserwartungen sind in den verschiedenen Regionen Deutschlands unterschiedlich hoch. Am längsten leben die Menschen in Baden-Württemberg, dort werden Jungen fast eineinhalb und Mädchen knapp ein Jahr älter als im Durchschnitt aller deutschen Bundesländer. Deutlich über dem Durchschnitt liegen auch Bayern und Hessen. Die niedrigste Lebenswartung haben Jungen in Mecklenburg-Vorpommern mit mehr als zwei Jahren unter dem Schnitt und Mädchen im Saarland, die damit rechnen müssen, rein statistisch ein Jahr früher zu sterben als der Durchschnitt.

Keine Kinder – keine Zukunft

Im Jahr 2004 lag die durchschnittliche Kinderzahl je Frau bei 1,36. Um die Bevölkerungszahl stabil zu halten, wäre es notwendig, dass jede Frau 2,1 Kinder hat. Da aber die Geburtenziffern in Deutschland schon seit über drei Jahrzehnten auf einem ähnlich niedrigen Niveau verharren, ist seither jede Kindergeneration um ein Drittel kleiner geworden als die ihrer Eltern.

Die heute etwa 30-jährigen Frauen werden bis zum Ende ihres gebärfähigen Alters mit 49 Jahren wahrscheinlich wiederum weit weniger Kinder zur Welt bringen, als es für den zahlenmäßigen Ersatz ihrer Generation erforderlich wäre. Und sind die heute geborenen Mädchen erst einmal erwachsen, werden sie mit aller Wahrscheinlichkeit aus heutiger Sicht ebenfalls wieder nur durchschnittlich 1,36 Kinder zur Welt bringen, so dass die Kinderzahl noch weiter sinkt. Es gibt immer weniger potenzielle Mütter.

Innerhalb Deutschlands ist der Kindersegen unterschiedlich verteilt. Im Osten werden weniger Kinder geboren als im Westen, in großen Städten weniger als in deren Umland. Viele hoffen darauf, dass die nach Deutschland zugezogenen Ausländer, die wir als »Migranten« bezeichnen, die Geburtenzahl wieder in die Höhe steigen lassen. Aber das ist keineswegs immer so. Die mit Abstand größte Kinderzahl gibt es im Westen Niedersachsens, wahrscheinlich deshalb, weil viele Aussiedlerfamilien dort hingezogen sind und es bei ihnen noch üblich ist, mehrere Kinder zu haben.

Dass wir in Deutschland immer weniger Kinder

haben, ist nicht nur auf die zurückgehende Zahl potenzieller Mütter zurückzuführen, sondern auch auf den zunehmenden Verzicht der Männer, eine Familie zu gründen. Deutsche Männer zwischen 40 und 44 Jahren sind deutlich häufiger kinderlos als Frauen, und bei den männlichen Akademikern hat sich der Anteil der Kinderlosen seit 1971 sogar mehr als verdoppelt. Gleichzeitig ziehen immer mehr Männer nicht aus dem Elternhaus aus. Die Hälfte aller deutschen Männer wohnt auch noch mit 25 Jahren im »Hotel Mama«.

Höhere Lebenserwartung und eine geringere Kinderzahl führen dazu, dass der prozentuale Anteil der Älteren in der Gesellschaft immer größer wird. 2001 waren noch 24,1 Prozent der Bevölkerung älter als 60 Jahre. Dieser Anteil wird bis 2030 auf 34,4 Prozent steigen und 2050 sogar 36,7 Prozent betragen. Dabei wächst die Zahl der über 80-Jährigen besonders stark. Ihr Anteil lag im Jahr 2001 bei 3,9 Prozent und wird im Jahr 2050 wahrscheinlich 12 Prozent betragen. Im Vergleich dazu machten die über 80-Jährigen im Jahr 1950 nur 1 Prozent der Bevölkerung aus.

Gleichzeitig sinkt natürlich der prozentuale Anteil der Jüngeren. 2001 gab es 20,9 Prozent Bundesbürger unter 20 Jahren. 2030 werden es nur noch 17,1 Prozent sein und 2050 dann 16,1 Prozent.

Der demographische Wandel, also die Zunahme des Lebensalters, der immer größere Anteil der Alten in der Gesellschaft und der immer geringere Anteil der Jungen sowie die schwindende Zahl der Gesamtbevölkerung – heute hat Deutschland rund 82,5 Millionen Einwohner, 2050 werden es bei ungünstigen

Bedingungen nur noch 68,5 Millionen sein – führt zu ganz erheblichen Veränderungen im deutschen Wirtschafts- und Sozialsystem. Die Wahrscheinlichkeit, dass jemand, der heute unter 70 Jahre alt ist, gegen Ende seines Lebens der Pflege bedarf, wird immer größer. Die moderne Medizin kann Leben immer weiter verlängern. Das ist gut so. Wir werden uns, falls wir in diese Lage kommen, freuen, wenn unser Leben verlängert wird. Aber der individuellen Freude steht die gesellschaftliche Folge gegenüber.

Anfang 2002 gab es in Deutschland schon über zwei Millionen Pflegebedürftige. Zwei Drittel wurden zu Hause versorgt. Eine Million Pflegebedürftige wurde durch Angehörige versorgt, die dafür Pflegegeld erhielten, und rund 435 000 Pflegebedürftige nutzten professionelle ambulante Pflegedienste. Mehr als 600 000 Pflegebedürftige wurden in Heimen betreut. Vorausberechnungen zeigen, dass die Zahl der Pflegebedürftigen bis zum Jahr 2020 auf knapp drei Millionen ansteigen wird. 2050 werden es sogar 4,7 Millionen sein. Im Jahr 2020 wären es dann 3,4 Prozent der Gesamtbevölkerung, die gepflegt werden müssen.

Da es aber immer mehr Kinderlose gibt, wird die Pflege zu Hause immer schwieriger werden. Da aber auch der Anteil der Arbeitnehmer in jüngeren und mittleren Jahren in Zukunft sinkt und wir mehr ältere Arbeitnehmer haben werden, während sich die Arbeitnehmerschaft selbst immer mehr in hoch und gering qualifizierte aufspaltet, taucht die Frage auf, wer dann in Deutschland eine qualifizierte Altenpflege betreiben soll und wie hoch der Preis dafür sein wird. Wahrscheinlich wird das eine spezifische

Spaltung der Gesellschaft zu Folge haben. Da wird es die geben, die die Kosten einer hochwertigen Pflege ohne Weiteres bezahlen können, und die anderen, die auf die Hilfe des Staates angewiesen sein werden.
Kann es sein, dass akzeptierte Wirklichkeit wird, was schon 1998 der Ärztekammerpräsident Karsten Vilmar prophezeite? Damals wurde es zum Unwort des Jahres gekürt, das »sozialverträgliche Frühableben« durch schlechte Versorgung. Vielleicht war der Mann nur zu früh dran. Vielleicht war er zu deutlich?

Wie die Globalisierung auf Löhne und Preise wirkt

Das deutsche Containerschiff fährt durch den Indischen Ozean, mit mehr als 20 Knoten unterwegs in Richtung China. Mehrere tausend Container. Das Schiff kommt aus Hamburg. In den Containern sind Druckmaschinen, teure Damenmode, Küchenmöbel. All das, was es so noch nicht gibt in China. Aber viele der Stahlkästen, die sich auf Deck stapeln, sind leer. Auf dem Rückweg wird das anders sein. Da sind die Container alle voll. Mit billigen Schuhen, mit billiger Kleidung, mit billigen Computern und TV-Monitoren. China liefert uns alles. Alles, was wir in Deutschland bisher selber produziert haben. Jetzt können wir nicht mehr mithalten. Am Hamburger Hafen warten schon die Kräne zum Entladen.

Wenn man aus den heutigen Löhnen und Preisen in Deutschland eine Entwicklung ablesen möchte, dann reicht es nicht mehr, nur den nationalen oder europäischen Markt zu betrachten, sondern man muss seinen Blick auf den globalen Markt richten. Schaut man 20 Jahre zurück, wie wir es in diesem Buch schon häufiger getan haben, dann war damals die Welt zumindest aus unserer Sicht noch in Ordnung.

In den siebziger Jahren waren die Arbeitsmärkte in Europa, USA und Japan noch weitgehend isoliert und deutlich von jenen in China und Indien getrennt. Der Vergleich der Arbeitskosten fand überwiegend zwischen den verschiedenen Unternehmen und Branchen statt sowie allenfalls innerhalb Europas. Inzwischen haben wir es mit einem Weltarbeitsmarkt zu tun, der in den vergangenen zehn Jahren um 400 Millionen Menschen gewachsen ist, ohne dass eine neue Nation als Wettbewerber auf den Plan trat.

Die Zahl der Arbeitskräfte in den alten Industrieländern ist mit 416,9 Millionen Arbeitnehmern geringfügig größer als die Chinas mit 412,5 Millionen. Was man jedoch nicht vergessen darf, ist, dass auch in Indien noch einmal 220,6 Millionen Menschen ihre Arbeitskraft in die Waagschale werfen. Damit hat Asien beim Angebot an Arbeitskräften die westliche Welt deutlich überholt.

Die Zahl der deutschen Arbeitnehmer verminderte sich 2005 gegenüber dem Vorjahr um 0,7 Prozent auf knapp 34,4 Millionen. Ohne die Förderung der so genannten Ein-Euro-Jobs wäre der Abbau sogar noch stärker ausgefallen. Der Grund liegt nicht etwa darin, dass die Löhne stiegen, sondern dass die Arbeitskosten in Deutschland immer noch einen Spitzenplatz einnehmen.

Die Tariflöhne wuchsen 2005 nur um 1 Prozent. Und

dort, wo unter Tarif bezahlt wurde, fanden meist gar keine Lohnerhöhungen statt. Stattdessen erlebten Arbeitnehmer verlängerte Arbeitszeiten oder das Streichen von Sonderzahlungen wie Weihnachts- und Urlaubsgeld. Die Hoffnung, dass die Mini-Jobs den Einstieg in den regulären Arbeitsmarkt bildeten, erfüllte sich nicht.

Im internationalen Vergleich lag Norwegen im Jahr 2005 an der Spitze der Arbeitskosten. Eine Stunde kostete dort 29,45 Euro, wobei der Bruttolohn 19,88 Euro ausmachte und die Personalzusatzkosten 9,56 Euro. Dänemark war nur wenig billiger. Dort kostete eine Arbeitsstunde 28,33 Euro, der Arbeitnehmer bekam brutto 21,20 Euro und die Zusatzkosten lagen bei 7,12 Euro.

In Westdeutschland kostete die Arbeitsstunde 27,87 Euro, doch hier bekam der Arbeitnehmer nur 15,67 Euro brutto, während die Personalzusatzkosten 12,20 betrugen. In den neuen Bundesländern lagen die Arbeitskosten nur bei 17,37 Euro, wovon 10,53 Euro als Bruttolohn zunächst in die Taschen der Arbeitnehmer flossen und die Zusatzkosten 6,83 Euro betrugen. Zum Vergleich die Arbeitskosten beim direkten Nachbarn Polen: Eine Arbeitsstunde kostet dort 3,80 Euro, die sich in 2,42 Euro Bruttoarbeitslohn und 1,38 Euro Zusatzkosten aufteilt. Polen ist uns sehr nah – vor allem den deutschen Unternehmern. Die können nämlich gut rechnen.

Das alles geht in Asien noch viel billiger – allerdings nur, weil Hungerlöhne gezahlt werden, lebensbedrohliche Arbeitsbedingungen herrschen und sich die soziale Absicherung nahe Null bewegt. Aber wir sind ja nicht nur Arbeitnehmer oder Rentner, sondern auch Konsumenten. Als Letztere gefällt uns der asiatische Lohn. Wir haben uns längst daran gewöhnt, dass wir in Deutschland dank der niedrigen Löhne in Asien auch hochwertige Waren zu Niedrigstpreisen einkaufen können.

Schuhe, die in Deutschland verkauft werden, stammen zu 98 Prozent aus Niedriglohnländern. Das gilt auch für 77 Prozent der Fernseher. Staubsauger sind in den letzten sechs Jahren 10 Prozent billiger geworden. Die Preise für Farbfernseher sind im selben Zeitraum um 55 Prozent gesunken und die für Computerbildschirme um 170 Prozent. Gut für uns Kunden; schlecht für unsere Textilindustrie, unsere Elektroindustrie, unsere Unterhaltungselektronikhersteller. Schlecht vor allem für die früher dort beschäftigten Menschen.

Alles was in Deutschland produziert wird, stieg während dieses Zeitraums im Preis: Bücher um 5 Prozent und Tageszeitungen um rund 22 Prozent. Natürlich stiegen auch die Preise für Lebensmittel: Brötchen wurden 14 Prozent teurer, Leberwurst um 7 Prozent, Käse um 5 Prozent und Vollmilchschokolade um 20 Prozent. Es lohnt sich eben einfach noch nicht, diese Produkte aus Asien nach Europa zu transportieren. Aber was nicht ist, kann noch werden.

Der Lohnwettbewerb, der sich lange Zeit auf den industriellen Bereich beschränkte und unser Land zwischen 1992 und 2005 2,3 Millionen Arbeitsplätze gekostet hat, verlagert sich nun auch auf den Dienstleistungsbereich. Weil Telefon- und Datenübertragungsleitungen zu Niedrigstkosten zur Verfügung stehen, werden sicher auch schon bald Produkte, die nur eine geringe Gewinnschöpfung bieten, ebenfalls zu Dumpingpreisen auf den deutschen Markt kommen.

Von den Sofas, wie sie unter anderem Ikea verkauft, stammen bereits heute 15 Prozent aus Billiglohnländern. In zehn Jahren werden es 50 Prozent sein. Auch unsere Automobilindustrie wird deutsche Autos dann vielleicht nur noch aus Komponenten zusammensetzen, die im Ausland gefertigt wurden. Heute kommen 2 Prozent der importierten Auto-Lenkräder aus Niedriglohnländern, aber auch dort wird der Anteil schon bald auf 50 Prozent anwachsen.

Der Verlust von Arbeitsplätzen und sinkende Löhne sind eben die Kehrseite von sinkenden Preisen. Wer glaubt, diese Entwicklung hätte bereits ihren Höhepunkt erreicht, der irrt.

Erwartungen bestimmen die Zukunft

Um Viertel vor sechs ist Esther Brune aufgestanden. Freiwillig tut sie es nicht. Aber es ist Werktag; sie muss zur Schule. Das bedeutet: eineinhalb Stunden Schulweg früh morgens und noch einmal eineinhalb Stunden am Nachmittag. Die junge Schülerin ist genervt. Wenn andere sich mit Klassenkameraden treffen, geht Esther an ihren Computer in den Chatroom und kommuniziert mit den Freundinnen nur noch per E-Mail. Die Schülerzahlen im Landkreis Ostprignitz-Ruppin sind um 40 Prozent zurückgegangen. Jede dritte Schule musste schließen. Wenn die Eltern über die Zukunft ihrer Kinder nachdenken, kommen ihnen Zweifel. Bleibt doch nur der Weg nach Westen, den andere schon gegangen sind?

Der amerikanische Wirtschaftswissenschaftler Edmund Phelps hat den Wirtschaftsnobelpreis im Jahr 2006 unter anderem dafür bekommen, dass er nachgewiesen hat, wie sehr Erwartungen Inflation und Arbeitslosigkeit mitbestimmen. Unternehmen und Beschäftigte beziehen ihre Vermutungen über künftige Löhne und Preise in ihre Entscheidungen mit ein. Insofern kann es nur nützlich sein, die Zukunftserwartungen der Deutschen etwas genauer unter die Lupe zu nehmen, wie es die verschiedenen Wirtschafts-, Sozial- und Meinungsforschungsinstitute tun.

Um den Kern der Ergebnisse gleich vorwegzunehmen: Die Deutschen sehen für ihre Zukunft schwarz. Nur 24 Prozent glauben, dass es ihnen in den nächsten fünf Jahren persönlich besser gehen wird als heute. Alle anderen Europäer – bis auf die Tschechen – sind da deutlich optimistischer. Auf dem Spitzenplatz liegen die Iren, die zu 61 Prozent an eine bessere Zukunft glauben, dicht gefolgt von den Spaniern und den Engländern. Offensichtlich sind es die trüben Erfahrungen der vergangenen fünf Jahre, die die Deutschen so negativ eingestimmt haben. Nur 26 Prozent der Deutschen stimmen der Aussage zu: »Die persönliche Situation ist heute besser als vor fünf Jahren.« Auch hier ist bei den Iren eine ganz andere Einstellung zu verzeichnen: 63 Prozent glauben, dass es ihnen heute besser geht als vor fünf Jahren.

Dass die Deutschen so finster in die Zukunft schauen, liegt unter anderem an der Lage auf dem Arbeitsmarkt. Nur 3 Prozent der Deutschen beurteilen diese als gut oder sehr gut. Kein Vergleich also zu den Iren, die ihre Arbeitssituation zu 82 Prozent als positiv einschätzen. Auch die Dänen sind mit 68 Prozent ähnlich optimistisch wie die Briten mit 65 Prozent. In Bezug auf die Lebensqualität hat sich Deutschland also ganz eindeutig aus der Spitzengruppe verabschiedet.

Was einem aber wirklich Sorgen machen sollte, ist der Vertrauensverlust in die Demokratie unter den Ostdeutschen. Lediglich 38 Prozent von ihnen sind noch davon überzeugt, dass die Demokratie in Deutschland die beste Staatsform ist. Das waren mal die Hälfte aller Ostdeutschen – was auch nicht besonders überzeugend ist. In den alten Bundesländern ist der Vertrauensverlust weniger dramatisch, er sank von 80 auf 71 Prozent. 15 Jahre nach der Wiedervereinigung stehen die Ostdeutschen ihrer früheren Staatsform deutlich weniger kritisch gegenüber. 75 Prozent sind inzwischen der Ansicht, dass der Sozialismus im Grunde ein gutes System ist, das nur schlecht umgesetzt wurde.

Beim Blick in die Zukunft ist die Angst vor wirtschaftlichen Problemen so groß, dass sie persönliche Ängste in den Hintergrund gedrängt hat. 70 Prozent der Deutschen fürchten sich vor steigenden Lebenshaltungskosten. Und hinsichtlich der Zukunftsängste klafft die Schere zwischen Ost und West so weit auseinander wie schon seit 15 Jahren nicht mehr. Besonders Berufseinsteiger, junge Paare und Eltern zwischen 20 und 39 Jahren, haben im Vergleich zu anderen Altersgruppen die größten Zukunftsängste.

Und dabei sind wir doch gerade auf deren Optimismus angewiesen.
Die noch vor einigen Jahren von der rot-grünen Regierung genährte Hoffnung, eine Wende zu schaffen und ins Wirtschaftswunderland zurückzukehren, scheint endgültig zerronnen zu sein. Da es keine harten Auseinandersetzungen mehr zwischen Regierung und Opposition gibt oder vielmehr keine kräftige Opposition, ist eine bedrückende Friedhofsruhe eingekehrt. Die Hoffnungen auf ein neues Wirtschaftswunder sind beerdigt worden, und jeder wäre schon glücklich, wenn ihn nicht weitere Schicksalsschläge ereilen. Die Hoffnung trügt.

Die Zukunft der Alten

Wie alt man sich selbst einschätzt und wie man das Alter anderer Menschen bewertet, ist eine höchst subjektive Angelegenheit. Der sechsjährige Schulanfänger empfindet sich im Vergleich zu seinen zwei Jahre jüngeren Geschwistern schon als alt, schließlich geht er bereits zur Schule. Der 18-jährige Abiturient mit Führerschein und Auto hingegen kommt ihm kaum jünger vor als seine Eltern, die beide über 30 Jahre alt sind.
Auch die Großeltern mit Mitte fünfzig erscheinen ihm kaum älter als Vater und Mutter, denn schließlich leben sie alle in derselben Weise und kleiden sich auch so – T-Shirt und Jeans in der Freizeit und Anzug mit Hemd und Krawatte, wenn es ins Büro geht. Sie surfen auf denselben Internet-Seiten, schauen dasselbe Fernsehprogramm an und fahren in dieselben Urlaubsregionen. Omas mit Dutt und schwarzem Rüschenkleid wie im Bilderbuch oder in Micky-Maus-Heften gibt es im wirklichen Leben gar nicht mehr.
Dem 18-jährigen Abiturenten kommen die über 30-Jährigen schon »verdammt alt« vor. Der dreißigste Geburtstag scheint vielen jungen Erwachsenen ein Datum zu sein, bei dem sie in eine vollkommen andere Welt eintreten, zumindest ist das so lange der Fall, bis sie diesen Geburtstag hinter sich haben. Dann ist der vierzigste das nächste Schreckensdatum.
Die Eltern des Sechsjährigen fühlen sich überhaupt

nicht alt, sondern immer noch als junge Erwachsene, die sich immer noch gern von den Eltern helfen und unterstützen lassen. Und auch die Großeltern mit Mitte fünfzig sehen sich selbst keineswegs als alt an. Sie haben vielleicht mehr Erfahrungen als ein paar Jahrzehnte zuvor, aber ihr Lebensstil, ihre Hobbys, ihre Gewohnheiten – das alles hat sich doch gar nicht so sehr geändert seit der Zeit, als sie als jung eingestuft wurden. Ihre Musik aus den sechziger und siebziger Jahren läuft noch heute im Radio und die Bücher, die sie gelesen haben – wie zum Beispiel *Der Herr der Ringe*, sind inzwischen verfilmt worden. Und die Autos von damals sind heute sicherer und bequemer, aber ein *Golf* ist immer noch ein *Golf*.

Alt sind aus ihrer Sicht inzwischen ihre Eltern, die jetzt allmählich auf die achtzig zugehen, aber immer noch reisen, sich noch ein neues, etwas handlicheres Auto mit Navigationssystem gekauft haben sowie einen neuen, großen Flachbildfernseher, und die vielleicht nur dadurch ein bisschen nerven, weil sie bei jeder passenden oder unpassenden Gelegenheit mit dem Mobiltelefon anrufen. In ihrer sportlichen Freizeitkleidung sehen sie nicht anders aus als ihre Enkel im Globetrotter-Look. Sind das nun die Alten, von denen wir sprechen?

Ob jemand heute als alt gilt, wird von offizieller Seite ausschließlich über seine berufliche Situation definiert. So gilt nach den Regeln der OECD ein Arbeitnehmer als alt, der in der zweiten Hälfte seines Berufslebens steht, aber das Pensionsalter noch nicht erreicht hat. Das Institut für Arbeitsmarkt- und Berufsforschung der Bundesagentur für Arbeit sieht

eine fließende Grenze von 45 bis 55 Jahren. In der Praxis sieht es dann häufig noch anders aus.
Es gibt Werbeagenturen, die sind stolz darauf, dass einschließlich der Geschäftsführung kaum jemand älter als dreißig ist. Ab 30 Jahren gilt man als zu alt für die Werbung. Ein 35-Jähriger wird kaum noch eine Karriere in einer Unternehmensberatung starten können, dafür ist er schon zu alt. Mit vierzig ist man zu alt für einen Wechsel der Branche, mit 45 Jahren zu alt, um noch in eine mittlere Führungsfunktion aufzurücken. Mit fünfzig ist man zu alt für EDV-Aufgaben und mit 55 Jahren ist man heute zu alt, um überhaupt noch zu arbeiten.
Jedenfalls sehen das viele Unternehmen so. Aber: Die Trendumkehr ist erkennbar. Zwar sind nur noch 41 Prozent der 55- bis 64-Jährigen erwerbstätig, aber die Zahlen steigen wieder. Im Jahr 2000 waren nur noch 13 Prozent der Frauen zwischen 60 und 64 Jahren berüfstätig und 31 Prozent der Männer. 2004 lag die Quote bei den Frauen immerhin schon wieder bei 20 Prozent und bei den Männern bei 39 Prozent. Das lag natürlich auch daran, dass der Staat es einem nicht mehr so leicht machte, früher in den Ruhestand zu gehen. Andererseits fällt es den Unternehmen schwerer, qualifizierte Arbeitskräfte zu finden.
Wahrscheinlich wird die Grenze für die Altersrente von 65 auf 67 Jahre angehoben. Das Gesetz sieht eine schrittweise Erhöhung des Renteneintrittsalters ab 2012 bis 2023 um jeweils einen Monat und ab 2024 um zwei Monate pro Jahr vor. Dann wäre im Jahr 2029 die Erhöhung des Renteneintrittalters um zwei Jahre abgeschlossen. Wer 45 Jahre in die Ren-

tenkassen eingezahlt hat, soll aber weiterhin mit 65 Jahren in den Ruhestand gehen dürfen.
Werfen wir einen kurzen Blick auf die Geschichte. Die gesetzliche Rentenversicherung wurde im Jahr 1889 unter Reichskanzler Otto von Bismarck und Kaiser Wilhelm I. eingeführt. Renten wurden damals erst ab dem siebzigsten Lebensjahr ausbezahlt. Das ist vergleichsweise sehr spät, wenn man bedenkt, dass die durchschnittliche Lebenserwartung damals deutlich unter 50 Jahren lag. Die Senkung des Renteneintrittsalters für alle Arbeitnehmer auf einheitlich 65 Jahre kam im Jahr 1916. Damals verdoppelte sich dadurch die Zahl der Rentenempfänger schlagartig.
Heute spricht das Bundesministerium für Familie, Senioren, Frauen und Jugend so schön vom »zweiten Lebensalter« – gemeint sind die 55- bis 65-Jährigen – und vom »dritten Lebensalter«, das die Altersstufe zwischen 65 und 80 Jahren umfassen soll, und vom »vierten Lebensalter« für über 80-Jährige.
Ausgelöst wurde die ganze Diskussion um Jung und Alt in den siebziger Jahren. Damals entdeckte man die Jugend als Konsumenten und begann sie zu hofieren. Ein Jugendkult wird immer nur dann betrieben, wenn man die Jugend zu etwas braucht, als Kanonenfutter im Ersten und Zweiten Weltkrieg oder als Konsumenten in der späten Phase des Wirtschaftswunders.
Lange Zeit galt in der Wirtschaft die Formel: Alter gleich Erfahrung gleich Können gleich mehr Gehalt. Deshalb war in vielen Tarifverträgen verankert, dass jemand mit mehr Berufserfahrung für dieselbe Tätigkeit mehr Geld bekommt als jemand mit weniger Berufserfahrung. Doch diese Regel, die sowohl den

Unternehmern wie den Arbeitnehmern genutzt hat, gilt heute nicht mehr. Intelligenz, Können und Entscheidungsfähigkeit wurde in der computerisierten Welt vom einzelnen Arbeitnehmer auf die Maschinen und die Systeme verschoben.
Das erforderliche Können und Wissen beschränkt sich immer mehr auf eine reine Bedienerfunktion. An einer modernen, automatischen Drehbank kann man fast jeden Arbeiter innerhalb weniger Tage anlernen. Eine dreijährige Ausbildung ist nicht mehr vonnöten. Und über die Kreditvergabe entscheidet in der Bank nicht mehr ein Sachbearbeiter mit dreijähriger Ausbildung, sondern ein Computerprogramm. Die notwendigen Daten kann jeder eintippen. Am liebsten ist es der Bank, wenn der Kunde es selbst macht – per Internet.
Also ist es in einer primär ökonomisch ausgerichteten Gesellschaft vollkommen überflüssig, hohe Löhne für Wissen und Können zu zahlen, wenn es nicht mehr benötigt wird. So wurden in den vergangenen 15 Jahren immer mehr Ältere, deren Arbeit höher bezahlt werden musste, aus den Unternehmen gelockt oder gemobbt. Nur wer sich bereit fand, für weniger Geld zu arbeiten, durfte bleiben oder konnte einen neuen Arbeitsplatz finden. Was den älteren Arbeitnehmern jedoch blieb, waren ihre Ansprüche aus diversen Versicherungen und ihr erspartes Vermögen aus den besseren Zeiten.
Das gilt auch für jene, die heute oder selbst in zehn Jahren noch in den Ruhestand gehen. Und da diese Generationen gelernt haben, sich durchzusetzen und hartnäckig ihre Interessen zu verfolgen, werden sie das auch noch in Zukunft tun.

Im Alter werden die gesellschaftlichen Unterschiede größer

Es ist falsch, den Begriff »alt« pauschalierend zu verwenden. Das betrifft die heutige Situation, erst recht aber die Zukunft, denn die Ausdifferenzierung der einzelnen Lebensläufe wird weiter zunehmen. Wenn es überhaupt einen Mainstream in der Gesellschaft gibt, dann im Alter von 30 bis 50 Jahren, wo die meisten Menschen, wenn auch mit unterschiedlichem Erfolg, ziemlich ähnliche Ziele verfolgen: Geld verdienen, schön wohnen – möglichst in einer eigenen Immobilie –, Karriere machen, sich etwas leisten und im Urlaub Wunschträume wahr werden lassen.

All dies, was wir mit »Lebensqualität« bezeichnen, wollen die Menschen auch im Alter nicht aufgeben. Aber in Zukunft werden die Chancen dafür ungleich verteilt sein. Nicht nur die Aufteilung in das zweite bis vierte Lebensalter hat ihre Berechtigung, sondern es muss in jedem Fall auch die jeweilige persönliche Biografie und gesellschaftliche Position berücksichtigt werden, denn das Alter nivelliert nicht, es macht Ungleichheiten deutlicher sichtbar und verstärkt sie. Die Spaltung der Gesellschaft wird im Alter größer.

Das bestätigt der Fünfte Altenbericht der Bundesregierung. Dort heißt es: »Im Vergleich zu früheren Lebensphasen ist das Alter eher durch eine höhere Heterogenität als durch eine zunehmende Homogenität gekennzeichnet. Soziale Ungleichheiten reduzieren sich im Allgemeinen nicht mit dem Alter – schon gar nicht von selbst. Vielmehr lassen sich die im Alter verfügbaren materiellen und sozialen Ressourcen vielfach als Ergebnis einer Kumulation von Vor- und Nachteilen beschreiben. Eine gezielte Erweiterung und Nutzung der Potenziale des Alters muss entsprechend möglichst früh ansetzen, damit eine unerwünschte Benachteiligung gar nicht erst entsteht oder zumindest in ihren langfristigen Auswirkungen deutlich reduziert wird. Dagegen erweisen sich soziale Ungleichheiten im Alter häufig als nicht mehr korrigierbar.« Und an anderer Stelle heißt es: »Die im Alter verfügbaren Ressourcen zur Verwirklichung von Lebensentwürfen, Ziel- und Wertvorstellungen sind nicht nur durch frühere Abschnitte der Erwerbs- und Bildungsbiografie, sondern bereits durch die soziale Herkunft, das Geschlecht oder für das soziale Umfeld charakteristische Lebenslagen, Normen und Rollenvorstellungen beeinflusst. Damit sind die vorfindbaren Lebenssituationen älterer Menschen durch große soziale Ungleichheiten geprägt.«

Das zweite Lebensalter – wir sind doch nicht alt

Hier also der Fokus auf jenes so genannte zweite Lebensalter, die Zeit zwischen dem fünfzigsten und fünfundsechzigsten Lebensjahr. Im Idealfall sollte diese Altersklasse noch erwerbstätig sein. Doch es gibt ganz gravierende Unterschiede, abhängig vom Bildungsabschluss.

Von denjenigen, die über keine besondere berufliche Qualifikation verfügen, sind im Alter von 50 bis 54 Jahren noch 56 Prozent berufstätig, im Alter von 55 bis 59 Jahren noch 48,6 Prozent und von 60 bis 64 Jahren noch 23,2 Prozent. Diese rapide Abnahme der Erwerbstätigkeit mag unter anderem damit zu begründen sein, dass in erster Linie Arbeiten verrichtet werden, die einen schweren körperlichen Einsatz verlangen und zu einem entsprechend frühzeitigen Verschleiß führen. Es gibt Berufe, die man ab einem gewissen Alter nicht mehr ausüben kann, weil der Körper die Belastungen nicht mehr erträgt oder die Geschicklichkeit nicht mehr vorhanden ist.

Das sieht man auch, wenn man die Gruppe derer betrachtet, die eine berufliche Lehre absolviert haben. Von diesen Menschen sind im Alter von 50 bis 54 Jahren noch 78,3 Prozent erwerbstätig, im Alter von 55 bis 59 Jahren noch 69 Prozent und von 60 bis 64 Jahren noch ein Drittel. Die bekanntesten Beispiele für Berufe, die man trotz beruflicher Qualifikation im Alter immer weniger gut ausüben kann, sind Dachdecker, Maurer und Zimmermann. Wenn ein 60-Jähriger noch immer auf Dächern und Gerüsten herumklettert, ist das einfach mit größeren Risiken als bei Jüngeren verbunden. Wer dagegen eine Führungsfunktion im Handwerk inne hat, also Meister ist, bleibt länger im Beruf, ganz einfach, weil seine tägliche Arbeit anders strukturiert ist und er häufiger am Schreibtisch sitzt. Handwerker mit Meisterbrief sind im Alter von 50 bis 54 Jahren noch zu 91,4 Prozent aktiv, von 55 bis 59 Jahren noch zu 86 Prozent und von 60 bis 64 Jahren immerhin noch zu 50,5 Prozent.

Bei Akademikern, die in erster Linie Schreibtischtäter sind, liegt der Anteil der Erwerbstätigen im Alter von 50 bis 54 Jahren bei 91,2 Prozent, von 55 bis

59 Jahren bei 89,9 Prozent und von 60 bis 64 Jahren immerhin noch bei 67,4 Prozent. Je besser also jemand ausgebildet ist und je höher die berufliche Position ist, die er erreicht hat, desto länger wird er auch im Arbeitsprozess bleiben.

Heute sind von den rund 50 Millionen Deutschen im Erwerbsalter rund 30 Prozent zwischen 50 und 64 Jahre alt, 38 Prozent liegen in der Altersklasse zwischen 35 und 49 Jahren, und rund 32 Prozent gehören zu den 20- bis 34-Jährigen. An diesem Altersaufbau wird sich bis zum Jahr 2010 nicht viel ändern, auch wenn die älteste Gruppe um zwei Prozentpunkte zunehmen wird.

Ganz erheblich anders wird es allerdings um 2020 aussehen. Ab diesem Zeitpunkt wird bis 2050 nicht nur die Zahl derjenigen, die im Erwerbsalter sind, um zehn Millionen sinken, sondern es werden auch die so genannten Babyboomer, also die geburtenstarken Jahrgänge der Vergangenheit, in ihre letzte Phase der Erwerbstätigkeit eintreten. Der Anteil der 40- bis 64-Jährigen wird auf 39 Prozent nach oben schnellen und die mittlere Gruppe auf 31 Prozent sinken. In den folgenden Jahrzehnten werden die 50- bis 64-Jährigen mit einem Anteil zwischen 36 und 37 Prozent die größte Gruppe unter allen Erwerbstätigen bilden.

Was bei diesen vorausschauenden Berechnungen allerdings noch nicht berücksichtigt wurde, ist die mögliche Anhebung des Rentenalters auf 67 Jahre. Wenn das im Jahr 2030 eintritt, werden in Deutschland rund 8,8 Millionen Menschen zwischen 60 und 66 Jahre alt sein. Heute sind von den 65- und 66-Jährigen nur knapp 7 Prozent noch über die Pensionsgrenze hinaus erwerbstätig. Wird das jedoch zur Regel, dann werden im Jahr 2030 mindestens 1,2 Millionen zusätzliche Arbeitsplätze erforderlich sein. Das Renteneintrittsalter anzuheben ist dem Gesetzgeber leicht gefallen. Aber die Arbeitsplätze für die Betroffenen – wo sollen die herkommen? So einfach lässt sich das nicht beschließen!

Für viele wirft sich daher die Frage auf, ob die Anhebung des Rentenalters für sie tatsächlich nur eine verkappte Rentenkürzung für die Zukunft ist. Das heißt, sie werden praktisch zum frühen Aufhören mit verkürztem Rentenbezug gezwungen. Ohnehin wird das Rentenniveau vor Steuern von 52,7 Prozent des modifizierten Bruttoeinkommens im Jahr 2005 bis im Jahr 2019 auf 46,6 Prozent sinken. Ohne private Vorsorge wird man im Alter in Zukunft also tatsächlich alt aussehen. Viele Menschen werden dann froh sein, auch noch nach dem siebenundsechzigsten Lebensjahr etwas hinzuverdienen zu können.

Die Chancen stehen dafür gar nicht einmal schlecht, vorausgesetzt, man hat die richtige Qualifikation und hat schon vorher lebenslanges Lernen gelernt. Schon heute florieren die Firmen, die so genannte Seniorenexperten vermitteln. Die Firma Bosch hat sogar ein eigenes Tochterunternehmen gegründet: Bosch Management Support (BMS), bei dem sich Ruheständler melden können, wenn sie weiter arbeiten wollen. Die bisher eingetragenen 300 ehemaligen Mitarbeiter haben im Jahr 2006 rund 9000 Einsatztage geleistet. Die bis zu 72-Jährigen bekommen dafür Tageshonorare zwischen 300 und 800 Euro. Doch das Geld ist für sie nicht einmal das Wichtigste. Sie wollen einfach nur weiter dabei sein.

Das dritte Lebensalter – Konsum und soziale Kompetenz

»Best Ager« nennen manche jene jungen Alten zwischen 50 und 65 Jahren, die beruflich etabliert oder bereits im vorgezogenen Ruhestand sind und über gehobene bis höhere Einkommen verfügen. Dass sie auch eine wichtige Konsumentengruppe darstellen, hat die Wirtschaft ziemlich spät erkannt. Die Best Ager, die nun vom Marketing auch hoffnungsvoll »Master Consumers« genannt werden, fühlen sich noch jung. Sie wollen ihr Leben genießen, statt immer zu sparen. Ihre Kaufkraft liegt mit 21 244 Euro im Jahr um 10 Prozent über der Kaufkraft der jüngeren Leute und ihr Geldvermögen liegt um ein Drittel über dem Durchschnitt der Bevölkerung.

Auch nach dem fünfundsechzigsten Lebensjahr geht es den heutigen Rentnern kaum schlechter. Ehepaare verfügen im Durchschnitt in den alten Bundesländern über ein monatliches Nettoeinkommen in Höhe von rund 2200 Euro und in den neuen Bundesländern ist es nicht viel weniger. Alleinstehende kommen im Westen auf mehr als 1500 Euro (im Osten auf 1300 Euro). Das alles sind Durchschnittswerte. Tatsächlich ist die Höhe der Renten breit gestreut. Die Spaltung in reiche und arme Rentner wird in Zukunft weiter zunehmen, weil die gut verdienenden Erwerbstätigen einen größeren Anteil ihres Gehalts sparen können und sie in größerem Umfang eine aktive Altersvorsorge betreiben können.

1998 war es so, dass knapp 80 Prozent der 40- bis 49-Jährigen Wohneigentum besaß. Künftig werden also 60 Prozent der Rentnerhaushalte über Immobilien verfügen. Bis 2010 werden acht Millionen Haushalte 27 Prozent des Nettovermögens der privaten Haushalte – das sind etwa zwei Billionen Euro – an gut 15 Millionen Haushalte vererben. Davon gehen rund 1,4 Billionen an die folgende Generation. Die verbliebenen 0,6 Billionen erhalten die Lebenspartner und werden mit Verzögerung dann ebenfalls an die Nachkommen weitergereicht.

Insgesamt werden die Erben immer älter. Erben im Alter von 60 Jahren und älter erhalten zurzeit 32 Prozent des Gesamterbvolumens, die 50- bis 59-Jährigen 25 Prozent und die 40- bis 49-Jährigen 22 Prozent – Tendenz weiter steigend. Künftige Erben werden auch immer höhere Summen erhalten, wobei Haushalte mit mehr als 3750 Euro Einkommen pro Monat deutlich höhere Beträge erben als der Durchschnitt.

Da ist es doch von der Wirtschaft vollkommen falsch, sich zunächst nur auf die Best Ager im Alter zwischen 50 und 65 Jahren zu konzentrieren. Auch jenseits der 65 Jahre ändern die Menschen ihre Gewohnheiten und Überzeugungen nicht. Sie konsumieren weiter wie gewohnt und sind bereit, für den Erhalt ihres Lebensstils Geld auszugeben.

Das Einzige, was die Senioren nicht mögen, ist der Begriff »Senioren«. Sie hassen es, wenn man ihnen mit Seniorenprodukten und speziellen Seniorenmärkten auf die Nerven geht. Sie erwarten, dass normale Produkte so beschriftet sind, dass man die Etiketten ohne Lupe lesen kann und dass die Produkte in den Supermärkten so präsentiert werden, dass man sie ohne athletische Verrenkungen erreicht. Die berüchtigten Seniorenteller dürften inzwischen

von den Speisekarten der Restaurants verschwunden sein. Stattdessen wird eben wahlweise eine große oder kleine Portion angeboten.
Die wichtigste Zielgruppe unter den Neuwagenkäufern sind diejenigen, die 50 Jahre und älter sind. Sie machen die Hälfte der potenziellen Kunden aus. Die jüngeren Käuferschichten interessieren sich zu drei Viertel eher für Gebrauchtwagen. Auch eine jugendliche Marke wie BMW profitiert im Neuwagengeschäft von den Senioren. Porsche-Käufer sind, wenn es sich um private Käufer handelt, um die 55 Jahre alt. Gerade deshalb wollen sie keine »Rentnerautos«. Im Gegenteil: Von dem Auto soll das jugendliche Image auf sie abstrahlen. Deshalb werden auch qualitativ hochwertige Produkte niemals als Rentnerware beworben.
Vergleichsweise hohe Ausgabenanteile entfallen bei älteren Menschen auf die Bereiche Wohnen, Energie und Wohnungsinstandhaltung. Das liegt unter anderem daran, dass große und kostspielige Wohnungen durchaus weiter genutzt werden, auch wenn die Kinder aus dem Haus sind und das Haushaltseinkommen sinkt. Mit dem Lebensalter steigen auch die Ausgabenanteile für Güter der Gesundheitspflege und für gesundheitsbezogene Dienstleistungen. Ebenso wächst die Neigung, Pauschalreisen zu buchen. Am besten kommt es bei den Alten an, wenn das Hotel sich bewegt – der Erfolg der Kreuzfahrten ist ohne das alte Publikum undenkbar.
Wie die Einstellung der Deutschen zum Geldausgeben ist, lässt sich sehr gut an der Sparquote ablesen. Ein-Personen-Haushalte sparen bis zum vierundfünfzigsten Lebensjahr, danach wird das Geld

zunächst einmal ausgegeben. Erst nach dem fünfundsiebzigsten Lebensjahr legt man wieder etwas mehr auf die hohe Kante. Bei Zwei-Personen-Haushalten spart man zwar bis zum neunundfünfzigsten Lebensjahr, gibt sein Geld dann aber länger und leichter aus, nämlich bis zum vierundachtzigsten Lebensjahr. Insgesamt sind die modernen Alten anders als die Alten des 20. Jahrhunderts; die lebten oft genügsam (»Ich brauche nichts mehr ...«). Heute gönnt man sich viel. Besonders im Bereich der personennahen Dienstleistungen sind die Älteren spendabel und werden damit in Zukunft zahlreiche Jobs sichern.

Ein großer Zukunftsmarkt ist die altengerechte Umgestaltung der individuellen Wohnung. Das Heim ist der Schrecken der Alten. Da bleibt man lieber zu Hause und baut um. Neben intelligenter Haustechnik im Bereich Licht, Klima und Sicherheit werden auch besonders oft Badezimmer auf die veränderten Bedürfnisse umgestaltet.

Ebenfalls wird in Zukunft die Nachfrage nach dem so genannten Service-Wohnen ganz erheblich steigen. Bei solchen Angeboten bekommt man alles aus einer Hand, die Wohnung und Dienstleistungen, die von der Putzfrau über die Haushaltshilfe bis hin zur Einkaufshilfe oder einem Fahrdienst reichen können. Insgesamt ergibt sich für haushaltsnahe und pflegerische Dienstleistungen ein Potenzial von rund 26 Milliarden Euro pro Jahr, für die die 50- bis 79-Jährigen bereit wären, zu zahlen.

Älter zu werden, bedeutet auch nicht, auf Mobilität zu verzichten. Voraussichtlich wird die Motorisierung der männlichen Personen ab dem 65. Lebensjahr bis 2030 von 767 Pkw pro tausend Einwohner auf 850 Pkw anwachsen. Noch deutlicher wird der Anstieg bei älteren weiblichen Verkehrsteilnehmern sein. Insgesamt werden die älteren Verkehrsteilnehmer Fahrzeuge bevorzugen, die über komplette Fahrassistenzsysteme verfügen. Das beginnt beim Navigationssystem und bei Einparkhilfen und geht bis zu Kollisions-Warnsystemen und automatischer Abstandregulierung.

Mobil sein bedeutet für ältere Menschen aber auch, reisen zu können. Für ein Viertel der über 50-Jährigen ist Reisen ein geradezu elementares Bedürfnis und für weitere 36 Prozent ist es zumindest sehr wichtig, verreisen zu können. Ein Viertel aller urlaubsreisenden erwachsenen Deutschen ist schon heute älter als 60 Jahre. Seniorenpaare liegen mit knapp 800 Euro pro Person und Reise nur knapp über dem Gesamtdurchschnitt aller Urlaubsreisen, aber gerade alleinstehende Senioren investieren mit 965 Euro pro Reise deutlich mehr als der deutsche Durchschnitt.

Seniorenreisen gelten in der Branche bereits als Wachstumsmotor der Zukunft, wozu dann auch der so genannte Gesundheitstourismus gehört. Doch das Reiseverhalten ändert sich im Alter nicht von Grund auf. Wer schon immer gern Fernreisen gemacht hat, wird dies auch im Alter tun. Komfort und Sicherheit sind für ältere Reisende von besonderer Bedeutung. Besonders beliebt sind deshalb Pauschalreisen. Gebucht wird dabei die ganze Palette, von Kreuzfahrten, Kulturreisen über Wanderurlaube bis hin zum Strandurlaub mit Sonnengarantie.

Wer glaubt, dass die Senioren mit den neuen Medien nichts am Hut haben, der irrt. Von den über 50-Jährigen gehören schon heute 35 Prozent zu den erfahrenen Computer-Nutzern mit guten Kenntnissen und häufigem Einsatz. Nur 19 Prozent verweigern sich den neuen Technologien. Die Gruppe der 50- bis 59-Jährigen liegt mit 43 Prozent sogar leicht über dem Bundesdurchschnitt, während heute die Gruppe der über 70-Jährigen nur zu 7 Prozent das Internet nutzt. Doch das wird sich in 20 Jahren geändert haben. Denn wer heute fünfzig ist, wird nicht in 20 Jahren auf die spezielle Nutzung des Internets im Bereich Nachrichten, Reisen inklusive Buchung sowie auf andere Serviceangebote verzichten wollen.

In der Altersgruppe der 55- bis 69-Jährigen sind knapp 65 Prozent sportlich aktiv. In der Gesamtbevölkerung sind es nur 34,6 Prozent. Selbst die über 70-Jährigen liegen mit 35,6 Prozent sportlich über dem Bevölkerungsdurchschnitt. Überall Nordic-Walking-Gruppen – sogar auf Kreuzfahrtschiffen! Einerseits haben die Älteren Zeit für so etwas, andererseits ist ihnen aber auch der Zusammenhang zwischen sportlicher Bewegung und Gesundheit deutlich einsichtiger.

Die Finanzdienstleister wie Banken, Sparkassen und Versicherungen haben die Zielgruppe der Älteren lange Zeit vernachlässigt, benachteiligt oder sogar versucht, sie auszubeuten. Vernachlässigt, weil man ihnen keine zielgruppengerechten Angebote machte. Benachteiligt, weil die Kreditvergabe an ältere Menschen erheblich eingeschränkt wurde, egal ob es sich um ältere Unternehmensgründer handelte oder ob jemand nur einen Konsumentenkredit haben wollte. Ohne Prüfung der Sachverhalte wurde oft allein auf Grund des Alters der Kredit verweigert – bei WISO wurde über einen Mann mit hoher Kapitallebensversicherung berichtet, dem ein kleiner Konsumentenkredit verweigert wurde. Begründung: sein Alter. Er war 67 Jahre alt.

Andererseits wurde oft die Autoritätshörigkeit und das Vertrauen älterer Menschen ausgenutzt, um ihnen unsinnige Versicherungen zu verkaufen. Da wurden Heimbewohnern Hausratversicherungen untergeschoben. Oder einem Ehepaar in Sachsen – beide fast 90 Jahre alt –, die nur ihren Notgroschen anlegen wollten und im eigenen Haus wohnten, wurde von der örtlichen Sparkasse ein Bausparvertrag empfohlen. Sie schlossen ab.

Heute sind die Älteren die einzig wachsende Zielgruppe mit geregeltem, gesichertem Einkommen, und insofern werden sie jetzt von der Finanzbranche entsprechend umgarnt.

Gerade im Zusammenhang mit der Pflegebedürftigkeit werden immer neue und nicht immer kostengünstige Angebote gemacht. Häufig setzen die Versicherer darauf, dass ihre Kunden gar nicht genau erkennen, welche Leistungen sie kaufen. So ist die Versicherungsleistung »Organisation eines Pflegedienstes« etwas anderes als die Bezahlung eines Pflegedienstes.

Da viele deutsche Unternehmen offensichtlich zu träge sind, um neue Märkte zu erschließen, und zu fantasielos, um neue Produkte und Dienstleistungen zu erfinden, fühlten sich Bund und verschiedene Länder schon vor einigen Jahren bemüßigt, im Bereich der Seniorenwirtschaft initiativ werden zu müssen. In Deutschland muss die Kuh offensichtlich zum Saufen getragen werden. In Nordrhein-West-

falen hat man ein Qualitätssiegel »Wohnen mit Service für ältere Menschen« entwickelt und versucht, Internet-Cafés für Ältere aufzubauen, um ihre Medienkompetenz zu stärken.
Die Stadt Köln zum Beispiel hat ein Modell für eine generationenübergreifende Wohnform entwickelt, bei der die Alten und Jungen sich gegenseitig helfen, sei es bei der Kinderbetreuung oder bei der Bewältigung der alltäglichen Dinge. Die Stadt übernimmt für die Dauer von 20 Jahren die Grundmiete für die Gemeinschaftsräume in Form einer Einmalzahlung und zahlt dem Investor außerdem einen Zuschuss von 2000 bis 3000 Euro jc Wohnung für den erhöhten Abstimmungsaufwand bei der Projektplanung.

Die Nachfrage nach Bildung bleibt

Bildung hat bei all jenen, die während ihres ganzen Lebens geistig aktiv waren, auch im Alter einen hohen Stellenwert. Nicht immer zur Freude der jüngeren Generation, denn an vielen Universitäten machen die »älteren Semester«, die nur aus Spaß und Zeitvertreib studieren, denjenigen den Platz streitig, die auf der Basis ihres Studiums eine Existenz gründen wollen. Inzwischen versucht man, das wissenschaftliche Weiterbildungsangebot für Ältere auf privatwirtschaftlicher Basis zu fördern, unter anderem mit speziellen Senioren-Universitäten.
Im ostwestfälischen Bad Meinberg gibt es die erste Universität ausschließlich für Studenten über fünfzig, das »Europäische Zentrum für Universitäre Studien der Senioren«. Fünfunddreißig Senioren haben sich für das im August 2006 gestartete Studium, das

über sechs Trimester läuft und mit einem Zertifikat der Universität Bielefeld abschließt, immatrikuliert. Es handelt sich um ein Studium generale, das Fächer wie Religionswissenschaft, Medizin, Geschichte, Kunst, verschiedene Naturwissenschaften sowie Gerontologie umfasst. Weitere Kurse sind geplant.

In keiner Gruppe der Bevölkerung wird der Unterschied zwischen den Gebildeten und finanziell Abgesicherten und denen ohne Bildung und finanzielle Absicherung so deutlich, wie bei den Senioren. Wenn die Zahl der Älteren zunimmt, steigt auch ganz automatisch in dieser Gruppe die Zahl der »Abgehängten«, denn auch sie führen ihren lebenslang gepflegten Lebensstil im Alter weiter fort.

Im Jahr 2003 gab es in Deutschland 14,8 Millionen Menschen im Alter von 65 Jahren und darüber, gut 3,4 Millionen Menschen, die 80 Jahre und älter waren, und knapp 600000, die 90 Jahre und älter waren. Im Jahr 2020 werden es in der ersten Gruppe 18,2 Millionen sein, in der zweiten Gruppe 5,7 Millionen und in der dritten Gruppe knapp 900000.

Noch eindrucksvoller ist die Prognose für das Jahr 2050: Dann werden 22,2 Millionen Menschen älter als 65 Jahre sein, neun Millionen älter als achtzig und knapp zwei Millionen älter als neunzig. Wir müssen davon ausgehen, dass die schlechte Bildung für die unteren Schichten in den vergangenen Jahrzehnten ihre Spuren hinterlassen wird. Also werden in Zukunft 10 Prozent der Alten zur Schicht der bildungsfernen und finanziell Benachteiligten gehören. Sie werden Couchpotatoes sein, unbeweglich und pflegebedürftig, obwohl sie es gar nicht sein müssten. Sie werden keine gesellschaftlichen Funktionen

übernehmen, da sie es ja auch in den früheren Jahren nicht getan haben. Sie werden uns vielleicht nicht lieb, auf jeden Fall aber teuer sein.
Speziell aber von den etablierten über 65-Jährigen erwarten die Sozialforscher für die Zukunft ein verstärktes gesellschaftliches Engagement. Diese Gruppe verfügt über Zeit und Kompetenz, um sich effektiv engagieren zu können. Vielleicht werden sie sich in den traditionellen Organisationen wie Kirchen, Gewerkschaften und Sozialverbänden engagieren, vorausgesetzt, diese Organisationen schaffen es in Zukunft noch – oder wieder –, attraktiv zu erscheinen. Die Senioren werden aber auf jeden Fall auf privater Ebene immer mehr Gruppierungen gründen und damit gesellschaftlich relevante Aufgaben übernehmen. Sei es nun die Versorgung sozial Schwacher mit Lebensmitteln, sei es die Übernahme von Kinderbetreuung oder, was immer größere Bedeutung erlangt, die soziale Betreuung ihrer eigen Gruppe, der noch älteren Generation.
Die Generation der über 65-Jährigen wird in Zukunft allein schon durch das zahlenmäßige Wachstum auch politisch immer relevanter. Insofern wird auf dieser Ebene neben der Sicherung der Renten ganz besonders die Verbesserung der Pflege und Betreuung im Vordergrund stehen. Verstärken wird sich dieses Engagement in Zukunft auch noch dadurch, dass die heute jüngeren Menschen im Alter bis zu 39 Jahren weniger zu materialistischen Wertvorstellungen neigen und diese Vorstellungen in 20 Jahren auch nicht aufgeben werden. Wenn unser Land zur Republik der Rentner geworden ist, wird sich auch die Politik verändern. Entweder kriegen die etablier-

ten Parteien die Kurve, oder es wird professionell geführte Alten-Parteien geben. An denen wird nichts mehr vorbeigehen. Die Seehofers dieser Welt haben in Deutschland eine große Zukunft.

Das vierte Lebensalter – die Notwendigkeit von Betreuung und Pflege nimmt zu

Das vierte Lebensalter mit über 80 Jahren ist dadurch geprägt, dass die Menschen zunehmend altersbedingte Behinderungen kompensieren müssen oder mit gesundheitlichen Problemen zu kämpfen haben. Die Bedeutung von technischen Hilfsmitteln, Medikamenten und Gesundheitsdienstleistungen wächst überproportional. Persönliche Hilfe, Betreuung und Pflege werden immer wichtiger.

In den letzten Jahren ist die Zahl der Pflegeeinrichtungen und Pflegeplätze in Deutschland spürbar gestiegen. Diese Entwicklung wird sich im Zuge der fortschreitenden Alterung der Gesellschaft noch verstärkt fortsetzen. Auch die Zahl an Demenz erkrankter älterer Menschen wird weiter anwachsen und die Pflegeeinrichtungen, insbesondere das Personal, vor neue Herausforderungen stellen.

Das Pflegepotenzial in den Familien wird abnehmen, unter anderem weil die Frauenerwerbsquote steigt, aber auch, weil die Bereitschaft zur Übernahme der Pflege zu Hause sinkt. Pflege ist 24-Stunden-Arbeit, das können oder wollen immer weniger Angehörige leisten. Außerdem gibt es in Deutschland immer mehr Ein-Personen-Haushalte – wer soll da wen pflegen?

Weil die Krankenhäuser aus Kostengründen gezwungen sind, die Verweildauer der Patienten auch in Zukunft noch weiter zu senken, schreitet die Spezialisierung auf bestimmte akute Erkrankungen voran. Patienten mit chronischen Erkrankungen werden von den Krankenhäusern dann gar nicht mehr aufgenommen oder nach kurzer Zeit in ein Pflegeheim verlegt, wodurch sich die Pflegetätigkeit in diesem Heim immer mehr in den klinischen Bereich verschiebt. Die staatlichen Maßnahmen hinken beim Pflegebedarf der tatsächlichen Entwicklung immer noch hinterher.

In den letzten Jahren hat sich die Zahl der stationär versorgten Pflegebedürftigen um 12 Prozent erhöht. Der Anteil der stationär versorgten an der Gesamtzahl der Pflegebedürftigen betrug Ende 2003 schon 31 Prozent. Ihre Zahl wird weiter zunehmen.

Das Durchschnittsalter in der stationären Pflege lag Ende 2003 bei etwa 82 Jahren. Mehr als drei Viertel der Pflegebedürftigen in Heimen, nämlich 78 Prozent, sind Frauen.

Wir wissen, dass etwa ein Fünftel der Heimbewohner über ein Nettoeinkommen von weniger als 1300 Euro verfügen. Knapp 29 Prozent haben ein Nettoeinkommen zwischen 1300 und 2300 Euro. Erst diese Gruppe ist also in der Lage, die Kosten für die Heimunterbringung und den Eigenanteil für die Pflegestufe 1 aus eigener Tasche zu bezahlen. 22 Prozent der Heimbewohner haben ein Nettoeinkommen von über 2300 Euro, was ihnen eine sichere Unabhängigkeit von staatlichen Leistungen oder von Leistungen der Angehörigen garantiert.

Im Jahr 2003 erhielten 34 Prozent der Heimbewohner Leistungen nach Pflegestufe 1, knapp 45 Prozent Leistungen der Pflegestufe 2 und 21 Prozent Leistungen der Pflegestufe 3. Ein Pflegebedürftiger in vollstationärer Dauerpflege musste im Durchschnitt monatlich eine Summe von 2250 Euro für Pflege, Unterbringung und Verpflegung entrichten. In den einzelnen Pflegestufen betragen die Durchschnittswerte 1824 Euro in der Stufe 1, 2250 Euro in der Stufe 2 und 2675 Euro in der Stufe 3. Dazu kommen in der Regel noch weitere Posten, die dem Pflegebedürftigen in Rechnung gestellt werden dürfen.

Wer in einem Heim untergebracht ist, leidet – verglichen mit Senioren in Privathaushalten – überproportional häufig an chronischen Krankheiten und Mehrfacherkrankungen. Die häufigsten chronischen Erkrankungen sind Einschränkungen des Bewegungsapparates und Herzkreislauferkrankungen. Weiterhin sind knapp 40 Prozent der Heimbewohnerinnen und Heimbewohner inkontinent. Wer zu den Hochbetagten zählt, leidet im Schnitt an mehr als drei Erkrankungen gleichzeitig. Einen hohen Anteil nehmen gerontopsychiatrische Krankheitsbilder mit einer besonderen Häufung von Demenz ein.

In Deutschland sind nach Schätzungen von Fachleuten derzeit rund eine Million Menschen, die 65 Jahre oder älter sind, von einer demenziellen Erkrankung betroffen. Die Zahl der Neuerkrankungen beträgt im Laufe eines Jahres fast 200 000. Mit zunehmendem Alter steigt die Häufigkeit demenzieller Erkrankungen von weniger als 2 Prozent bei den 65- bis 69-Jährigen auf über 30 Prozent bei den über 90-Jährigen an. Bis zum Jahr 2020 ist mit über 1,4 Millionen und bis zum Jahr 2050 mit nahezu 2,3

Millionen Demenzkranken zu rechnen. Von den Heimbewohnern ist ungefähr die Hälfte betroffen. Und etwa 10 bis 20 Prozent der Demenzkranken in Heimen sind auf Grund der Schwere der Erkrankung und der Verhaltensauffälligkeiten kaum integrierbar.

Ein besonderes Problem ist die Pflege und Betreuung älterer alleinstehender Migranten. Hier ist der Unterschied zwischen den Pflegewünschen und den realisierbaren Möglichkeiten besonders groß.

Die Zahl der Heime und Heimplätze hat zuletzt deutlich zugenommen. Und doch hat sich die Versorgungsdichte verschlechtert. Es ist klar: Wir erleben spürbar, das die Zahl der Menschen mit einem hohen Lebensalter unaufhaltsam wächst.

Ende 2003 existierten in Deutschland 9743 stationäre Pflegeeinrichtungen. Damit hatte sich die Zahl gegenüber 1999 um 10 Prozent erhöht. Der Anteil der Heime für ältere Menschen, die keine Pflegeheime sind, liegt nur noch bei 3 Prozent. Dem gegenüber hat der Anteil von Einrichtungen, die Wohnformen mit Betreuungsangeboten bieten, in denen eine selbstständige Haushaltsführung möglich ist, zugenommen. Doch passen diese Modelle nicht in das gesetzgeberische Raster. Schade, denn sie entsprechen wahrscheinlich am ehesten den Wünschen älterer Menschen.

Rund 56 Prozent der Pflegeheime gehören frei-gemeinnützigen, 37 Prozent privaten und 8 Prozent öffentlichen Trägern. Die Zahl der privaten Anbieter ist im Zeitraum von 1999 bis 2003 um 17 Prozent gestiegen, die der frei-gemeinnützigen Anbieter um 8 Prozent. Die Zahl der Pflegeheime in öffentlicher

Trägerschaft ging um knapp 3 Prozent zurück. Die größten Zuwachsraten gibt es bei den privaten Trägern – es scheint so, als könne mit der Pflege alter Menschen zunehmend Geld verdient werden.
Die durchschnittliche Größe der Heime lag 2003 rein rechnerisch bei etwa 73 Plätzen und hat sich gegenüber 1999 kaum verändert. Die Auslastung der Plätze lag bei etwa 90 Prozent. Damit ist der Trend zu größeren Pflegeheimen in privater Trägerschaft schon vorgezeichnet.
Der Anteil der Einbettzimmer lag im Jahr 2003 bei knapp 50 Prozent. Das bedeutet, dass mehr als die Hälfte der Zimmer Mehrbettzimmer waren, die jedoch sukzessiv abgebaut werden sollen. Größere Zimmer mit seniorengerechten, barrierefreien Sanitäreinrichtungen gehören zunehmend zur Regelausstattung, sind jedoch noch nicht Standard. Fachleute gehen davon aus, dass 100 000 Heimplätze nicht dem entsprechen, was angemessen und notwendig wäre.
Das heißt, die überwiegende Zahl der zu pflegenden alten Menschen lebt mit fremden Personen in einem Zimmer und verfügt auch nicht über eine eigene Toilette. Kein Wunder, dass der Wunsch, möglichst lange in der eigenen Wohnung gepflegt zu werden, nach wie vor groß ist. Gerade im Alter ist es schwer, die lebenslang gewohnte Privatsphäre aufgeben zu müssen. Zumal die Menschen wissen, dass »Heim« gleichbedeutend ist mit der letzten Station vor dem Tod.
Besonders erschütternd ist, dass in Heimen bei Kontrollen immer wieder bauliche Mängel festgestellt werden, wie zum Beispiel fehlende Handläufe oder

Orientierungshilfen und eben mangelnde beziehungsweise nicht alten- und behindertengerechte Sanitäreinrichtungen. In manchen Heimen fehlen sogar Aufzüge oder Rufanlagen und gelegentlich sind die Zimmer überbelegt. Sicher bemüht man sich, in den Neubauten solche Mängel zu vermeiden. Doch der Wettlauf zwischen der zunehmenden Zahl von Pflegebedürftigen und der Zahl von Neubauvorhaben ist ganz offensichtlich noch nicht entschieden.

Die Zahl der Pflegekräfte in Heimen ist zwischen 1999 und 2003 um fast 16 Prozent gestiegen. Das ist gut und notwendig. Beunruhigend ist allerdings die Erkenntnis, dass 20 Prozent der Pflegekräfte lieber in einem anderen Beruf arbeiten würden. Bei einer Arbeit, die ein hohes Maß an Zuwendung und Menschlichkeit erfordert, ist dies sogar alarmierend.

Das bedeutet für die Zukunft: Wir haben eine hohe Nachfrage nach körperlich fitten, jüngeren Arbeitskräften. Sie sollen bereit sein, eine verhältnismäßig gering bezahlte Arbeit zu tun, die auch noch mit geringem gesellschaftlichen Prestige verbunden ist. Während dieser Arbeit sollen sie mit oftmals nicht einfachen Menschen liebevoll umgehen und ihnen ihre schwierige Lage erleichtern. Schlecht auszubildende junge Arbeitslose mit geringer sozialer Kompetenz in diesen schwierigen Beruf hineinzuzwingen dürfte kaum eine Lösung sein.

Andererseits ist der deutsche Staat aber nicht bereit, diesen Markt für ausländische Arbeitnehmer zu öffnen. Dabei darf man keineswegs nur an polnische oder russische Pflegekräfte denken, die heute schon, teilweise illegal, für die Pflege alter Menschen in Privathaushalten engagiert werden. Man muss auch

Indien berücksichtigen, das nicht nur ein großes Heer kompetenter Computerfachleute anzieht, sondern auch zahllose Kräfte im Bereich der Krankenpflege.
Die Altenpflege wird ohnehin immer mehr krankenpflegerische Komponenten enthalten müssen. Schon heute sind philippinische Krankenschwestern in den USA heiß begehrt, nicht nur, weil sie gut ausgebildet sind, sondern weil sie auch die englische Sprache beherrschen.
Wenn wir für den Bereich der Altenpflege ein Zukunftsszenario entwerfen, dann müssen wir von einer erhöhten Nachfrage ausgehen und einem wachsenden Anteil von sozial schwachen Pflegebedürftigen. Wir brauchen also preisgünstige Lösungen, die in erster Linie von privaten Anbietern stammen werden. Es geht um einen großen Markt, der noch größer wird. Zurzeit werden in Deutschland rund 34 Milliarden Euro pro Jahr für Pflege ausgegeben. Bis 2020 dürfte sich die Summe verdoppeln, und im Jahr 2050 dürfte der jährliche Umsatz bei rund 200 Milliarden Euro pro Jahr liegen. Damit sind Gesundheit und Altenpflege der Wachstumsmarkt Nummer 1.
Die Fachleute wissen das. Die Gesundheitskonzerne sehen in die Zukunft. Der deutsche Pflegenotstand wird automatisch auch die großen, international agierenden Pflegeheimbetreiber aus den USA auf den Plan rufen. Sie haben den deutschen Markt bereits im Visier, denn der amerikanische Heimmarkt ist bereits gesättigt. Dort gibt es Konzerne wie HealthSouth mit 100 000 oder Beverly mit 50 000 Betten. Sunrise, die Nummer 3 in den USA, hat zwar

»nur« knapp 17000 Betten, doch ist das Unternehmen besonders kapitalstark. Der Jahresumsatz des amerikanischen Marktführers HealthSouth liegt derzeit bei 4,5 Milliarden US-Dollar.

Machen wir uns nichts vor: Wer gewinnorientiert Pflegeheime betreiben will, braucht große Häuser, die – wie man so sagt – kostenoptimiert betrieben werden können. Das heißt, Reinigung, Pflege und Verpflegung müssen wie am Fließband funktionieren. Für Individualität der Heimbewohner wird es dabei keinen Platz mehr geben. Schon heute gibt es gut durchorganisierte Heime, in die der Bewohner nur noch ein einziges Stück Kleinmöbel mitbringen darf. Ansonsten muss er sich mit dem Pflegeleicht-Mobiliar des Heims arrangieren.

In solchen Heimen wird niemand verschmutzt in seinem Bett liegen, er wird nicht verhungern und verdursten, und er wird auch die notwendigen Arzneimittel bekommen. Aber Zeit und Zuwendung werden nicht auf dem Programm stehen, sondern durch einen ewig dudelnden Fernseher ersetzt werden. Wer sich die letzten Lebensjahre anders vorstellt, wird selbst tief in die Tasche greifen müssen, wenn er denn kann. Natürlich kennen gerade die amerikanischen Konzerne auch noch andere Konzepte, die mehr als nur einen Hauch von Luxus vermitteln.

Wer Glück hat, wird in Deutschland auch in Zukunft darauf hoffen dürfen, in eine christliche Einrichtung der Diakonie oder der Caritas zu kommen. In solchen Pflegeheimen steht noch der Mensch im Mittelpunkt und nicht der Gewinn. Allerdings sollte sich jeder rechtzeitig um einen Platz bemühen. Es gibt mittlerweile gefragte Einrichtungen, die Wartelisten von zehn Jahren und länger haben. Wer also damit rechnet, mit achtzig in ein Pflegeheim ziehen zu müssen, sollte sich möglichst schon mit Ende sechzig umschauen. Man sollte daher eine langfristige Zukunftsplanung betreiben, wie sie zuvor im ersten Lebensalter allenfalls beim Kauf einer Immobilie zu empfehlen war.

Das Leben muss spannend bleiben

Einer, der schon mit Anfang vierzig seine Zukunft im Alter geplant hat, ist der ehemalige Bremer Bürgermeister Henning Scherf. Als die Kinder aus dem Haus gegangen waren, kam das Ehepaar Scherf auf die Idee, gemeinsam mit Freunden eine Wohngemeinschaft zu gründen. Sie fanden ein altes Abrisshaus in der Bremer Innenstadt. Obwohl alle Beteiligten noch körperlich fit waren, ließen sie das Haus altersgerecht umbauen, das heißt mit schwellenlosen, breiten rollstuhlgerechten Türen und Fluren, geräumigen Badezimmern und einem entsprechenden Fahrstuhl ausstatten.

Das Haus, in das dann zehn Personen einzogen, hat man etagenweise aufgeteilt und einzeln als Eigentumswohnungen gekauft. Es wurde bewusst so konzipiert, dass alle Wohnungen im Streitfall unabhängig voneinander bewirtschaftet werden können. Die Eigentümer gründeten außerdem einen wirtschaftlichen Verein nach dem Bürgerlichen Gesetzbuch, um das Funktionieren der Hausgemeinschaft zu sichern. Jeder Bewohner hat eine Rückzugsmöglichkeit. Daneben gibt es gemeinsam genutzte Räume – eine Werkstatt, eine Waschküche und diverse Gästezimmer. Der Garten wird natürlich auch von allen Bewohnern genutzt.

Das Leben muss spannend bleiben, war ein Ziel von Henning Scherf für das Alter. Und es gibt viele Dinge, die die Hausbewohner gemeinsam tun, zum Beispiel einmal pro Woche gemeinsam kochen, außerdem gemeinsam musizieren, lesen und reisen. Sie organisieren Vorträge und haben gemeinsam ein christlich-jüdisches Lehrhaus und eine ökumenische Gemeinde gegründet. Die Vereinzelung der Gesellschaft führt nach Scherfs Ansicht oft im Alter zu paranoiden Entwicklungen, was er unbedingt vermeiden wollte.

Ein weiteres Ziel Scherfs war, sich selbst darum zu bemühen, dass sich später jemand um ihn und seine Frau kümmert. Das scheint in dieser Wohngemeinschaft zu funktionieren. Als eine Mitbewohnerin unheilbar an Krebs erkrankte, konnte sie bis zu ihrem Tod im Haus bleiben, ebenso ihr kurz darauf gestorbener Sohn.

»Wir Alten sind nicht das Problem der Republik, sondern wir sind die Chance dieser Republik«, sagte der inzwischen 68-jährige Scherf. »Mit uns kann man eine Zivilgesellschaft entwickeln, die sich viele erträumen, die aber im Alltagskampf um ihr täglich Brot gar keine Zeit dafür haben. Wir haben die Zeit, und wir bieten uns dafür an.« Seine Generation habe eine Chance, die die vorhergegangenen nie auch nur ansatzweise gehabt hätten: »Dass wir nämlich im Schnitt 30 Jahre Leben noch vor uns haben und diese 30 Jahre Leben in wunderbaren Bedingungen, weil wir nämlich eine Rente haben, die uns ernährt, weil wir plötzlich Zeit haben, weil wir noch fit sind, weil wir uns noch interessieren können, einmischen können, weil wir uns noch beteiligen können, ohne immer zu fragen: Kriege ich da auch das richtige Gehalt für? Wir sind wirklich die klassische ehrenamtliche Basis dieser Gesellschaft.«

Scherf sieht weder einen Altersrassismus noch einen Kampf der Generationen, wie ihn andere vorhersagen. Er kenne nur Leute, die sich auf generationsübergreifende Arbeit und Altersarbeit freuten, die lustvoll bereit seien, mit anzupacken und ihre Lebenserfahrung weiterzugeben. Der Anspruch seiner Wohngemeinschaft sei auch, ein Mehrgenerationenhaus zu sein, das habe sich jedoch noch nicht so richtig ergeben. Immerhin lebt dort derzeit eine 29-Jährige alleinstehende Frau und eine 11-jährige Nachgeborene.

Es ist ein Modell, das Henning Scherf mit seinen Freunden verwirklicht hat. Aber eben auch einzigartig und nicht billig. Könnte so etwas Schule machen, wäre das Wunderland Deutschland vielleicht doch noch nicht abgebrannt.

Die Zukunft der Arbeitswelt

Die Aufspaltung der Arbeitswelt wird immer weiter fortschreiten. Die Unterschiede zwischen Unfähigen und Befähigten, zwischen Leistungsorientierten und Leistungsunwilligen, zwischen Gefragten und Überflüssigen werden ebenso schnell wachsen wie die Unterschiede zwischen gut und schlecht Verdienenden. Angetrieben wird die Spaltung der Arbeitswelt nicht nur durch den demographischen Wandel und durch die lange Zeit vernachlässigte Bildung, sondern auch durch die weltweite Konkurrenz der Arbeitsmärkte und das sich verändernde Wertesystem der Manager, die Mitarbeiter nur noch als »Kostenfaktoren auf zwei Beinen« betrachten.

Die alte Weisheit »Arbeit ist das halbe Leben« hat in Zukunft keine Gültigkeit mehr. Der Anteil der Arbeitszeit an der Lebenszeit wird abnehmen. Die Unterbrechungszeiten durch Arbeitslosigkeit, Betreuungs- und Fortbildungszeiten werden länger; ein abruptes Ende wie heute wird immer seltener, stattdessen franst die berufliche Zeit aus und überlappt sich auch immer mehr mit dem Ruhestand, der so zum Unruhestand wird.

Aus heutiger Sicht war es das Ideal, vom zwanzigsten bis zum fünfundsechzigsten Lebensjahr 45 Jahre lang an einem Stück durchzuarbeiten, um dann die volle Rente zu kassieren. Es sei dahingestellt, ob alle das als ideal empfanden, jedenfalls wird die Zukunft der Arbeitswelt so nicht aussehen. Schon jetzt können wir die Veränderungen beobachten: Eine später beginnende, längere Ausbildung und zusätzlich diverse Praktika schieben den Start in das eigentliche Arbeitsleben, wie wir es heute noch kennen, auf das fünfundzwanzigste bis dreißigste Lebensjahr hinaus. Und dass dann Kontinuität einzieht, ist eher unwahrscheinlich.

Für ein, zwei oder drei Arbeitgeber im Laufe eines Lebens tätig zu sein und dabei kontinuierlich die Karriereleiter zu erklimmen, dürfte in Zukunft für die Mehrzahl der Erwerbstätigen eine reine Illusion sein. Man wird in der Regel häufiger den Arbeitsplätz wechseln, und wenn man überhaupt irgendwo fest beschäftigt sein wird, dann oft auf Zeit oder projektbezogen. Die Karriere wird für die meisten Menschen kein stetiger Anstieg sein, so dass sie am Ende des Arbeitslebens den Gipfel erreicht haben oder ihm jedenfalls ziemlich nahe gekommen sein werden, sondern sie wird eher so aussehen wie eine Wanderung durch eine hügelige Landschaft mit einem ständigen Auf und Ab.

Dabei ist es sehr wahrscheinlich, dass es zumindest im letzten Viertel des Arbeitslebens wieder kontinuierlich bergab geht, vielleicht nicht bei den Aufgaben und Herausforderungen, ganz sicher aber beim Gehalt. Und wenn man es dann schafft, in der Zeit zwischen dem siebenundzwanzigsten und siebenundsechzigsten Lebensjahr dreißig versicherungspflichtige Arbeitsjahre zusammenzubekommen, wird man sich schon glücklich schätzen können.

Mehr als 30 Prozent aller Arbeitsverhältnisse in Deutschland dauern kein ganzes Jahr und garantieren damit auch kein kontinuierliches Einkommen.

20 Prozent aller Erwerbstätigen üben eine Teilzeitarbeit aus und rund 90 Prozent der Teilzeitbeschäftigten sind Frauen. Auch das System der Normalarbeitszeit stirbt. Der Spruch »Samstags gehört Papa mir« ist schon heute Vergangenheit. Mehr als 40 Prozent der Beschäftigten leisten schon heute regelmäßig oder gelegentlich Schicht-, Nacht- und Wochenendarbeit.

Dass ein Arbeitnehmer neben seinem Hauptjob noch einen zweiten Minijob hat, wird immer mehr zur Regel werden. Nicht etwa, weil derjenige raffgierig ist oder sich außergewöhnliche Wünsche erfüllen möchte, sondern weil er den Zweitjob braucht, um überhaupt über die Runden zu kommen.

Das so genannte »Wir-Gefühl«, die Identität als Belegschaft eines Unternehmens und die Identifikation mit dem Unternehmen, wird immer weiter abnehmen, wenn eine große Zahl der Mitarbeiter ohnehin nur auf Zeit beschäftigt ist und sie untereinander ständig im Wettbewerb um den Anschlussjob stehen. Dadurch sinkt die Arbeitsmoral. Die Initiative, sich dafür einzusetzen, in einem Unternehmen etwas anders oder besser zu machen, schwindet ganz.

Es lohnt sich einfach nicht mehr, sich für ein Unternehmen aufzureiben und etwas zu leisten, das über das hinausgeht, was aktuell bezahlt und wahrscheinlich auch nur schlecht bezahlt wird. Dabei ist es keineswegs so, dass die Erwerbstätigen nicht mehr leisten wollten. Sie können es oft im bestehenden System nicht und dürfen es auch gar nicht. Schon heute gelten acht Millionen Bundesbürger als unterbeschäftigt, schöpfen also ihre vorhandene Arbeitskraft nicht aus.

Kein anderes Industrieland hat in den vergangenen Jahren so wenig neue Arbeitsplätze geschaffen wie Deutschland. Es heißt immer, die Arbeitslosigkeit würde das Wachstum der deutschen Wirtschaft bremsen. Aber solange das Wachstum weniger als 2 Prozent beträgt – und das ist in den letzten Jahren die Regel –, werden keine neuen Arbeitsplätze eingerichtet. Deutschland befindet sich also in einem Teufelskreis: kein Wachstum, also keine neuen Arbeitsplätze – keine neuen Arbeitsplätze, also kein Wachstum.

Die Deindustrialisierung Deutschlands schreitet immer weiter voran und hat in den vergangenen Jahren schon Millionen von Arbeitsplätzen gekostet. Noch bauen Hunderttausende in unserem Land Autos an Fließbändern zusammen. Millionen weitere Arbeitsplätze hängen am »deutschen Auto«. Doch das Ende ist absehbar. Große Stückzahlen vergleichsweise einfacher Autos können andere auch bauen, aber zu geringeren Löhnen bei längerer Arbeitszeit. Das sehen auch die Manager der deutschen Unternehmen, sofern sie Großserienfahrzeuge herstellen. Sie planen bereits den Bau großer Montagewerke im Ausland. Das müssen sie tun, wenn sie nicht den Konkurrenten unterliegen wollen. Für die Zukunft heißt das: Deutsche Automobilhersteller werden in Deutschland vielleicht noch Autos entwerfen, nicht jedoch herstellen: Unternehmensführung, Finanzdienstleistungen, Designabteilung, Marketing – ja. Produktion – nein.

Das bedeutet, dass Industriearbeit zurückgehen wird. Sie wird so bedeutungslos werden wie die Beschäftigung in der Landwirtschaft, die einst – im 19. Jahr-

hundert – Millionen Menschen Arbeit gab. Dass die Industriearbeit jemals wieder nach Deutschland zurückkehren wird, daran glaubt niemand mehr.
Der Hoffnungsträger der Zukunft ist der Dienstleistungsbereich. Doch auch Dienstleistungen müssen bezahlt werden, und nur Dienstleistungen, die eng mit einem Produkt verknüpft sind, haben für die Zukunft eine Chance, einen guten Ertrag zu erwirtschaften. Doch das ist gar nicht so einfach.
Früher musste ein Auto alle 5000 km in die Werkstatt zum Ölwechsel. Bestimmte Teile mussten regelmäßig geschmiert, gewartet oder ausgetauscht werden, weil sie dem Verschleiß unterlagen. Heute betragen die Ölwechselintervalle 15 000 oder manchmal sogar 30 000 km. Das sind Laufleistungen, nach denen manche Leasingnehmer ihre Autos schon wieder zurückgeben, ohne ein einziges Mal in der Werkstatt gewesen zu sein. Die Hersteller geben Garantien bis zu 100 000 km, und das tun sie nicht, weil sie sich zusätzliche Kosten aufbürden wollen, sondern weil sie davon überzeugt sind, dass ihre Autos so lange halten. So funktionieren in Zukunft also die Verbindungen von Dienstleistung und Produkt nicht.
Bis vor einigen Jahren mussten Computer regelmäßig aufgerüstet werden, um dem aktuellen Stand der Technik zu entsprechen. Heute wirft man sie einfach weg und kauft neue, weil das preiswerter ist und die Technik so schnell fortschreitet, dass sich ein Aufrüsten nicht mehr lohnt. Auch das ist kein Dienstleistungsmodell für die Zukunft.
Früher gingen wir zur Bank und reichten dem »Bankbeamten« Überweisungsträger oder baten ihn um Auszahlung von 200 DM. Das tat er dann auch wür-

devoll, als wäre es sein Geld, das er uns da aushändigte. Er war aber auch immer gut für eine freundliche Bemerkung. Hätte man das Wort damals gekannt, hätte man von Kundenbindung sprechen können. Den Mitarbeiter gibt es nun nicht mehr. Bankterminals im zugigen Vorraum erledigen seine Arbeit billiger. Oder vielmehr: Wir erledigen seine Arbeit, indem wir das Terminal bedienen. Der Volksbank-Slogan »Wir machen den Weg frei!« bekommt so eine ganz neue Bedeutung.

Dann kam vor einigen Jahren das so genannte Telefon-Banking als der große Dienstleistungshit der Finanzbranche. Die Zahl der Bank- und Sparkassenfilialen wurde reduziert. Stattdessen wurden die Kunden dazu animiert, ihre Bankgeschäfte per Telefon abzuwickeln – von wo aus immer und zu welcher Zeit auch immer. Das wurde uns nicht als Sparmaßnahme, sondern als Fortschritt verkauft. Die Call-Center waren rund um die Uhr besetzt, und die Mitarbeiter saßen irgendwo im Ausland, wo die Löhne niedrig waren.

Doch auch die Zeiten der Call-Center sind bei den Finanzdienstleistern schon längst wieder vorbei. Heute erledigt der Kunde seine Geldgeschäfte online. Er holt sich seine Kontoauszüge per Computer, tätigt seine Überweisungen, verschiebt sein Geld auf Tagesgeldkonten, kauft Aktien, schließt Bausparverträge und Versicherungen ab, ohne auch nur eine Minute fremder Arbeitszeit in Anspruch zu nehmen. Die Rechner, über die die Transaktionen laufen, stehen irgendwo auf der Welt. Auch der Computer generiert Dienstleistungen. Aber er schafft auch Arbeitsplätze ab.

Selbst in einer so banalen Dienstleistungsbranche wie dem Videoverleih – heute handelt es sich natürlich hauptsächlich um DVDs – sieht die Zukunft trüb aus. Eine Videothek nach der anderen schließt, weil immer mehr Filme per Internet geordert und per Post versandt werden. Diese Versender können irgendwo sitzen und die stundenweise beschäftigten Mitarbeiter brauchen nur die Qualifikation, die richtige DVD in den richtigen Umschlag zu stecken beziehungsweise die zurückkommenden Filme wieder in das richtige Regal zu stellen. Aber selbst das ist nur eine Übergangslösung.
In Zukunft werden die Filme nur als Dateien aus dem Internet heruntergeladen. Einige hoch qualifizierte Techniker werden dann noch Arbeit haben, aber sonst niemand. Die Rechnungen und selbst die Mahnungen schickt der Buchhaltungscomputer automatisch raus. Das Kuvertieren und Frankieren übernehmen Maschinen.

Mythos Mobilität, Flexibilität und lebenslanges Lernen

Mobilität, Flexibilität und lebenslanges Lernen sind die drei Begriffe, die die Zukunft der Arbeitswelt schon heute prägen. Man kann diese drei Faktoren natürlich auch mit hässlichen Worten beschreiben, nämlich Jobnomaden, Unsicherheit und Entwertung des vorhandenen Wissens.
Von den Arbeitnehmern wird man immer häufiger erwarten, dass sie bereit sind, innerhalb eines Unternehmens von einem Standort zu einem anderen zu

wechseln. Und gehen sie gar von einem Arbeitgeber zu einem anderen, wird der Ortswechsel eher die Regel als die Ausnahme sein. Das bedeutet entweder, die Familie bleibt, wo sie ist und die Kinder besuchen weiterhin die gewohnte Schule – dann wird das Familienleben zu einem Wochenendvergnügen, wenn nicht gerade auch am Wochenende gearbeitet werden muss –, oder die Familie zieht mit, was mit einem Schulwechsel für die Kinder verbunden sein würde. Und da die Ehefrau in der Regel heute auch arbeitet, muss sie sich dann eben einen neuen Arbeitsplatz suchen. Wie negativ sich der Schulwechsel von einem Bundesland zu einem anderen auswirken kann, haben in der Vergangenheit hauptsächlich die Kinder von Bundeswehrsoldaten erfahren, deren Väter von einem Standort zu einem anderen verlegt wurden.

Man kann natürlich die Kinder auch aufs Internat schicken. Die Mutter arbeitet in einer Stadt, der Vater in einer anderen und die Kinder gehen in einer dritten Stadt zur Schule. Das Familienleben verteilt sich dann auf zwei Jahresurlaube und das Weihnachtsfest. Viel besser wäre es jedoch für flexible Arbeitnehmer, gar keine privaten Bindungen einzugehen, sondern so lange Single zu bleiben, bis das Rentenalter erreicht ist. Soll das wirklich die Realität der Zukunft sein?

Hinter dem Begriff Flexibilität verbirgt sich nichts weiter als der Verzicht auf die klassische, gesicherte Karriere. Man wechselt nicht nur den Arbeitgeber oder die Branche, sondern auch gleich noch den Beruf.

Wer vor 15 oder 20 Jahren den Lehrerberuf erlernte,

dem konnte es passieren, dass er nach dem Abschluss des Studiums keine Festanstellung fand. Was ihm vom Arbeitsamt damals angeboten wurde, war unter anderem die Umschulung zum PR-Berater. Schließlich sind Lehrer ja schon per se Kommunikationsfachleute. Doch leider litt auch diese Branche bald unter dem fehlenden Wirtschaftswachstum. Also schulte man die PR-Berater noch einmal um. Kommunikative Leute wurden vor allem im Vertrieb gebraucht. Also verkauften die Lehrer, die man zu PR-Beratern gemacht hatte, dann Versicherungen, Bausparverträge oder EDV-Anlagen. Doch auch hier war eine sichere Zukunft nicht gegeben. Den Vertrieb von Finanzprodukten übernahmen immer häufiger so genannte Dienstleistungsunternehmen, die ihre Mitarbeiter nur noch auf Provisionsbasis beschäftigten.

Aber zum Glück werden wieder die Lehrer knapp, weil zurzeit viele das Pensionsalter erreichen. Also bietet man heute Seminare und Umschulungen an, um die Lehrer von damals in ihren vor vielen Jahren erlernten Beruf zurückzuführen und sie mit den neuesten Erkenntnissen der Pädagogik vertraut zu machen. So werden manche Lehrer dann doch noch Lehrer, allerdings auf verschlungenen Wegen.

Ein ähnliches Schicksal erleiden immer mehr Menschen, ob nun ein Kfz-Techniker zum Kfz-Verkäufer wird und dann irgendwann im Einzelhandel an der Kasse landet oder ein Maurer als Berater im Baumarkt tätig wird. Ob ein Architekt dazu übergehen muss, als Franchisepartner Einbaumöbel zu zimmern oder als Verkäufer in einem Möbelhaus zu arbeiten, Flexibilität bedeutet in erster Linie eine unsichere

Zukunftsperspektive, wobei dem Einzelnen die Entscheidungen über das eigene Leben immer mehr aus der Hand genommen werden.
Auch lebenslanges Lernen ist ja im Prinzip etwas sehr Schönes. Ja, im Prinzip. Die Kehrseite der Medaille ist allerdings die kontinuierliche Entwertung vorhandenen Wissens. In der Arbeitswelt kann man immer weniger auf dem vorhandenen Wissen aufbauen, sondern muss stattdessen Vieles immer häufiger komplett neu lernen.
Beispielhaft ist der Beruf des Schriftsetzers, der bis in die achtziger Jahre hinein hoch qualifiziert, gesucht und gut bezahlt war. Dann wurde aber der Bleisatz vom Fotosatz abgelöst. Schon in den siebziger Jahren entstanden die ersten Fotosatz-Studios, und deren Mitarbeiter verdienten richtig viel Geld. Doch auch das änderte sich wieder. Die optischen Verfahren wurden durch elektronische ersetzt. Heute schickt man einfach einen Datensatz zur Druckerei. Den klassischen Setzer braucht man nicht mehr. Wer seine Arbeit behalten wollte, lernte erst vom Bleisatz um auf optische Verfahren und arbeitete sich dann in die Computertechnik ein. Das klingt harmlos. Doch hinter den Veränderungen steht der Verlust der Qualifikation des Setzers, der früher sogar inhaltlich ein Wörtchen mitreden durfte, aber auch das Erscheinungsbild von Schrift und Satz zu beachten hatte. Die Regeln der Schriftgießer von damals hat heute Microsoft ansatzweise verarbeitet, aber eben nicht so gut wie früher. Die schönen Schriften von früher wurden »ähnlich« übernommen, aber aus Kostengründen eben nicht ganz. Rechtschreib- und Trennungsregeln werden nicht mehr so sorgfältig

beachtet – auch deshalb stößt man in seriösen Zeitungen zunehmend auf sinnlose Trennungen.
Ähnlich erging es den Grafikern. Früher brauchten sie neben gestalterischem Geschick auch noch zahlreiche manuelle Fertigkeiten. Heute sind sie zu Computerspezialisten geworden, die Programme bedienen dürfen. Wenn ihre Leistungen denn überhaupt noch gefragt sind, weil man heute schon von jeder Sekretärin erwartet, dass sie Grafikprogramme bedienen und benutzen kann. Ähnlich erging es den technischen Zeichnern. Das handwerkliche Geschick wurde durch den Computer überflüssig. Stattdessen lernte man, immer neue und komplexere Programme zu bedienen.
Nicht anders geht es auch den Fotolaboranten. Früher gab es viele kleine Fotolabore, die für ihre Kunden die Filme entwickelten. Dann wurden sie von industriell arbeitenden Großlaboren beiseite gedrängt. Die Laboranten waren nur noch Verkäufer, die Filme in Tüten steckten. Heute wird nicht einmal mehr das gebraucht. Der Kunde schickt seine digitalen Fotos per Internet zur Entwicklung, wenn er sie nicht auf dem heimischen Color-Printer selbst ausdruckt oder sie ohnehin nur noch am Bildschirm betrachtet.
Angesichts dieser Veränderungen bei traditionellen Berufen wird der Begriff »lebenslanges Lernen« zur Farce. Das tiefgreifende Wissen um Prozesse und Vorgänge (Schriftsatz, Grafik, Labor) ist einem Halbwissen zur Computerbedienung gewichen. Dabei ist Qualität verloren gegangen.
Auch neue Technologien erfordern neues Wissen. Wo früher gelötet, geschweißt oder geschraubt wurde, wird heute geklebt. Wo früher Metalle eingesetzt

wurden, sind es heute Kunststoffe. Lebenslanges Lernen bedeutet also nicht nur, sich in seinem Fachbereich weiterzubilden, sondern sich immer häufiger auf tiefschneidende Veränderungen und Neuerungen einzustellen, die im Allgemeinen mit einem Abstieg, dennoch aber manchmal mit finanzieller Verbesserung verbunden sind. Lebenslanges Lernen wird zum immer wieder neuen Anlernen.

Die Formel für die Arbeit der Zukunft

Ich war als Reporter dabei, damals, als bei Opel in Rüsselsheim die neue Lackiererei eingeweiht wurde. Es ist schon ein paar Jahre her – und dennoch für mich mit einem Schlüsselerlebnis verbunden. Eine neue, mehrere hundert Meter lange Halle, viele Stockwerke hoch, automatisierte Anlagen. Die rohen Karosserien wandern auf automatischen Transportsystemen in Tauchbäder zum Korrosionsschutz und in Lackierkabinen, wo Sprüharme von Robotern die Metallflächen sorgfältig lackieren. Alles in versiegelter Atmosphäre. Wenige Arbeiter, die eigentlich nur noch Kontrollfunktionen haben. Für das Opel-Management war die Einweihung ein großer Moment: bessere Qualität bei weniger Aufwand. Unerfreuliche Arbeit wie das harte Über-Kopf-Lackieren in Handarbeit sei weggefallen. Aber als ich ein paar Arbeiter frage, höre ich Klagen: Ja, die Über-Kopf-Arbeit war anstrengend und ungesund, aber sie wurde auch übertariflich bezahlt. Das Geld fehle den Arbeitern jetzt. Der technische Fortschritt brachte ihnen leichtere Arbeitsbedingungen – die sie gar nicht wollten.

Die Mehrzahl derjenigen, die sich mit der langfristigen Entwicklung des Arbeitsmarktes befassen, sind sich darüber einig, dass die Formel für die Arbeit der Zukunft 0,5 x 2 x 3 lautet. Sie bedeutet Folgendes: Die Zahl der Arbeitnehmer in den Unternehmen halbiert sich, aber sie werden doppelt so viel verdienen wie heute und müssen dafür drei Mal so viel leisten. Was ist nun die Ursache dafür, dass die Zahl der benötigten Arbeitskräfte kontinuierlich abnimmt? Die beliebteste Antwort in Deutschland ist zurzeit, die Globalisierung sei schuld. Die gewinnsüchtigen Kapitalisten seien ständig weltweit auf der Suche nach den billigsten Arbeitskräften. Die Arbeitskräfte in Osteuropa und in Ostasien seien immer wieder bereit, sich für einen noch niedrigeren Lohn zu verkaufen, und das sowohl in der Industrie als auch im Dienstleistungsbereich.

Was dabei aus dem Gesichtsfeld gerät, ist der technische Fortschritt der vergangenen 50 Jahre. Der hat weitaus tiefere Spuren in der Arbeitswelt hinterlassen als die Globalisierung. Technischer Fortschritt fand nicht nur in den vormals hoch industrialisierten Ländern des Westens und in Japan statt, sondern er entfaltete überall auf der Welt seine Wirkung, und das nicht nur in der produzierenden Wirtschaft, sondern auch bei allen Formen von Dienstleistungen. Computerisierte Anlagen, elektronische Steuerungen und die alles verbindende Telekommunikation haben die Arbeitswelt in einem Ausmaß verändert, das uns überhaupt nicht mehr bewusst ist, weil es zum selbstverständlichen Alltag gehört.

Eine Blechschachtel verändert die Welt

Finden Sie etwas Besonderes daran, wenn Sie auf der Autobahn einen mit Containern beladenen Lkw sehen? Sind Container auf Güterzügen etwas Außergewöhnliches? Oder ist Ihnen der Begriff Containerschiff fremd? Überhaupt nicht. Dabei begann der Siegeszug der Container erst vor 40 Jahren; sie revolutionierten nicht nur den konventionellen Stückgutverkehr, sondern schufen auch die Grundlage für eine reibungslos funktionierende globale Wirtschaft.

Bis dahin mussten Millionen von Arbeitskräften weltweit alle Waren, die kein Massenschüttgut waren, in Säcken, Kisten und Kartons einladen, ausladen oder umladen – oft ungeschützt vor widrigen Wetterverhältnissen. Von der Lagerhalle per Gabelstapler auf den Lkw, vom Lkw aufs Schiff, vom Schiff auf die Bahn, von der Bahn auf den Lkw und dann wieder per Gabelstapler in eine Lagerhalle: All diese Millionen Arbeitskräfte machte der Container überflüssig, der heute das Herzstück einer weltweiten Logistikkette ist.

Die Waren sind sicherer zu verpacken, die Be- und Entladung geht schneller, die Liegezeiten der Schiffe haben sich verkürzt und die Auslastung von Lkw und Bahnen hat sich verbessert. Das wichtigste Element in diesem System ist der so genannte 20-Fuß-Container, abgekürzt TEU für »twenty foot equivalent unit«. Von diesen Containern wurden im Jahr 2005 weltweit 390 Millionen umgeschlagen. Zusammen mit den größeren 40-Fuß-Containern und den 40-Fuß-High-Cube machte ihr Anteil an der Weltcontainerflotte 89 Prozent aus.

Weltweit werden derzeit 46 Prozent aller Container von den Container-Leasinggesellschaften vermietet und können wie Pfandflaschen in Mehrweggebinden immer weitergereicht werden, ohne zum Ausgangspunkt zurückkehren zu müssen. Der weltweite Containerumschlag hat sich seit 1980 mehr als versiebenfacht. Bis zum Jahr 2015 wird er sich im Vergleich zu heute noch einmal verdoppeln.

Um einen reibungslosen Ablauf der Logistik zu gewährleisten, werden pro schiffseigenem Stellplatz zirka 2,5 Container benötigt. Danach errechnet sich bis zum Ende des Jahres 2008 ein weltweiter zusätzlicher Bedarf von zirka zehn Millionen neuen Containern. Ende 2005 lag der weltweite Bestand an Containern bei über 20 Millionen TEU.

Der Containerumschlag wuchs in den letzten Jahren zwei bis drei Mal schneller als die Weltwirtschaft. Dies ist darauf zurückzuführen, dass sich die Schwerpunkte in der Produktion von Gütern weltweit auf immer neue Standorte verlagern, weil die Fertigungskosten und eben nicht nur die Lohnkosten dort, wo neue Verfahren und Maschinen eingesetzt werden, niedriger sind als die Transportkosten.

Aber nicht nur die Container haben Arbeitsplätze überflüssig gemacht. Wir brauchen uns nur in unserem Alltag umzuschauen. Moderne Müllfahrzeuge werden von einem Mann an die am Straßenrand stehenden Mülltonnen herangelenkt, hydraulische und durch Sensoren gesteuerte Arme greifen die Mülltonne, entleeren sie und stellen sie vorsichtig wieder ab. Das Team von einem Fahrer und zwei Müllwerkern, die die Tonnen herbeirollen, gehört mancherorts schon der Vergangenheit an.

Paletten mit Waren werden im Supermarkt als Ganzes auf die Verkaufsfläche gefahren, dank moderner hydraulischer Hubwagen kann auch eine Frau diese Arbeit erledigen. Wo früher viele Mitarbeiter, gerade die Ungelernten, beim Auf- und Abladen und Regaleinräumen ihre Arbeit und ihren Lohn fanden, werden heute von einem einzigen Mitarbeiter die so genannten Trays in den Laden gefahren. Die Verpackung ist zugleich Regal und bedruckte Werbung. Die Ära der muskelbepackten Lagerarbeiter klingt aus. Aber nicht nur da, wo man die menschliche Muskelkraft brauchte, ist der technologische Fortschritt zu spüren.

Computer statt Führungskraft

Früher war es notwendig, dass Banken, Sparkassen und Versicherungen dezentral mit Niederlassungen und Filialen arbeiten. Eine zentrale Verwaltung war unübersichtlich, langsam und ineffizient, solange Schriftstücke von Hand oder mit Maschine beschrieben, kopiert und per Post verschickt werden mussten. Das Telefax machte die Arbeitsprozesse zwar schneller, aber keineswegs so effizient, wie es die elektronische Datenverarbeitung heute tut.

Wenn Name, Adresse, Geburtsdatum, Telefonnummer, Kontonummer und Versicherungsnummer oder Mitgliedsnummer einmal erfasst worden sind, kann praktisch an jedem Ort jeder Kunde umfassend und schnell bedient werden. Per Laptop und Handy ist jeder Außendienstmitarbeiter sofort mit seiner Zentrale verbunden.

Mit dem Wegfall von Filialen, Zweigstellen und Außenbüros fiel auch die Notwendigkeit weg, überall dort kleine Hierarchien aufzubauen, die den ordnungsgemäßen Ablauf sicherstellen. Man brauchte immer weniger Zweigstellenleiter, Hauptabteilungsleiter, Abteilungsleiter und Unterabteilungsleiter. Ganze Hierarchiestufen im mittleren Management fielen und fallen heute immer noch dem Computer zum Opfer.

Auch der Verkauf übers Internet macht Tausende von Arbeitskräften überflüssig. Früher war der Buchhändler an der Ecke die zentrale Anlaufstelle für die meisten Buchkäufer. Er wusste, was seine Kunden wünschen, konnte Empfehlungen aussprechen und beschaffte jedes einzelne Buch innerhalb weniger Tage vom Verlag oder vom Grossisten. Dadurch hatten viele Menschen Arbeit, die mit der Abwicklung solcher Bestellungen beschäftigt waren.

Wer heute bei *Amazon* Kunde ist, bekommt regelmäßig per E-Mail Empfehlungen für neu erschienene Bücher auf der Basis seiner bisherigen Bestellungen. Der Computer weiß, was der Kunde wünscht, und kümmert sich um ihn – und das wahrscheinlich besser, als es jeder Buchhändler in einer der großen Mega-Buchhandlungen jemals könnte.

Jeder von uns hat wahrscheinlich schon von seiner Krankenkasse eine Chip-Karte bekommen, mit der alle wichtigen Daten beim Arztbesuch in dessen Computer eingelesen werden. Natürlich spart man damit jede Menge Schreibarbeit. Aber diese Schreibarbeit war eben auch Arbeit, die heute verloren gegangen ist. Man könnte die Liste solcher Beispiele fortsetzen. Nur, wenn man den Verlust von Arbeitsplätzen beklagt, muss man sich fragen, ob man sich selbst tatsächlich nach einer schweren, ungesunden, ermüdenden und monotonen Arbeit sehnt, die heute Maschinen für den Menschen verrichten.

Nur wenige Gehälter werden sich verdoppeln

Wer sich jetzt freut, dass die Sieger im Kampf um die knapper werdenden Arbeitsplätze in Zukunft wenigstens ein doppelt so hohes Gehalt erhalten werden wie heute, sei gewarnt. Diese Formel gilt nämlich nur für vollzeitbeschäftigte Festangestellte. Das sind diejenigen, die in Zukunft für ein Unternehmen unverzichtbar sein werden. Sie sind das Kernteam. Das lässt man sich etwas kosten.

Der größte Teil der Arbeit, die heute noch den Schwerpunkt bildet, wird von Teilzeitkräften, Arbeitnehmern mit befristeten oder projektbezogenen Verträgen, Zeitarbeitskräften, Minijobbern und Praktikanten verrichtet werden. Auch die so genannten Selbstangestellten oder Arbeitskraftunternehmer werden ihren Teil der Arbeit abbekommen, vorausgesetzt Preis und Leistung stimmen. Aber all jene, die nicht zum Kernteam eines Unternehmens gehören, werden sich in einem permanenten Kostenwettbewerb befinden und deshalb nur höchst selten zu den komfortabel Bezahlten gehören.

Doch wird das Leben dieser Gutverdiener, die von ihrem Unternehmen umsorgt und umhegt werden, damit sie bloß nicht zum Wettbewerber abwandern, wirklich so angenehm sein? Schließlich gibt es da noch den dritten Teil der Zukunftsformel.

Wäre es für einen normalen Arbeitnehmer überhaupt möglich, drei Mal so viel zu leisten? Das kommt darauf an, wie man die Leistung misst. Die Produktivität hat mit Hilfe der Technik in fast allen Bereichen zugenommen. Eine Verkäuferin im Supermarkt kann an der Scannerkasse wahrscheinlich gar nicht einmal so viel mehr Produkte pro Minute erfassen und damit so viel mehr Kunden pro Stunde abfertigen, als es die Aldi-Kassiererinnen in der Vergangenheit konnten, die noch Zahlen eintippen mussten und die sämtliche Preise auswendig gelernt hatten. Aber die Preise von 30000 Produkten und mehr kann niemand mehr auswendig lernen, erst recht nicht, wenn sich Preise und Sortiment täglich ändern. Also kommt man um eine Auszeichnung der Waren nicht umhin, und die ist mit Hilfe des Strichcodes im Zentralcomputer einfacher zu bewerkstelligen als mit Preisetiketten auf dem Produkt selbst. Die Produktivität der einzelnen Kassiererin steigt also nicht, aber die Produktivität des gesamten Supermarkts, weil man zeit- und damit kostenintensive Auszeichnungsarbeiten gespart hat.

Auch am Fließband in der Automobilindustrie ist die Produktivität gewachsen. Selbst wenn der einzelne Arbeitnehmer nicht mehr 40, sondern nur noch 35 oder 30 Stunden pro Woche arbeitet; die Anzahl der Autos, die durch seine Hände gehen, ist größer geworden. Die Leerlaufzeiten zwischen den einzelnen Arbeitsschritten sind geschrumpft oder ganz entfallen.

Aber nicht nur bei den manuellen Tätigkeiten wurde an der Leistungsschraube gedreht. Auch wer geistig arbeitet, wird in Zukunft mehr bringen müssen. Mehr Leistung bedeutet zunächst einmal mehr Zeit, also Überstunden – unbezahlte natürlich. Mehr Leistung

bedeutet aber auch mehr Erfolg, höhere Umsätze, bessere Renditen und niedrigere Kosten. Die Manager von morgen werden sich nicht mehr an den straffen Management-Methoden amerikanischer Unternehmen wie zum Beispiel General Electric orientieren. GE-Chef Jack Welsh hat seine Führungskräfte mit der Forderung, Jahr für Jahr die 10 Prozent der Mitarbeiter rauszuwerfen, die am schlechtesten sind, in die schiere Verzweiflung getrieben, weil diejenigen, die noch vor einem Jahr gut waren, im folgenden zu den schlechten gehörten.
Stattdessen werden sich die Manager zukünftig an chinesischen oder koreanischen Verhaltensweisen orientieren. Bisher kannte man in Europa nur die japanischen Methoden der Unternehmensführung mit Kaizen, dem Weg zum Besseren, mit lebenslanger Anstellung und mit dem Zwang zum Konsens. Das alles zählt für andere asiatische Manager überhaupt nicht. Verpflichtungen gegenüber Fremden, auch vertragliche Verpflichtungen, werden hier nicht als bindend angesehen. Ein sicherlich allseits bekanntes Beispiel für dieses bindungslose Verhalten lieferte im Jahr 2006 das taiwanesische Unternehmen BenQ mit der kalten Verabschiedung seiner Mobiltelefon-Produktion vom deutschen Standort.
Und wenn in Zukunft immer mehr deutsche Firmen von internationalen Investorengruppen geschluckt werden, werden diese ihre Vorstellungen von Erfolg und Leistung einbringen und sie gegen deutsche Werte wie Teamgeist und Kollegialität ausspielen. Mehr Leistung wird in Zukunft mehr Rücksichtslosigkeit, mehr Durchsetzungsvermögen und mehr Ellenbogen bedeuten.

Ob die Leute, die nach der Zukunftsformel 0,5 x 2 x 3 arbeiten werden, das lange durchhalten oder ob sie dann schon nach drei, fünf oder zehn Jahren seelisch und geistig ausgelaugt und verschlissen sind, wird niemanden mehr kümmern. Die Regeln, die schon heute für viele Vorstandsmitglieder in großen Aktiengesellschaften gelten, werden dann auch beim mittleren Management Einzug halten – für die dann allerdings ohne die extrem hohen Gehälter und ohne die goldenen Fallschirme, sprich Abfindungen, im Falle der Kündigung.

Doch für eine verhältnismäßig kleine Elite unter den Arbeitnehmern wird die Formel für die Arbeit der Zukunft tatsächlich Vorteile und Chancen bringen. Das sind diejenigen, die in der Lage sind, ihr Wissen und Können für ein Unternehmen kreativ einzusetzen, um Neues zu schaffen und einen temporären Vorteil zu erzielen. Wer mit einem Produkt oder einer Dienstleistung zumindest für eine gewisse Zeit eine Vorrangstellung hat, kann satte Gewinne einstreichen. Deshalb werden diejenigen, die Neues entwickeln, seien es nun Computerprogramme, neue Produkte oder auch nur verbesserte Organisationsformen, zumindest in den Genuss von mehr Geld kommen.

Es ist jedoch nicht der einsame Tüftler, der im Mittelpunkt innovativer Prozesse steht, sondern ein Team. Einer allein kann alle notwendigen Aspekte gar nicht mehr erfassen. Erst Teamwork und Teamgeist werden die Lösungen hervorbringen, die in Zukunft nötig sind, um einen Vorsprung zu wahren. Dabei werden virtuelle Teams, die durch die Telekommunikation weltweit vernetzt sind, immer weniger eine Rolle spielen. Der Glaube an die mediale Vernetzung – ein paar Jahre lang allgemein vertreten – hat sich verflüchtigt. Besser funktioniert es, wenn man tatsächlich an einem Ort zusammensitzt und zusammenarbeitet.

Heute ist für viele Spitzenkräfte in der Wirtschaft das Flugzeug schon zum Hauptarbeitsplatz geworden, weil man gemerkt hat, dass Videokonferenzen den persönlichen Austausch von Gedanken letzten Endes doch nicht ersetzen können. Aber warum die Zeit im Flugzeug verbringen, wenn man die Vordenker auch einfach an einem Platz bündeln kann und es ihnen dort so komfortabel wie möglich macht? Es werden sich weltweit immer mehr einzelne Zentren herausbilden, in denen hoch produktive und hoch bezahlte Menschen leben, die dafür sorgen, dass auch andere Arbeit haben, die sie mit Dienstleistungen und Produkten versorgen. Und es wird große leere Flächen geben, auf denen viele wirtschaftliche Aktivitäten auf ein Minimum zurückgefahren worden sind.

Aber die heutigen Manager, zumindest in Deutschland, werden kaum zu dieser neuen Generation von gut verdienenden Vielarbeitern gehören. Die Manager, die heute um die 40 Jahre alt sind, sind die Wohlstandskinder der sechziger Jahre. Sie gelten als ich-fixiert und risikoscheu. Sie wollen sich lieber um die Verantwortung drücken und stattdessen ausgiebig Selbstverwirklichung betreiben. Dabei ist es nicht so, dass sie dumm wären oder schlecht ausgebildet; sie sind auch leistungsbereit und leistungsstark, aber sie schauen vorrangig darauf, was für sie herausspringt.

Ein Münchener Personalberater für Top-Führungskräfte formulierte es so: »Die arbeiten ihr Pflichtpensum ab, aber keinen Schlag mehr.« Bei der Analyse der Arbeitszeitkonten der Mitarbeiter kam der Vorstand eines großen Unternehmens zu einem überraschenden Ergebnis: Ausgerechnet die zweite bis vierte Führungsebene, also die Leistungsträger der Firma, hatte Gleitzeit und Urlaubstage mit beinahe religiöser Inbrunst sauber abgearbeitet.
Diese Haltung wird weder die Grundlagen für die Zukunft schaffen, noch wird sie lange durchzuhalten sein. Es wird eine Spaltung geben in eine leistungsstarke Spitzengruppe von Managern und eine schrumpfende Zahl von gut bezahlten »Warmduschern«. Sie haben keine Zukunft. Dafür wird schon die neue Riege der Topmanager in den Unternehmen sorgen, die schneller, härter und gnadenloser ihre Firmen umkrempeln und neu ausrichten, als das die Vorstandsgenerationen vor ihnen getan haben.
Diese neuen Manager haben ein Janus-Gesicht, einerseits nett, freundlich und manchmal sogar kumpelhaft, andererseits kühl und hart, dem Erfolg und den Aktienkursen verpflichtet. Bei DaimlerChrysler hat der äußerlich freundliche Vorstandschef Dieter Zetsche mittlerweile schon 30 Prozent der Führungskräfte in den vorzeitigen Ruhestand geschickt. Der unfreiwillige Abschied wurde mit teilweise sechsstelligen Abfindungen vergoldet. Die alten Strukturen wurden zerbrochen, doch die Führungsprinzipien blieben die alten: Kommandieren, Kontrollieren und Korrigieren. Der als neu propagierte Führungsstil – Kultivieren und Koordinieren – hat noch nicht Einzug gehalten.

Aber auch in anderen Unternehmen gibt es schon die harten Manager, zum Beispiel bei der Allianz Michael Diekmann, dem man nachsagt: »Wenn Diekmann entscheidet, bricht er zur Not Knochen.« Zum Beispiel auch bei Siemens, wo Klaus Kleinfeld seine Manager in einer Führungskonferenz zum »offenen Meinungsaustausch« aufgefordert haben soll. Als jedoch einer wagte, die Ängste der Mitarbeiter anzusprechen, wurde er vor versammelter Mannschaft niedergemacht. Offenheit wird deklariert, ist aber nicht wirklich erwünscht.

Die Spaltung in gute und schlechte, erfolgreiche und nicht erfolgreiche Mitarbeiter und Manager läuft also nicht nur durch die Wirtschaft, sondern oftmals auch durch den Kern einzelner Unternehmen.

Mindestlohn – ein Modell mit weit reichenden Folgen

Die Arbeitswelt wird sich in Zukunft in Gewinner und Verlierer aufspalten. Als Trostpflaster für die Verlierer soll der Mindestlohn herhalten. Für das vergangene Jahr hatte sich die Regierung vorgenommen, den Niedriglohnsektor neu zu ordnen. Stundenlöhne von 2,50 oder 3 Euro seien nicht fair, sagte Arbeitsminister Franz Müntefering. Wer seinen Job richtig macht, müsse auch so viel Geld bekommen, dass er seine Familie davon ernähren kann. Er wollte konkrete Vorschläge vorlegen und ein neues Gesetz in der Koalitionsrunde durchsetzen.

Danach ist in Deutschland eine heftige Debatte über Sinn und Zweck eines gesetzlich festgelegten Mindestlohns entbrannt. Schadet ein solches Gesetz eher dem Arbeitsmarkt als es nutzt, vergrault es Firmenchefs, untergräbt es die Tarifautonomie der Gewerkschaften? Und wenn ja, wie hoch sollte so ein Mindestlohn sein? Sollte die Regelung nur für bestimmte Branchen gelten?

In den USA und in 18 der 25 EU-Staaten gibt es bereits einen geregelten Mindestlohn. In der EU liegt die Bandbreite der Minimal-Stundenlöhne zwischen 67 Cent in Lettland und 8,69 Euro in Luxemburg. Eine Studie des gewerkschaftsnahen Wirtschafts- und Sozialwissenschaftlichen Instituts der Hans-Böckler-Stiftung kommt zu dem Schluss, dass Mindestlöhne in anderen Ländern keine Arbeitsplätze zerstört haben, sondern die Arbeitnehmer vor Armut und die Arbeitgeber vor Konkurrenz durch Dumpingpreise schützen.

Die Wissenschaftler empfehlen auch für Deutschland die Einführung einer verbindlichen Untergrenze, um die Einkommenssituation der Geringverdiener deutlich zu verbessern. Damit würde die Kaufkraft der Arbeitnehmer gestärkt und die gerade in Deutschland schwächelnde Binnennachfrage gestärkt. Gleichzeitig würde ein angemessen hoher Mindestlohn dafür sorgen, dass der Staat nicht zu hohe Transferleistungen zahlen muss, und verhindern, dass tarifliche Löhne maßgeblich gedrückt würden.

Doch selbst die Gewerkschaften stimmen diesen Empfehlungen nicht einheitlich zu. Die IG Bergbau, Chemie und Energie sowie die IG Metall befürchten, dass ein Mindestlohn die tariflich geregelten Löhne drücken und die Tarifautonomie aushöhlen könnte. ver.di und die Gewerkschaft Nahrung Genuss Gast-

stätten befürworten dagegen die Einführung eines gesetzlichen Mindestlohns.
ver.di fordert einen gesetzlichen Mindestlohn von 7,50 Euro je Stunde. Die CDU will keinen Mindestlohn, sondern stattdessen ein Kombilohn-Modell, wonach der Unternehmer 3,50 bis 4,50 Euro je Stunde zahlt und der Staat noch einmal jeweils 2 bis 2,50 Euro drauflegt. Unter den SPD-Politikern sprechen sich die meisten für einen Mindestlohn von 6 Euro aus. Und die Fraktion Die Linke fordert einen Mindestlohn von 8 Euro, der an tariflich ausgehandelte branchenspezifische Mindestlöhne gekoppelt werden sollte.
Da die Union weiter gegen einen gesetzlichen Mindestlohn ist, zeichnet sich eine Lösung für die Neuordnung des Niedriglohnsektors in einer Ausweitung tarifvertraglicher Mindestlöhne in Rahmen des Arbeitnehmer-Entsendegesetzes ab. Danach können Mindestlohntarifverträge per Rechtsverordnung für allgemein verbindlich erklärt werden; das heißt, sie gelten dann auch für Firmen, die nicht tarifgebunden sind. Diese Regelung gibt es bereits für das Bau- und das Abbruchgewerbe, für das Dachdeckerhandwerk, das Maler- und Lackiererhandwerk sowie für das Gebäudereinigerhandwerk.
Arbeitsminister Müntefering appellierte jedenfalls an die Tarifparteien, rasch die Voraussetzung für Mindestlöhne zu schaffen. Das wären bundeseinheitliche Tarifstrukturen. Wenn der Mindestlohn erklärt sei, werde der Gesetzgeber ganz schnell die Voraussetzung dafür schaffen können, dass es bestraft werde, wenn die vereinbarte Grenze unterschritten wird. Deutschland brauche Mindestlöhne.

Das könne, auf Vorschlag einer Kommission, per Gesetz geregelt werden. Besser sei aber, die Tarifpartner vereinbarten für ihre Branchen einen Mindestlohn.
Für welche Variante man sich auch entscheidet, es bleibt der skeptische Blick über Landesgrenzen: Werden denn nicht in Zukunft weitere Arbeitsplätze in Deutschland vernichtet, weil es im Ausland einfach billigere Arbeitsplätze gibt? Das Gesetz oder der Tarifvertrag zum Mindestlohn werden sich in Deutschland durchsetzen lassen – aber in China? Der wissenschaftliche Beirat beim Bundeswirtschaftsministerium hat errechnet, dass bei Einführung eines Mindestlohns von 7,50 Euro je Stunde rund 2,4 Millionen Arbeitsplätze akut bedroht seien, denn genau dies ist die Anzahl der Jobs, bei denen derzeit Stundenlöhne unter 7,50 Euro gezahlt werden. Als besonders gefährdet gelten die im Hauptberuf ausgeübten Minijobs. Bis zu 60 Prozent davon wären von der Einführung eines Mindestlohns von 7,50 Euro betroffen.

Ein-Euro-Jobs – immer mehr arbeiten für immer weniger

Dann bleibt da noch die Frage, was mit den Ein-Euro-Jobs geschehen wird. Im Jahr 2005 gab es in Deutschland fast 630000 dieser Jobs, die Arbeitslosen ein, wenn auch geringes, Zubrot von 1 bis 2 Euro je Stunde brachten. Die Regierung hat immer wieder betont, dass Ein-Euro-Jobs dazu dienten, Langzeitarbeitslose wieder an eine geregelte Tätigkeit heranzuführen und dass diese keine regulären

Beschäftigungsverhältnisse ersetzten. Ein Prüfbericht des Bundesrechnungshofs vom Mai 2006 kam aber zu ganz anderen Ergebnissen: Rund ein Viertel aller Ein-Euro-Jobs lag 2005 entweder nicht im öffentlichen Interesse oder gefährdete einen regulären Arbeitsplatz. Als Beispiele wurden Pflege- und Reinigungskräfte, Bauarbeiter, Kellner und Orchestermusiker genannt.

Besonders krass ist die Situation auf dem Kulturmarkt, wo heute genau so brutal rationalisiert, dereguliert und ausgebeutet wird wie bei Banken und Versicherungen. Von den 780000 Menschen, die in dieser Branche als Schauspieler, Museumskuratoren oder Filmassistenten arbeiten, hat nur noch die Hälfte einen regulären Job, bei dem der Arbeitgeber in die Sozialkassen einzahlt. Die andere Hälfte arbeitet als Freiberufler, und zwar für immer weniger Geld.

Im Jahr 2006 lag das durchschnittliche Einkommen der freien Kulturschaffenden bei 10814 Euro, wohlgemerkt im Jahr. Immer mehr von ihnen bekommen überhaupt nur einen Job, wenn sie sich arbeitslos melden und bereit sind, für 1 Euro pro Stunde zu arbeiten. Noch sind die Ein-Euro-Jobber auf dem Kulturmarkt die Minderheit, aber ihre Zahl wächst stetig an.

Generation Praktikum

Die Idee mancher Unternehmen, von jüngeren Arbeitnehmern und selbst von Ausbildungsplatzsuchenden zunächst ein Praktikum zu verlangen, bevor man sich entscheidet, einen in Aussicht gestellten Arbeits- oder auch Ausbildungsplatz tatsächlich zu vergeben, hat sich für die Arbeitgeberseite als so vorteilhaft erwiesen, dass sie darauf in absehbarer Zukunft nicht mehr verzichten wird. Auch von staatlicher Seite wird man an diesem Modell, zum Beispiel durch entsprechende Gesetze, nur ungern rütteln wollen, weil es die Arbeitslosenstatistik schönt und immer noch der berühmte Strohhalm ist, nach dem die Betroffenen greifen können.

Wenn heute zum Beispiel ein Maler- und Lackiererbetrieb verlangt, dass jemand, der eine dreijährige Ausbildung machen möchte, zunächst ein Jahr lang als Praktikant arbeitet, um zu beweisen, wie willig, fleißig und lernfähig er ist, dann ist das nichts weiter als eine unverschämte Ausnutzung einer Notlage.

Praktikanten sind nämlich weitgehend rechtlos und nicht wie Auszubildende mit Lehrvertrag gegen die Willkür ihrer Lehrherren geschützt. Außerdem besteht keine Verpflichtung, einem Praktikanten etwas beizubringen. Wer ein Praktikum macht, ist einseitig in der Bringschuld und hat weder Anspruch auf Schutz noch auf gerechte Gegenleistungen. Das Einzige, was einem jungen Menschen das Praktikum vor der Ausbildung bringt, ist der Nachweis über ein im Zweifelsfall für ihn verlorenes Jahr.

Nicht viel besser geht es Studienabsolventen. Man sollte meinen, dass diese jungen Erwachsenen mit guter Ausbildung und hoher Leistungsbereitschaft ihre Interessen besser vertreten. Aber weit gefehlt. Offensichtlich sind sie mehrheitlich der Meinung, dass die Leistungsgesellschaft darin besteht, sich gegenseitig in den Forderungen zu unterbieten, die vermeintlichen Konkurrenten auszuknocken und sich selbst einen scheinbaren Vorteil zu verschaffen.

Die gut ausgebildeten jungen Erwachsenen von heute sind in materieller Sicherheit aufgewachsen. Bei ihrer Erziehung stand häufig die Selbstverwirklichung im Vordergrund. »Finde heraus, was du kannst und wer du bist«, lautete das Motto. Glücklicherweise haben die meisten Menschen mehrere Talente und Fähigkeiten. Was ihnen jedoch häufig fehlt, sind Ziele, die sie nachhaltig verfolgen. Sprunghaftigkeit und Unsicherheit werden in Flexibilität umdefiniert, und das nutzen die Unternehmen schamlos aus.

Dort sitzen in den Personalabteilungen auch nicht unbedingt die großen Entscheider, die bereit sind, für ihr eigenes Handeln den Kopf hinzuhalten. Lieber keine Entscheidung treffen als eine falsche, so sichert man den eigenen Arbeitsplatz. Lieber einen Praktikanten einstellen, den man bald wieder loswerden kann, der nicht aufmuckt, wenn man ihn schlecht behandelt, dem man wenig oder nichts bezahlen muss, als eine echte Personalentscheidung zu treffen.

Die jungen Arbeitnehmer haben sich weitgehend damit abgefunden und akzeptieren einen geringen Lebensstandard, der häufig nur mit finanzieller Unterstützung der Eltern zu halten ist. Aber in Zukunft soll ja alles besser werden, glauben und hoffen sie. Das Problem ist jedoch, dass von unten immer neue und frische Absolventen nachwachsen. Es entsteht ein Verdrängungswettbewerb, der die »alten Praktikanten« in Notlagen bringt. Irgendwann sieht so eine Arbeitsbiografie nicht mehr gut aus. Zu viele

Praktika klingen nicht nach solider Rundum-Bildung sondern nach Scheitern.
Auch der Blick in die Zukunft macht nicht unbedingt Hoffnung: Ab 2015 könnten immer mehr Ältere in den Ruhestand gehen und dann Platz schaffen für die Jüngeren – oder eben auch nicht. Vielleicht bleibt die ältere Generation in der Pflicht, ihren Nachwuchs finanziell zu unterstützen und behält deshalb auch lieber den eigenen Arbeitsplatz noch ein paar Jahre länger. Vielleicht wird die Lebensarbeitszeit noch stärker ausgedehnt, als wir heute ahnen. Alles ist möglich.
Das in diversen Praktika erlernte Verhalten wird dann im Rahmen von Zeitarbeitsverträgen weitergelebt. Die Zahl der bei der Bundesagentur für Arbeit als arbeitssuchend gemeldeten Praktikanten mit Hochschulabschluss hat sich von 1999 mit 4330 bis zum Jahr 2004 auf 8693 mehr als verdoppelt. Nur ein Drittel der Hochschulabsolventen hat eine unbefristete Anstellung gefunden.
Fast jede zweite Einstellung erfolgt heute befristet, Anfang der neunziger Jahre war es nur jede fünfte. Auch vier Jahre nach dem Abschluss arbeitet ein Viertel der deutschen Hochschulabsolventen immer noch auf der Basis befristeter Verträge. Wer für 500 Euro brutto im Monat 50 Stunden pro Woche arbeiten muss, hat weder Zeit noch Lust, eine Familie zu gründen und damit etwas zur Zukunftssicherung der deutschen Gesellschaft beizutragen.
In erster Linie sind die Unternehmen schuld an der Misere. Sie verlangen immer häufiger bei Neuanstellungen, dass der entsprechende Kandidat oder die Kandidatin zwar das Studium zügig und erfolgreich

absolviert hat, dass er oder sie aber auch noch eine möglichst mehrjährige Berufserfahrung vorweisen kann.
Immer häufiger argumentieren Unternehmen, dass 25-Jährige, die ein Diplom in der Tasche haben, für einen bestimmten Arbeitsplatz noch zu jung seien. Bloß gibt es andere, die 30-Jährige schon wieder als zu alt bezeichnen. Und so kommt es, dass sich die Phase der »prekären« Existenz immer weiter hinausschiebt.
Inzwischen gibt es auch schon 38-jährige Akademiker, die einerseits als Selbstständige gelten, weil sie ein kleines Beratungsbüro haben, andererseits aber immer noch einen 400-Euro-Job bei Ikea. Immer mehr junge Akademiker definieren sich als Selbstständige oder Freiberufler, ohne von dieser Tätigkeit tatsächlich leben zu können. Und das sind eben nicht nur Leute, die in kreativen Berufen arbeiten, sondern zunehmend auch Betriebswirte oder Ingenieure. Praktikum bedeutet heute nicht mehr »learning by doing«, sondern »doing but learning«.

Der Zweitjob wird immer häufiger zum Normalfall

Wer heute zwei Jobs hat, gehört in der Regel zur Mittelschicht. Früher reichte das Geld für eine Familie, wenn der Mann arbeiten ging und die Frau sich um Haus und Kinder kümmerte. Heute gehen oft beide Partner arbeiten. Und schon zeichnet sich ab, dass bald beide zwei Jobs haben müssen. Nur selten nimmt jemand einen zweiten Job an, um sich teure

oder ausgefallene Wünsche zu erfüllen. In der Regel geht es eher darum, den bereits vorhandenen Lebensstandard zu erhalten, die Raten für die Eigentumswohnung zu finanzieren oder einem möglichen Abstieg in die Armut vorzubeugen.
Deshalb sind es auch immer häufiger Menschen im mittleren Lebensalter, etabliert und qualifiziert, die sich nach einem Zweitjob umschauen müssen. Seit 1991 ist die Zahl der Menschen mit einem Nebenjob von 996000 auf 1,8 Millionen gestiegen. Hinzu kommen noch 400 000 Nebenjobber, die als Selbstständige arbeiten. Das sind Lehrer, die am Nachmittag ihren Weinladen öffnen, Krankenschwestern, die in der Altenpflege arbeiten, Polizeibeamte, die einen Hausmeisterjob haben, oder Bürokräfte, die nebenher noch als Putzkräfte oder Kellner arbeiten.
Insgesamt haben also 2,2 Millionen Menschen in Deutschland noch einen Zweitjob – das sind immerhin 5,7 Prozent aller Beschäftigten. Nicht erfasst sind all jene, die ihr Gehalt mit Schwarzarbeit aufbessern. Viele derjenigen, die einen Nebenjob haben, verdienen in ihrem Hauptberuf um die 2000 Euro brutto. Doch was netto übrig bleibt, reicht häufig nicht mehr, um zum Beispiel die Wohnung oder das Eigenheim abzubezahlen. Ein paar hundert Euro nebenbei sind schon willkommen.
Einer der Gründe, weshalb immer mehr Deutsche bei gleicher Arbeit immer weniger verdienen, ist, dass jedes fünfte deutsche Unternehmen in den vergangenen Jahren das Urlaubsgeld und/oder das Weihnachtsgeld gekürzt oder ganz gestrichen hat. Da wurde mit der Gefahr für den Arbeitsplatz argumentiert. So etwas zieht. Deswegen mussten immer mehr

Arbeitnehmer, angeblich oder tatsächlich um ihren Arbeitsplatz zu erhalten, damit einverstanden sein, dass ihr Gehalt eingefroren oder gekürzt wurde. Die Preise nahmen darauf keine Rücksicht, sie stiegen. Oft wurden auch Vollzeitbeschäftigungen in Teilzeitstellen umgewandelt.

Von den 39 Millionen Beschäftigten arbeiten 11 Millionen, das sind doppelt so viele wie vor 15 Jahren, nur noch 30 Stunden oder weniger im ersten Job. Zusammen mit dem Zweitjob arbeiten sie allerdings deutlich mehr als früher. Männer kommen in Deutschland auf knapp 42 Arbeitsstunden pro Woche. Damit liegen sie im europäischen Mittelfeld. Mehr arbeiten außer den Österreichern und den Iren nur noch die Beschäftigten in Griechenland und den meisten neuen EU-Ländern im Osten.

Natürlich tragen diese Zweitjobs zur Spaltung der Gesellschaft bei. Die einen haben gar keine Arbeit und die anderen, die qualifiziert und einigermaßen abgesichert sind, reduzieren deren Chancen weiter, überhaupt noch etwas zu finden. Zweitjobber sind flexibler und stellen sich eher auf die Belange der Unternehmen ein, denn schließlich geht es für sie ja nicht ums Ganze, wenn sie den Zweitjob einstellen oder bei ruhigerer Auftragslage pausieren müssen.

Viele Zweitjobs funktionieren ohnehin nur auf Abruf, zum Beispiel bei Catering-Unternehmen, bei Sicherheitsdiensten für Veranstaltungen oder im Pflegebereich. Zweitjobber sind flexibel und springen ein, wenn andere nicht können. Geht man davon aus, dass die Erfahrungen der Menschen in der Gegenwart auch ihr Verhalten in der Zukunft prägen werden, dann sehen wir, dass die einzige Sicherheit in Zukunft die wachsenden Gewinnmargen der Unternehmen sind, während die Unsicherheit all derjenigen, die von Arbeit leben müssen, weiter wächst.

Zeitarbeit – größere Chancen für alle

Wie weit sich die Arbeitswelt schon verändert hat und wohin sie sich verändern wird, erkennt man sehr gut, wenn man die drei Bereiche Teilzeit, befristete Beschäftigung und Zeitarbeit betrachtet. Von 1993 bis 2004 hat die Zahl der Beschäftigten mit einem befristeten Vertrag um 25 Prozent von 1,80 Millionen auf 2,25 Millionen zugenommen. Offensichtlich ist dieses Modell, das eher für Kurzfristigkeit als für Flexibilitätsdenken auf Unternehmensseite steht, doch zu verwaltungsintensiv, um langfristig eine größere Bedeutung zu erlangen.

Anders ist es schon mit der Teilzeitbeschäftigung. Die Zahl der nicht vollbeschäftigten Arbeitnehmer stieg von 4,9 Millionen im Jahr 1993 auf knapp 7,2 Millionen im Jahr 2004; das ist immerhin eine Zunahme um 46 Prozent. Dazu gehören auch immer mehr qualifizierte Arbeitnehmer. Über Teilzeitkräfte lassen sich Bedarfs- und Auslastungsschwankungen der Unternehmen gut puffern. Es kann also davon ausgegangen werden, dass auch in Zukunft die Teilzeitbeschäftigung zunehmen wird.

Ganz erstaunlich war die Entwicklung bei Zeitarbeitsfirmen. Hier stieg die Zahl der Beschäftigten von 121 000 im Jahr 1993 auf 400 000 im Jahr 2004 um immerhin 231 Prozent. Offensichtlich nahm das

Interesse sowohl bei den Arbeitnehmern als auch auf Arbeitgeberseite zu. Heute zählen die Zeitarbeitsfirmen in Deutschland 500 000 Mitarbeiter, das sind aber nur 1,7 Prozent der sozialversicherungspflichtigen Beschäftigten. Wohin der Trend geht, zeigen Großbritannien und die Niederlande. Dort sind bereits 4,7 Prozent beziehungsweise 4,5 Prozent aller Beschäftigten Zeitarbeiter. In Deutschland rechnet man damit, dass bis zum Jahr 2010 rund 1 Million Arbeitnehmer über Zeitarbeitsfirmen vermittelt werden.

Während früher über die Zeitarbeit hauptsächlich unqualifizierte Helfer gesucht wurden beziehungsweise Ersatz für unverzichtbare Assistenzfunktionen, wie zum Beispiel als Sekretärin, haben heute immerhin schon 66 Prozent der Zeitarbeiter eine Ausbildung oder sind sogar Akademiker. Immer häufiger übernehmen Zeitarbeiter qualifizierte Funktionen, die für den jeweiligen Unternehmenserfolg durchaus von Bedeutung sind.

In einigen Firmen ist das Verhältnis von Zeitarbeit zu Festanstellung schon auf zehn zu eins angestiegen. Solche Verhältnisse rufen die Gewerkschaften und den Betriebsrat auf den Plan. Bei DaimlerChrysler setzten sie durch, dass höchstens 4 Prozent der Belegschaft Zeitarbeiter sein dürfen. Dennoch scheint gerade die Automobilindustrie im Bereich Zeitarbeit eine Vorreiterrolle einzunehmen.

Zeitarbeit ist in der Automobilindustrie ein wichtiges Flexibilitätsinstrument. Zeitarbeiter haben den Vorteil, dass sie sofort verfügbar sind, ohne dass zeitintensive Such- und Einstellungsprozeduren absolviert werden müssen. Auch das Risiko, die »falschen« Ar-

beitnehmer einzustellen, ist in der Zeitarbeit gering, denn die Anbieter tauschen unerwünschte Arbeitskräfte umgehend aus.
All das ist bei befristeten Arbeitsverhältnissen nicht der Fall. Auch können befristete Arbeitsverhältnisse nicht so schnell aufgelöst werden wie Zeitarbeitsverhältnisse. Schließlich ist der Arbeitnehmer bei seiner Zeitarbeitsfirma unbefristet angestellt, so dass ihm das Ausscheiden bei einer Firma, die ihn nur geliehen hat, leichter fällt und keine finanziellen Einbußen mit sich bringt.
Zumindest in der Automobilindustrie sind Zeitarbeiter ein fester Teil des operativen Geschäfts. 86 Prozent aller Unternehmen dieser Branche setzen Zeitarbeit ein. Der Anteil der Zeitarbeiter unter den Hilfskräften liegt bei 17 Prozent, bei den Fachkräften und Facharbeitern bei 7 Prozent und bei höher qualifizierten oder kaufmännischen Aufgaben bei 3 Prozent.
Immer häufiger ist es in den Unternehmen auch so, dass bei Neueinstellungen die Mitarbeiter aus dem Bereich der Zeitarbeitnehmer rekrutiert werden. Manche Unternehmen verlassen sich schon fast ganz darauf. Insofern bietet die Zeitarbeit in gewisser Weise auch das Gegenstück zum Praktikum, nur dass es sich hierbei eben nicht um die Akquisition von Berufsanfängern, sondern um die Einstellung von erfahrenen Mitarbeitern handelt, die man über die Zeitarbeit noch besser testen konnte, als es in Einstellungsgesprächen und Probezeiten möglich gewesen wäre.
Im Wesentlichen hat sich die Zeitarbeit aus drei Gründen noch nicht schneller verbreitet: Zum einen

hängt dieser Arbeitsform immer noch ein negatives Image an. Zum anderen weisen viele Zeitarbeitnehmer eine noch nicht ausreichend breit gefächerte Qualifikation auf – es stehen einfach noch nicht für alle Tätigkeiten genügend Interessenten zur Verfügung. Und schließlich dürfen auch die Widerstände von Betriebsräten und Gewerkschaften nicht unterschätzt werden.

Dabei ist es offensichtlich so, dass mit Hilfe des Instruments Zeitarbeit die Abwanderung von Arbeitsplätzen in Billiglohnländer wenn nicht gestoppt, so doch zumindest gedämpft werden kann. 48 Prozent aller Unternehmensmanager gehen davon aus, dass durch mehr Zeitarbeit bis zu 10 Prozent aller Produktionsverlagerungen gestoppt werden könnten. Rund 80 Prozent meinen, dass zumindest 5 Prozent der Verlagerungen vermieden werden könnten. Mit Zeitarbeit lässt sich zwar nicht der Produktionsstandort Deutschland in seiner alten Größe und Schönheit retten, aber es lässt sich der Abbau bremsen, und das würde für die nächsten zwei Jahrzehnte doch schon reichen.

Bleibt die Feststellung, dass Praktikanten, Teilzeitjobber und Zeitarbeiter keine Bindung an »ihr« Unternehmen entwickeln. Der Arbeitnehmerstolz aus dem vorigen Jahrhundert (»Wir sind Farbwerker«, sagten die stolzen Chemiearbeiter von Hoechst) ist gebrochen. Immer seltener gibt es bei den Arbeitern die Nähe und Sympathie zum eigenen Unternehmen. Unternehmenskultur findet sich als Marketingphrase in der Selbstdarstellungsbroschüre. Die Billigarbeitskräfte können darüber nur lachen. Sie machen keine Verbesserungsvorschläge. Sie erhalten kaum qualifizierte Fortbildung. Sie entwickeln kein Firmengefühl. »Mir doch egal!«, scheinen viele Personalchefs zu denken. Aber das könnte sich rächen. Wer bindungslos ist, wechselt auch schnell. Wenn irgendwann die Nachfrage wachsen sollte, werden die Guten unter den Jobbern ihrem alten Arbeitgeber keine Träne nachweinen.

Immer mehr Deutsche wandern aus

Er studiert in Duisburg, ist 20 Jahre jung und weiß genau, was er will: weg aus Deutschland, schnell weg. Der Student Pawel Kuschke fühlt sich als Opfer der alten Generation, die sich – wie er sagt – hemmungslos bedient hat und die Folgen daraus seiner Generation überlässt. Das will er nicht hinnehmen. Auch zum deutschen Bildungssystem hat er eine klare Position. In einem Interview mit einer Sonntagszeitung sagt er, dass »eine Menge Leute« durch das Bildungssystem geschleust worden seien, ohne auf die aktuellen Anforderungen des Arbeitsmarktes vorbereitet zu sein. Es bliebe alles an ein paar produktiven jungen Leuten hängen. Denen werde das ein bisschen viel. Deswegen seine Haltung: »Ich sehe nicht ein, mit den älteren Generationen teilen zu müssen … Ich werde die Bundesrepublik verlassen.«

Im Jahr 2005 sind nach offiziellen Zahlen 154 000 Deutsche ausgewandert – das ist der höchste Wert seit 1950. Fachleute gehen davon aus, dass es tatsächlich insgesamt 250 000 Menschen waren, die ihre Heimat verlassen haben, dass viele von ihnen sich jedoch nicht ordnungsgemäß abgemeldet haben. Nicht die absoluten Zahlen sind beunruhigend, zumal immerhin mehr Menschen bei uns ein- als auswandern; kritisch jedoch ist die Tatsache, dass weit mehr als die Hälfte der Auswanderer jünger als 35 Jahre ist und dass darunter viele qualifizierte und hoch motivierte Kräfte sind. Der Industrielle und DIHK-Präsident Ludwig Georg Braun wertete das als deutliches Alarmzeichen.

Während im 19. und frühen 20. Jahrhundert noch die Angehörigen der Unterschicht Deutschland verlassen haben – Arbeiter, kleine Bauern oder Dienstmädchen –, sind es heute die reicheren, gut gebildeten, hoch motivierten Menschen, unter ihnen sehr viele Akademiker, Doktoranden und Nachwuchswissenschaftler oder auch besonders qualifizierte Fachkräfte.

Diese Menschen erwarten im Ausland bessere Arbeits- und Lebensbedingungen. Tatsächlich finden die jungen Leute im Ausland oft einen besseren Arbeitsplatz und haben bessere Chancen, auf der Karriereleiter aufzusteigen.

Teilweise wandern sie auch aus, um überhaupt einen ihrer Qualifikation entsprechenden Arbeitsplatz zu finden. Dabei helfen ihnen in vielen Fällen die Zentrale Arbeitsvermittlung der Bundesagentur für Arbeit und das Raphaels-Werk im Auftrag der Deutschen Bischofskonferenz. Sie vermitteln allerdings nur wenig Führungskräfte und Akademiker, sondern vor allem Beschäftigte aus der Baubranche, aus gewerblich-technischen Berufen sowie aus der Hotellerie und Gastronomiebranche.

Die Berufsgruppe der Ärzte ist unter den Auswander-

ern besonders stark vertreten. Rund 6300 Krankenhausärzte arbeiten derzeit im Ausland, während hierzulande 5000 Stellen nicht besetzt werden können. Im Ausland verdienen die Ärzte einfach mehr und auch die sonstigen Arbeitsbedingungen sind besser.
Durch den Weggang von Nachwuchswissenschaftlern entsteht der so genannte Brain-Drain, der Abfluss von Wissen und Können, der den Wissenschaftsstandort Deutschland gefährdet. Unter den Auswanderern sind auch erfahrene Spitzenforscher, die Deutschland für immer den Rücken kehren. Der Grund dafür ist einfach: Deutsche Professoren werden mit 65 Jahren emeritiert, sie gehen zwangsweise in den Ruhestand. Auch wenn sie es wollten, sie dürfen nicht länger arbeiten. Also gehen sie ins Ausland, bevorzugt in die USA, wo sie mit offenen Armen aufgenommen werden, eine neue Herausforderung finden und keine durch das Alter begründete Beschränkung.
So ist zum Beispiel der international anerkannte Umweltwissenschaftler und ehemalige Bundestagsabgeordnete Ernst Ulrich von Weizsäcker mit 66 Jahren nach Santa Barbara nordwestlich von Los Angeles gezogen. Der ehemalige Leiter des Wuppertal Instituts für Klima, Umwelt, Energie hatte in Deutschland keine interessante Anstellung mehr gefunden, an keiner Universität oder Forschungseinrichtung. Heute ist er als Dekan der Bren School of Environmental Science & Management für den Erfolg des Umweltinstituts der University of California verantwortlich. Sein Beispiel ist bekannt. Es spricht sich herum, dass deutsche Wissenschaftler im Ausland mehr geschätzt werden als zuhause.

Einige Bundesländer spielen inzwischen mit dem Gedanken, die Altersgrenze für Professoren auf 68 Jahre heraufzusetzen – nicht wegen des Brain-Drain, sondern weil sie für die Lehre gebraucht werden. In den Jahren 2011 und 2012 wird die Studentenzahl um bis zu 20 Prozent ansteigen, weil die geburtenstarken Jahrgänge an die Universität kommen, aber auch weil sich dann die Kürzung der Gymnasialzeit von neun auf acht Jahre in einigen Bundesländern auswirken wird.

Für die nächsten 20 Jahre ist mit einem weiteren Ansteigen der Auswanderungswelle zu rechnen. Die Rahmenbedingungen in Deutschland werden sich nicht bessern. Die Unzufriedenheit der Bürger wird eher zunehmen. Gerade den Hochbegabten oder Spitzenleuten wird die zunehmende Kluft in Deutschland und die unübersehbare Armut unschön erscheinen.

Hinzu kommt ein Effekt, der oft unterschätzt wird: Jeder Auswanderer, der gute Erfahrungen im Ausland macht, wird weitere Menschen dazu ermuntern, Deutschland ebenfalls zu verlassen.

Angesichts der sinkenden Geburtenraten und der zunehmenden Veralterung der deutschen Gesellschaft wird die Auswanderung zu einem ernsten Problem für die Wirtschaft. Sie gefährdet langfristig den deutschen Wohlstand, denn wenn immer mehr Deutsche das Land verlassen, werden immer mehr Zuwanderer als qualifizierte Arbeitskräfte gebraucht.

Nur wenn künftig jährlich 200 000 Menschen mehr ein- als auswandern, wird die deutsche Wirtschaft in den kommenden Jahren weiter um 1,5 Prozent jährlich wachsen können. Nur dann wird das Angebot an

Arbeitskräften noch etwa 10 Jahre auf dem heutigen Niveau bleiben und dann allmählich zurückgehen. Nur dann kann die ganz große existenzielle Krise bei der gesetzlichen Rentenversicherung vermieden werden.

Allerdings ist es so, dass zurzeit nur gut 100 000 Menschen mehr in Deutschland ein- als auswandern. Das reicht nicht. Wenn das in Zukunft so bleibt, wird das Potenzial an Arbeitskräften deutlicher und schneller schrumpfen. Ein Ausweg aus der programmierten Rentenkrise wäre eine gezielte Zuwanderungspolitik, die dafür sorgt, dass mehr besonders qualifizierte Ausländer ins Land kommen. Und damit tut man sich in Deutschland sehr schwer.

Derzeit erhalten ausländische Fachkräfte erst ab einem Einkommen von 85 000 Euro die Erlaubnis, sich dauerhaft in Deutschland niederzulassen. Diese Hürde ist für Berufsanfänger einfach zu hoch. Der Vorschlag, für junge Zuwanderer bis 30 Jahren das Mindesteinkommen auf 63 000 Euro herabzusetzen, konnte sich nicht durchsetzen. Es bleibt also beim alten Zuwanderungsrecht aus dem Jahr 2004. Danach dürfen Nicht-EU-Ausländer nur dann in Deutschland arbeiten, wenn für die freie Stelle weder ein Deutscher noch ein EU-Ausländer zur Verfügung steht. Und hoch qualifizierte Arbeitskräfte dürfen nur dann zuwandern, wenn sie ein konkretes Arbeitsangebot vorlegen können, wenn die Bundesagentur für Arbeit zustimmt und Integration sowie Sicherung des Lebensunterhaltes ohne staatliche Hilfe gewährleistet ist. Selbstständige dürfen nur zuwandern, wenn dafür ein übergeordnetes wirtschaftliches oder regionales Interesse besteht.

Hier tut sich bereits eine neue Spaltung auf: in schlecht verdienende und schlecht gebildete Deutsche auf der einen Seite und gut ausgebildete Zuwanderer mit guten Einkommensaussichten auf der anderen. Das ist ein Programm mit politischem Zündstoff, der einen Flächenbrand auslösen kann. Wir sorgen dafür, dass im Wunderland überall dort, wo es noch nicht abgebrannt ist, die Flammen züngeln könnten.

Bildung – das Wohlstandselixier

Was man in Zukunft braucht, um auf dem Arbeitsmarkt erfolgreich zu sein, ist Bildung. Doch gerade daran mangelt es in Deutschland. Die PISA-Studien wurden bereits zitiert. Es gibt weitere Belege dafür, dass im deutschen Bildungssystem etwas faul ist.

Offensichtlich gibt es gute und schlechte Schulen, es gibt gute und schlechte Lehrer. Doch niemand traut sich, in der Bildungsfabrik Deutschland wirksame und einheitliche Kriterien für die Bewertung von Leistungen sowohl der Schüler als auch der Lehrer einzuführen und daraus Konsequenzen zu ziehen. Privatschulen werden an ihrem Erfolg gemessen, sonst müssten sie ihre Tore schließen. Doch viele Lehrer an staatlichen Schulen verhalten sich kein bisschen anders als jene Staatsangestellten und Beamten, die eben nicht nach Leistung bezahlt werden, sondern Anwesenheitsprämien erhalten.

Ich will aber auch die Eltern nicht aus ihrer Verantwortung entlassen. Wer als Vater und Mutter die

Kinder nicht auf die Schule vorbereitet, soll sich nicht wundern, wenn die Schule dann nichts bringt. Es geht auch um die Kenntnisse der deutschen Sprache, die vielen Kindern von Migranten fehlen. Da kann der beste Lehrer nichts ausrichten. Diese Kinder verlangsamen das Lerntempo der ganzen Klasse – alle leiden mit. Es geht aber noch viel mehr um jene oft belächelten oder verleumdeten »Sekundärtugenden«. Die müssen die Kinder in die Schule mitbringen. Wer als kleines Kind kein Benehmen gelernt hat, wer den Respekt verweigert, wer die Mitschüler tyrannisiert, wer nicht stillsitzen will, kann nur mit teurem pädagogischem Sonderaufwand zum Lernen gebracht werden. Welche Kosten da entstehen! Wie die Mitschüler leiden! Wie die Lehrer oftmals verzweifeln! Ich will also nicht das Versagen der Schule allein den Lehrern in Verbindung mit schwerfälligen Kultusministerkonferenzen auflasten. Sie haben auch oft Schuld – aber nicht allein.

Es muss sich in den vergangenen 20 Jahren etwas in den Elternhäusern und im deutschen Schulsystem verändert haben, sonst kämen die Forscher des Max-Planck-Instituts in Würzburg nicht zu dem Ergebnis, dass das Rechtschreibniveau der Schüler seit den sechziger Jahren in erschreckendem Maß gesunken ist. 20 Jahre lang beobachteten die Forscher die Entwicklung von 200 Kindern. Als Grundlage wurde ein Diktat genommen, wie es die Schüler in den sechziger Jahren alle einmal schreiben mussten. Würde man das Rechtschreibniveau der Schüler von damals zum Maßstab nehmen, müsste man heute drei Viertel aller Kinder als Legastheniker einstufen. Aber es gehört heute zum Teil noch zur modernen Pädago-

gik, das »Diktat« als solches zu diffamieren und nicht als Teil der Lerninhalte zu schätzen.
Notwendig ist es, die Schüler schon frühzeitig auf ein bestimmtes Leistungsniveau zu heben. Deshalb muss auch rechtzeitig mehr Wert auf die Rechtschreibung gelegt werden; es ist sträflich, dies auf die Zeit nach der Schule vertagen zu wollen. Die Studie zeigt nämlich, dass die ersten Grundschuljahre das spätere Leben stärker prägen, als viele Eltern und Lehrer es wahrhaben wollen.
Die Langzeitstudie ergibt, dass die Kinder, obwohl sie auf unterschiedliche Schulen gehen und unterschiedliche Lehrer haben, in ihrer Rechtschreibkompetenz kaum veränderte Profile aufweisen. Wer mit 7 Jahren mehr Fehler als die anderen aufweist, macht auch im Alter von 23 Jahren immer noch mehr Fehler. Das bedeutet nichts anderes, als dass die Versäumnisse bei heutigen Schulanfängern auch noch in 30 Jahren ihre Wirkung zeigen werden. Wollen wir dann gut ausgebildete Arbeitnehmer haben, dürfen wir die entsprechenden Maßnahmen nicht auf spätere Lebensphasen verlagern und hoffen, dass sie dann noch Wirkung zeigen. Jeder Erwachsene ist viel stärker das Produkt seiner Kindheit, als es sich heute sowohl der Einzelne als auch die Gesellschaft eingestehen mag.
Um sich innerhalb der Gesellschaft zu orientieren und die richtigen Entscheidungen treffen zu können, muss man mehr lernen als nur Lesen, Schreiben und Rechnen. Doch auch daran hapert es. Wie ein Blick in einige Schulbücher zeigt, wird das Verständnis für wirtschaftliche Zusammenhänge nicht gerade gefördert. Unter dem Kapitel »Was tun gegen Arbeitslosig-

keit?« beschreibt ein Schulbuch Montagsdemonstrationen, staatliche Ausgaben sowie das Programm des Deutschen Gewerkschaftsbundes. Die Lösungen für das Problem Arbeitslosigkeit werden so gesehen: weniger arbeiten, damit die Arbeit besser verteilt wird, allgemeine Einführung der 30-Stunden-Woche und Rente mit sechzig. Als wäre Arbeit eine feste Größe wie etwa eine Torte, die aufgeteilt werden kann. Dem liegt ein antiquierter, falscher, widerlegter Begriff von Arbeit zugrunde, den inzwischen auch die in dem Buch zitierten Gewerkschaften längst nicht mehr vertreten. Das ist ja durch unsere Erfahrungen widerlegt: Seit es nicht mehr die monopolistische Bundespost gibt, sondern die Deutsche Telekom und ihre Konkurrenz, hat sich das Telefonierverhalten der Deutschen im Festnetz und mit dem Mobiltelefon so sehr verändert, dass zehntausende neuer Arbeitsplätze entstanden sind. Das gilt für so viele Bereiche unserer Lebenswirklichkeit, dass die rückwärtsgewandte Sicht auf Arbeit und Arbeitsplätze verheerend wirken kann.

Auch die Globalisierung wird in aktuellen Schulbüchern eher als Naturkatastrophe beschrieben, die eine ungerechte, schicksalhafte Fügung über die Deutschen hereinbrechen ließ. Insgesamt spiegeln aktuelle Schulbücher zum Thema Wirtschaft eher eine passive, nostalgische Sicht der Dinge. Kein Wort zur positiven Kraft unternehmerischer Aktivität. Wenn es um Kreativität geht, schweigt das Lehrmaterial. Der Arbeitnehmer wird als Opfer beschrieben, nicht als aktiver Teilnehmer eines durchaus auch schöpferischen Prozesses. Die Wirtschaft bleibt eine düstere Zone – schwer verständlich, eher negativ besetzt.

Mit dieser Weltsicht liegen die Schulbuchverlage offensichtlich auf der Linie vieler Lehrer. Ob damit allerdings die Probleme der Zukunft gelöst werden können, auf die die Schüler vorzubereiten sind, erscheint fraglich.

Studien des ipos Instituts in Mannheim zeigten, dass lediglich 43 Prozent der befragten Jugendlichen und jungen Erwachsenen im Alter zwischen 14 bis 24 Jahren erklären konnten, was eine Inflationsrate ist. Und nur jeder dritte Befragte konnte beschreiben, was sich hinter dem Prinzip »Angebot und Nachfrage« verbirgt. Wenn mehr Betriebe erwarten könnten, gut qualifizierte Jugendliche zu bekommen, in die es sich lohnt, Zukunftsinvestitionen zu tätigen, würde es wahrscheinlich auch mehr Lehrstellen geben. Denn trotz der hohen Arbeitslosigkeit heute zeichnet sich schon jetzt langfristig ein Mangel an qualifizierten Arbeitnehmern ab. Das erscheint widersprüchlich, ist aber in sich verständlich, denn mehr als 500000 Jugendliche werden, bevor sie – möglicherweise – einen Ausbildungsplatz erhalten, in Maßnahmen der beruflichen Grundbildung gesteckt. Dort sollen sie das nachholen, was sie in der Schule offensichtlich nicht gelernt haben. 1997 stammten nur 38 Prozent aller Lehrstellenbewerber aus früheren Schulentlassungsjahren. 2006 lag diese Zahl schon über 50 Prozent.

Die heutigen Schulen schaffen also offensichtlich nicht mehr die Grundlagen dafür, dass ein Jugendlicher erfolgreich in die Arbeitswelt und damit ins Leben starten kann. Die Schuld allein beim Desinteresse der Unternehmen zu suchen, ist sicherlich verfehlt.

Auch die Qualität der beruflichen Ausbildung hat in Deutschland nachgelassen, stellte der Ausbildungsreport des Deutschen Gewerkschaftsbundes im Jahr 2006 fest. Am schlechtesten schnitten Berufe im Dienstleistungsbereich ab. Ganz unten stand die Werbebranche, aber auch Gesundheits- und Pflegeberufe, das Handwerk sowie Ernährung und Gastronomie belegten die hinteren Plätze. Angehende Werbekaufleute müssen oft unbezahlte Überstunden machen und erhalten eine fachlich mangelhafte Anleitung, ebenso ist es bei der Ausbildung von Köchen und im Sicherheitsgewerbe. Größtenteils zufrieden mit ihrer Ausbildung waren dagegen die Lehrlinge in der IT- und Metallbranche.

Insgesamt fühlten sich 54 Prozent der befragten Auszubildenden häufig falsch angeleitet. Rund ein Drittel muss regelmäßig Überstunden machen und ein Viertel davon erhält dafür weder Geld noch Freizeitausgleich. Viele Lehrlinge sehen sich selbst als Handlanger, die häufig ausbildungsferne Arbeiten verrichten müssen. Der DGB führt den Qualitätsabbau in der Ausbildung auf den Lehrstellenmangel zurück. Die Jugendlichen seien froh, überhaupt eine Lehrstelle zu finden und nähmen dafür schlechte Bedingungen in Kauf.

Die offizielle Zahl von 50 000 Jugendlichen, die im Jahr 2006 vergeblich eine Lehrstelle suchten, nannte der DGB als geschönt. Die offizielle Statistik zähle diejenigen als vermittelt, die noch einen Ausbildungsplatz suchen, aber für eine Übergangszeit einen Job angenommen haben, und auch diejenigen, die in einer Qualifizierungsmaßnahme stecken. Das seien rund 100 000 Jugendliche. Somit käme man auf eine tatsächliche Lehrstellenlücke von 150000 statt der offiziellen 50000, betont der DGB.

Deutschland gehen die Akademiker aus. Zu diesem Schluss kam die jährlich erscheinende OECD-Studie »Bildung auf einen Blick«. Der Anteil der Studienabsolventen an der Bevölkerung im typischen Abschlussalter lag im Jahr 2004 in Deutschland bei rund 21 Prozent. Der OECD-Durchschnitt betrug 34,8 Prozent, Spitzenreiter Island erreichte 50 Prozent, dicht gefolgt von Neuseeland. Und auch Dänemark, Norwegen, Australien und Finnland lagen deutlich über der 45-Prozent-Marke.

1988 lag Deutschland noch auf Platz 9. Heute rangieren wir abgeschlagen auf Platz 21. Das ist peinlich, aber weit mehr noch besorgniserregend. Nicht viel besser sieht es im Bereich der Studienanfänger aus. Hier kommt Deutschland immerhin auf einen Anteil von 37 Prozent in der vergleichbaren deutschen Bevölkerungsgruppe, liegt damit aber immer noch deutlich unter dem OECD-Ländermittel von 53 Prozent. In Europa sind Schweden und Island mit 79 Prozent und Finnland mit 73 Prozent die Spitzenreiter.

Bisher hatte Deutschland einen hohen Bildungsstand. Nimmt man die 25- bis 64-Jährigen zusammen, haben 84 Prozent der deutschen Bevölkerung entweder Abitur oder eine abgeschlossene berufliche Ausbildung. Im Vergleich dazu lag der Mittelwert aller OECD-Staaten nur bei 67 Prozent. Das ist allerdings eine Momentaufnahme; entscheidender ist die Tendenz: Während alle anderen sich steigern, wird es in Deutschland in Zukunft kaum Zuwachsraten geben. Weil die Zahl der 5- bis 14-Jährigen zwischen

2005 und 2015 in Deutschland um 14 Prozent abnehmen wird, müssten sich alle Verantwortlichen ganz erheblich anstrengen, um auf dieser schrumpfenden Ausgangsbasis weiterhin genügend Spitzenkräfte heranzuziehen.

Da in Deutschland aber schon die 7- und 8-Jährigen 154 Stunden im Jahr weniger Unterricht bekommen als im Durchschnitt der anderen OECD-Länder und pro Kopf auch weniger ausgegeben wird, kann es mit der Bildung in Deutschland eigentlich nur bergab gehen. Die Spaltung zwischen einer kleinen, jungen Elite und einer großen, alternden Masse ist somit vorgezeichnet.

Eine Chance bestünde für Deutschland allenfalls darin, die als besonders förderungswürdig geltenden 250 000 Migrantenkinder voranzubringen. Doch die Kinder von Zuwanderern gehen zu 50 Prozent auf die Hauptschule, und die Chance, ein Gymnasium zu besuchen und Abitur zu machen, ist für Kinder von Migranten vier Mal schlechter als für deutsche Kinder. Dabei leben in Deutschland inzwischen mehr als 15 Millionen Zuwanderer. Fast jeder fünfte Einwohner Deutschlands stammt aus dem Ausland oder hat Eltern oder Großeltern, die eingewandert sind. Ohne diesen Hintergrund der bildungsbewussten und ehrgeizigen Zuwanderer wäre in Deutschland weder das Wirtschaftwunder noch das seit drei Jahrzehnten blühende Rentenwunder möglich gewesen.

Besonders düster sehen die türkischen Zuwanderer die Zukunftschancen ihrer Kinder. Während im Jahr 2002 noch 70 Prozent glaubten, dass ihre Kinder es einmal besser haben werden als sie, sind es heute nur noch 48 Prozent. Das ergab eine Studie der Landesregierung Nordrhein-Westfalen. Es ist in diesem Bundesland zwar noch kein Trend zur Parallelgesellschaft auszumachen, doch hat man die notwendige Integration in den vergangenen Jahren verschlafen.

Die unangepasste Arbeitswelt

Der Anteil junger Menschen an der Gesellschaft sinkt rapide, die Aufspaltung der Jüngeren in gut und schlecht Qualifizierte wird größer, dagegen steigt der Anteil der über 50-Jährigen von gegenwärtig 30 Prozent auf über 40 Prozent in den nächsten 15 Jahren. Die Renten werden auf jeden Fall sinken, so dass sich viele der heute zwischen 30 und 50 Jahre alten Arbeitnehmer gezwungen sehen werden, zur Erhaltung ihres Lebensstandards länger zu arbeiten.
Arbeitsmarktexperten rechnen den Unternehmen schon heute vor, dass sich die Altersverteilung innerhalb der Belegschaft bis 2015 ganz erheblich verschieben wird. Sind es heute noch die 35- bis 44-Jährigen, die das Kernteam innerhalb einer Firma bilden, werden es im Jahr 2015 diejenigen sein, die zwischen 45 und 54 Jahre alt sind, sowie die noch älteren Arbeitnehmer.
Bei den Kölner Ford-Werken betrug der Anteil der Mitarbeiter, die über 50 Jahre sind, im Jahr 2003 noch 15 Prozent. Im Jahr 2008 werden es aber bereits 28 Prozent sein. Ford hat im Hinblick darauf bereits begonnen, die Arbeitsprozesse so umzugestalten, dass sie auch für ältere Arbeitnehmer akzeptabel sind und die jüngeren nicht durch ungesunde Körperhaltungen vorzeitig verschleißen. Allerdings

steckt die Forschung zur altersangepassten Ergonomie noch in den Kinderschuhen. Immer öfter setzt sich die Erkenntnis durch, dass ein Mensch, der arbeitet, mit 61 Jahren fitter ist als ein anderer von 40 Jahren, der seit langem nur zuhause herumsitzt. Natürlich ist es auch wichtig, ältere Arbeitnehmer in Zukunft besser fortzubilden. Zurzeit hört in Deutschland die berufliche Weiterbildung nach dem fünfzigsten Lebensjahr fast völlig auf. Das wird in Zukunft anders werden. Das vom ehemaligen Bundeswirtschafts- und Arbeitsminister Wolfgang Clement geleitete Adecco Institute mit Sitz in London, eine Neugründung des Weltmarktführers für Zeitarbeit, der Adecco SA in Zürich, hat gerade eine Studie herausgegeben, in der die demografische Fitness von Unternehmen untersucht wird. Von maximal 400 erreichbaren Punkten eines neuen Fitness-Index wurden in Deutschland nur rund 180 Punkte erreicht. Nur eines von 500 Unternehmen in Deutschland kam in die Spitzengruppe. Auch für Clement ist Ausbildung und Qualifizierung das Wichtigste, was ein Unternehmen seinen Mitarbeitern bieten muss. Aber davon ist die deutsche Arbeitswelt noch weit entfernt.

Bürgergeld statt Arbeitslohn?

»Wer nicht arbeitet, soll auch nicht essen«. Diese puritanische Regel bestimmt im Kern immer noch unser gesellschaftliches Denken und Handeln. Dabei leben nur noch 39 Prozent der Bevölkerung in Deutschland vom Einkommen aus eigener Arbeit.

Die anderen 61 Prozent werden von den Eltern oder von ihren Lebenspartnern unterhalten oder beziehen Renten oder Sozialleistungen vom Staat. Und eine kleine Minderheit lebt von ihrem Vermögen.
Trotzdem gehen wir mehrheitlich immer noch davon aus, dass die Arbeit der Dreh- und Angelpunkt von allem ist. Nur eine kleine Minderheit fordert, das Einkommen von der Arbeit zu entkoppeln. Diese Minderheit bekommt zurzeit Zulauf. Zu verdanken ist dies insbesondere einem Mann, dem Gründer und Chef der Drogeriemarktkette dm, Götz Werner.
Die Idee des Bürgergeldes ist keineswegs neu. Schon der junge Karl Marx sagte: »Das Reich der Freiheit beginnt in der Tat erst da, wo das Arbeiten, das durch Not und äußere Zweckmäßigkeit bestimmt ist, aufhört.« Immer wieder wurde darüber nachgedacht, ob und wie das Einkommen aus Arbeit durch ein staatliches Grundeinkommen für jeden Bürger ersetzt werden könnte.
Schon in den dreißiger Jahren des vergangenen Jahrhunderts machten Jan Tinbergen in den Niederlanden und George D. H. Cole in Großbritannien entsprechende Vorschläge. In den sechziger Jahren meldete sich James Tobin zu diesem Thema zu Wort und auch Milton Friedman schlug ein entsprechendes Modell mit einer negativen Einkommensteuer vor. Die Vorschläge des deutschen Ökonomen Joachim Mitschke landeten sogar im FDP-Parteiprogamm der neunziger Jahre. Das waren Forderungen und Parolen. Passiert ist nicht viel.
Das soll jetzt anders werden, beschloss Götz Werner, denn die Zeit sei jetzt reif. Niemand wird Werner unterstellen wollen, dass er ein realitätsferner Sozi-

alspinner ist. Eher im Gegenteil. Der 1944 geborene Götz Werner absolvierte nach dem Abitur bis 1964 eine Ausbildung zum Drogisten. 1968 trat er in den elterlichen Betrieb in Heidelberg ein, doch wenig später musste die Drogerie Insolvenz anmelden.
Seinem neuen Arbeitgeber in Karlsruhe schlug Werner vor, Drogerien als Discountmärkte aufzubauen, wie es Dirk Rossmann seit 1972 in Hannover machte. Doch Werners Vorschlag wurde abgelehnt. 1973 machte er sich deshalb mit einem eigenen Drogeriegeschäft in Karlsruhe selbstständig. Unter der Bezeichnung »dm« für drogerie-markt setzte er das Discounter-Prinzip höchst erfolgreich um.
Heute umfasst die Drogeriemarktkette dm 1600 Filialen in neun europäischen Ländern und beschäftigt rund 23 000 Mitarbeiter. Mit 12 000 Produkten, darunter 19 eigenen Marken, und einem Umsatz von 3,3 Milliarden Euro ist sie nach dem Konkurrenten Schlecker die Nummer 2 in Deutschland. Götz Werner selbst steht mit einem Vermögen von 1,25 Milliarden Euro immerhin auf Platz 77 der Rangliste der reichsten Deutschen.
Anders als sein Konkurrent Schlecker, der wegen seiner repressiven Führungsmethoden und wegen der schlechten Behandlung, die er seinen Mitarbeitern zuteil werden lässt, eher der »dunklen Seite der Macht« zugerechnet wird, hat der Anthroposoph Werner ein echtes Vorzeigeunternehmen geschaffen, auf das nicht nur die Mitarbeiter, sondern sogar die Gewerkschaften stolz sind – und das will etwas heißen. Nach dem von ihm entwickelten Prinzip der dialogischen Führung übernehmen die Mitarbeiter nicht nur die Verantwortung für das, was geschieht,

sondern entscheiden auch, wie es geschehen soll. Die Ausbildung bei dm wurde schon mehrfach als mustergültig und vorbildlich ausgezeichnet.
Götz Werner weiß also, wovon er spricht, wenn er den Menschen mehr Eigenverantwortung übertragen und ihnen Raum für eigene Entscheidungen geben möchte. Genau das soll durch das Grundeinkommen realisiert werden. Wie man dieses Modell in die Praxis umsetzen kann, hat Götz Werner im Jahr 2005 in großformatigen Anzeigen und zahlreichen Interviews zusammen mit seinem Mitstreiter, dem Steuerexperten Benedictus Hardorp, erklärt. Dabei schreckte er auch nicht vor harschen Worten gegenüber der Politik zurück.
Werner schlägt vor, dass jeder Bürger monatlich durchschnittlich 1200 Euro vom Staat erhalten soll, in der Jugend und im Alter weniger und zwischen 30 und 45 Jahren mehr. Hier taucht natürlich sofort die Frage auf, wie diese rund 1200 Milliarden Euro jährlich aufgebracht werden könnten.
Götz Werner verweist darauf, dass schon heute von Bund, Ländern und Gemeinden über 720 Milliarden Euro als Transferleistungen in Form von Arbeitslosengeld, Kindergeld, Sozialhilfe, BaföG, Wohnungsgeld und Steuerfreibeträgen gezahlt werden. Den fehlenden Betrag möchte er über Einsparungen in der Staatsbürokratie und über eine Erhöhung der Verbrauchssteuern hereinholen. Dafür würde er auf jede Form der Besteuerung von Einkommen verzichten.
Aber gäbe es in Deutschland dann überhaupt noch irgendjemanden, der bereit wäre, zu arbeiten? Werner sagt, es sei unfair, den Menschen Faulheit zu unter-

stellen. Die Mehrzahl der Menschen möchte etwas leisten und wäre auch bereit, zu arbeiten. Nur würde sich in der Arbeitswelt tatsächlich Einiges ändern. Niemand müsste mehr arbeiten, um seine Existenz zu sichern, und niemand müsste mehr zu Bedingungen arbeiten, die er nicht zu akzeptieren bereit ist. Arbeitgeber könnten also nicht mehr mit ihren Angestellten umspringen, wie sie möchten. Angestellte könnten kündigen, ohne gleich um ihre Existenz fürchten zu müssen. Unangenehme Arbeiten müssten entsprechend gut bezahlt werden, damit jemand bereit ist, sie zu übernehmen. Man müsste sie selbst machen oder die Tätigkeit automatisieren. Da die Arbeit von jeder Form der Steuer befreit wäre, könnte man sogar die Löhne senken, ohne dass derjenige, der arbeitet, netto weniger bekäme.

In der Anhebung der Mehrwertsteuer sieht Werner kein Problem. Sie müsste allerdings kräftig steigen, vielleicht sogar auf 50 Prozent. Trotzdem würden die Waren selbst nicht teurer werden, denn schon heute seien sämtliche Steuern im Preis enthalten. Bei seinem Modell wären sie nur deutlicher ausgewiesen.

Natürlich würden in diesem Gesellschaftsentwurf sowohl die Unternehmer als auch die Gewerkschaften und die Politiker an Macht verlieren. Das mag einer der Gründe sein, weshalb das Thema Bürgergeld von vielen Seiten bekämpft wird. So heißt es, mit dem Grundeinkommen wolle sich die Elite nur von ihren Verpflichtungen gegenüber der Unterschicht freikaufen, um noch hemmungsloser Geld verdienen zu können.

Die Vorteile wären allerdings, dass niemand, der reich ist, sein Geld ins Ausland schaffen müsste, um der Einkommen- oder Vermögensteuer zu entgehen. In Deutschland bräuchte er sie ja nicht zu zahlen. Bleibt das Geld im Land, wird es der Gesellschaft mehr nützen. Da niemand mehr schwarzarbeiten müsste, um der Steuer zu entgehen, würden viele neue, reguläre Jobs entstehen.

Im Rahmen seiner Argumentation für das Grundeinkommen hat Götz Werner auch noch versucht, mit vielen Ungereimtheiten in unserem Wirtschaftssystem aufzuräumen. So sagt er unter anderem: »Die Politiker sind vernagelt. Von ihnen sind kaum Ideen zu erwarten, die uns weiterbringen. Sie sind narkotisiert vom Vollbeschäftigungswahn. Wir müssen diese neue Wirklichkeit akzeptieren: Die Zeiten der Vollbeschäftigung sind endgültig vorbei. Vollbeschäftigung ist ein Mythos. Eine Lüge.«

Und weiter: »Die Wirtschaft ist keine sozialtherapeutische Beschäftigungsveranstaltung. Kein Unternehmer geht in seinen Laden und fragt sich: ›Wie schaffe ich neue Arbeitsplätze?‹ Er fragt sich stattdessen: ›Wie kann ich möglichst effizient produzieren und wie rationalisieren? Wie kann ich das Optimale für meine Kunden schaffen?‹ Aufgabe der Wirtschaft, abgesehen von der Güterproduktion, ist es, die Menschen von Arbeit zu befreien.«

Zum Thema Arbeitslosigkeit und staatliche Fürsorge hat Werner eine klare, allerdings auch harte Position: »Dieses manische Schauen auf Arbeit macht uns alle krank. Und was ist denn Hartz IV? Hartz IV ist offener Strafvollzug. Es ist die Beraubung von Freiheitsrechten. Hartz IV quält die Menschen, zerstört ihre Kreativität ... Wir brauchen kein Recht auf Arbeit, wir brauchen ein Recht auf Einkommen.«

Inzwischen hat es der thüringische Ministerpräsident Dieter Althaus sogar geschafft, sein Modell eines Bürgergeldes zu einem der zentralen Punkte in der CDU-Programmdebatte zu machen. Ihm schwebt ein »solidarisches Bürgergeld« vor, 800 Euro für jeden pro Monat. Wissenschaftler haben nachgerechnet. Sie kommen auf eine Belastung des Staatshaushalts in Höhe von 165 Milliarden Euro. »Das ist nicht zu stemmen«, warnt Hilmar Schneider, der Direktor des Instituts zur Zukunft der Arbeit (IZA).
Auch die SPD übt heftige Kritik, wenn es darum geht, Geld zu zahlen ohne Leistung. Die Partei will nicht von der arbeitszentrierten Leistungsgesellschaft lassen. So sagt der SPD-Generalsekretär Hubertus Heil, dass es sich bei den CDU-Plänen für ein Grundeinkommen für alle Bürger in Höhe von 800 Euro um eine »konservative Stilllegungsprämie« handele. Menschen würden einfach aufgegeben, als nutzlos abgestempelt, in die Sackgasse geschoben und mit Geld abgefunden. Die SPD hingegen setzt ihm zufolge darauf, ihnen immer wieder die Chance zu geben, durch ihre eigene Leistung und Arbeit voranzukommen. Die SPD definiert all jene als Leistungsträger, die, wenn auch in einem noch so kleinen Rahmen, einen Beitrag für ihr persönliches und das Fortkommen der Gesellschaft erbringen wollen. Dies würde aber durch ein Bürgergeld verhindert, weshalb es ebenso leistungsfeindlich wie unsozial sei.
In der SPD klammert man sich an die Vorstellung, dass die Politik wieder eine Vollbeschäftigungsgesellschaft herstellen kann. Man müsse der Politik nur genügend Möglichkeiten geben, in das Leben der Menschen reglementierend einzugreifen und sie –

mit welchen Methoden auch immer – zwingen, das zu tun, was andere für gut und richtig halten. Da ist kein Konsens möglich.
Die einen – wie Götz Werner – schauen auf die Fakten und glauben, dass mehr Menschen das Richtige tun werden, wenn man ihnen die Freiheit gibt und sie von finanziellen Zwängen befreit. Die anderen meinen, dass man die Fakten nach Belieben verändern kann, wenn man den Herrschenden nur genügend Kompetenzen einräumt. Sie glauben aber auch, dass der Einzelne ohne staatliche Hilfe nicht in der Lage ist, für sich selbst die richtigen Entscheidungen zu treffen.
Das Institut zur Zukunft der Arbeit hat ein anderes Modell entworfen, das den Arbeitslosen den Weg zurück zur bezahlten Arbeit erleichtern soll. »Workfare« heißt das Konzept. Dabei soll eine Grundsicherung nur dann gezahlt werden, wenn die Betroffenen als Gegenleistung einer gemeinnützigen Arbeit nachgehen, nicht nur ein paar Stunden, sondern eine ganze Arbeitswoche lang. Dem IZA zufolge würde dies Anreize schaffen, eine etwas besser bezahlte, reguläre Arbeit anzunehmen. Außerdem hätten die Menschen keine Zeit für die Schwarzarbeit. Nur gibt es dabei ein Problem: Die zu schaffenden vielen gemeinnützigen Arbeitsplätze würden natürlich den ersten Arbeitsmarkt beschädigen. Wie bei vielen dieser Modelle ist keine Patentlösung in Sicht. Aber immerhin werden die Menschen aus der Rolle des zur Passivität Verurteilten herausgeholt und zum aktiven Handeln angeleitet.

Die Zukunft der Unternehmenswelt

Zwei Mal in der Woche startet so etwa um 22 Uhr eine Frachtmaschine der Lufthansa in Nairobi. Zwei Mal wöchentlich, zwischen Oktober und April. Sie ist am Vortag fast leer aus Frankfurt gekommen (wer exportiert schon Güter in das arme Kenia?). Die Piloten haben übernachtet, während die Maschine beladen wurde. Der Lademeister schaltet vor dem Start die Kühlanlage ein: So etwa zwei bis fünf Grad plus sollten im Laderaum herrschen. Dann geht es los, Richtung Frankfurt. Morgens um sechs Uhr landet die Maschine. Sie wird schon erwartet von einer Flotte von Lastwagen. Und die geheimnisvolle Fracht? Maschinen? Teure Textilien? Exotische Waren? Von wegen! Das Flugzeug transportiert ausschließlich Blumen – einfache Blumen, verschiedene Sorten, die bei Nairobi auf großen Farmen angebaut werden. Die Kartons werden schnell verladen und auf Lastwagen in ganz Westeuropa verteilt. Blumen! Per Luftfracht!

Die beiden großen Antriebskräfte, die die Wirtschaft und die Unternehmen tiefgreifend verändern werden, sind die Klimaveränderung und die Entstehung von Weltmetropolen. Vielleicht mögen viele der Leser die Worte Klimaveränderung und Klimaschutz schon nicht mehr hören. Diese Themen wurden von

uns in den Medien reichlich strapaziert. Aber es gab und gibt ja auch reichlich Anlässe dafür.
Im Jahr 2006 war der Sommer am Anfang zu kalt, und es wurde gefragt, ob jetzt eine neue Eiszeit kommt. Dann wendete sich das Blatt. Der Sommer wurde heißer als in den Jahren zuvor. Nun stellte sich die Frage, ob Deutschland zur Wüste werden könnte. Und als dann auch noch der Herbst untypisch warm verlief, meldeten sich schon wieder die Bedenkenträger. Jeder Wirbelsturm und jedes Hochwasser wird zum Anlass genommen, über Klimaveränderungen zu philosophieren und sie für die eigenen Interessen zu instrumentalisieren.
Die Atomindustrie fordert hurtig den Erhalt bestehender und Bau neuer Kernkraftwerke. Die Windkraftindustrie fordert Subventionen, um auch die letzten Naturlandschaften in Deutschland mit ihren Propellern bebauen zu dürfen. Verbraucherschützer mahnen, Elektrogeräte nicht im Stand-by-Betrieb laufen zu lassen, um Strom zu sparen, und sektiererische Radfahrer wollen den Benzinpreis auf fünf Euro pro Liter angehoben sehen. Die wirtschaftliche Interessenlage ist im Bezug auf Klimawandel und Klimaschutz in der Öffentlichkeit höchst kleinteilig und gespalten. Dabei werden einerseits die großen globalen Entwicklungslinien übersehen und andererseits auch die immer enger werdende Verzahnung der verschiedenen Wirtschaftbereiche miteinander.
Die globale Erwärmung gibt es tatsächlich. Bestritten wird sie jetzt nicht mehr. Sie hat zur Folge, dass wir es mit immer extremeren Wetterlagen und Naturphänomenen zu tun bekommen werden. Das bedeutet für die Energiewirtschaft, dass sie ihre Leis-

tungsfähigkeit steigern muss. Immer größere Teile der Städte werden sich in vollklimatisierte Regionen verwandeln müssen.

Ein gutes Beispiel dafür? Da ist das Shopping-Center Toronto Underground in Kanada. Die Sommer sind hier ebenso heiß wie die Winter kalt. Ein florierender Einzelhandel, wie wir ihn aus deutschen Fußgängerzonen kennen, ist nur an wenigen Monaten des Jahres möglich. Deswegen wurde Toronto Underground erbaut. Die Einkaufsmeile erstreckt sich teils unterirdisch, aber auch oberirdisch auf verschiedenen Ebenen über mehrere Kilometer und ist überdacht und vollklimatisiert. Im Sommer angenehm kühl und im Winter warm, kann man ungestört dem Einkaufsvergnügen nachgehen. Toronto Underground ist so groß, dass die einzelnen Teile durch Laufbänder und U-Bahn-Stationen miteinander verbunden sind. Ursprünglich waren es mehrere einzelne Zentren, die aber heute zu einer kleinen Stadt unter einem Dach zusammengewachsen sind, geöffnet fast rund um die Uhr.

Es geht aber nicht nur darum, mehr und effizienter elektrische Energie zu erzeugen, sondern auch auf klimaverträglichere Weise. Neue Technologien wie die Wasserstofftechnik müssen entwickelt und serienreif gemacht werden. Neue und effizientere Kraftwerke müssen gebaut werden, um die entstehenden Megastädte mit Strom versorgen zu können.

Schon heute gibt es klimabedingte Versorgungsengpässe beim Wasser. Diese Wassernot wird in Zukunft noch zunehmen. Auch hier wird die Wirtschaft neue Lösungen bereitstellen müssen. Von der Wassernot zur Frage, wie sich im globalen Maßstab die Landwirtschaft verändern wird, ist es nur ein kleiner Schritt. Heute noch blühende Landschaften werden sich binnen weniger Jahre in Wüsten verwandeln und dort, wo heute noch Permafrost herrscht, wird schon bald eine neue und andere Vegetation entstehen. Ein zynischer Witz der Klimaforscher sagt den Anbau der Rotweinrebe Cabernet-Sauvignon in Norwegen vorher.

Durch das Schmelzen der Gletscher und der Polkappen werden wir neben dem Mangel an Süßwasser noch eine andere Form von Wassernotstand bekommen. Der steigende Meeresspiegel wird die Küsten und besonders die großen Städte an den Küsten dramatisch bedrohen. Schutzmaßnahmen werden Milliarden Euro verschlingen. Wer davon profitiert, ist die internationale Bauwirtschaft.

1950 lebte nur ein Drittel der damaligen Weltbevölkerung in Städten, also 900 Millionen Menschen von 2,7 Milliarden. Der größte Teil der Menschheit verteilte sich auf dünn besiedelte Gebiete. Im Jahr 2003, als die Weltbevölkerungszahl 6,3 Milliarden betrug, lebte bereits die Hälfte der Menschen in Städten. Besonders in den Küstenregionen steigt die Bevölkerungsdichte immer weiter an. Heute leben schon 3 Milliarden Menschen in einem Streifen von nur 200 Kilometer Breite entlang der Küsten und bis zum Jahr 2035 wird sich hier die Bevölkerungszahl noch einmal verdoppeln. 6 Milliarden Menschen von 8,4 Milliarden weltweit werden in der Nähe der Ozeane und Meere leben. Umso stärker werden die Konsequenzen durch den Anstieg des Meeresspiegels spürbar sein.

Aber nicht nur der Klimawandel sorgt für einen Boom bei den Großprojekten, auch die riesigen Metropolen verlangen nach neuen Lösungen. Städtebau- und Infrastrukturprojekte, sei es bei der Verkehrsanbindung oder im Bereich der Versorgung, lassen die Bauaktivitäten in den Zentren der Welt sprunghaft steigen. Dafür werden die Menschen große Flächen verlassen. Zunächst erfolgt dort ein Abbau der öffentlichen Einrichtungen und dann werden sich diese Gebiete zu einer neuen Wildnis entwickeln.

Das geschieht nicht nur weltweit, sondern im kleineren Maßstab auch in Deutschland. Für die Zeit ab dem Jahr 2020 werden für Deutschland die unübersehbaren Ergebnisse einer kräftigen inländischen Wanderungsbewegung vorhergesagt. Ökonomische und demografische Entwicklungen sowie Klimaveränderungen setzen Impulse. So werden weite Teile Ostdeutschlands künftig menschenleer sein, mit verrottenden Infrastruktureinrichtungen, aufgegebenen Schulen und brachliegenden Feldern. Dagegen werden die erfolgreichen Städte im Westen Zuwachs erfahren. Auch die demografische Entwicklung trägt dazu bei, dass sich Menschen – sofern sie sich das leisten können – in Deutschland eher auf die »schönen« Städte konzentrieren als auf das trübe Land.

In China haben sich seit der letzten großen Volkszählung im Jahr 2000 rund 70 Millionen Menschen in den Städten niedergelassen. Dort leben nun 562 Millionen Menschen oder 43 Prozent der Gesamtbevölkerung. Im Jahr 2010 wird es in China 125 Millionen-Städte geben, davon werden rund 50 mehr als 2 Millionen Einwohner haben. Etwa 300 Millionen Bauern werden in den nächsten 20 Jahren in China in die Städte ziehen.

Schon heute sind die Versorgungsprobleme dieser Städte gewaltig. Doch deren größtes Problem sind die Müllberge. 400 von 688 chinesischen Städten sind von Müllbergen umgeben. 70 Prozent des Mülls wird nur bis vor die Stadttore transportiert und dort deponiert oder unter offenem Himmel verbrannt. Müllverbrennungsanlagen und ausgetüftelte Entsorgungskonzepte mit Abfalltrennung, wie wir es kennen, sind dort vielleicht nicht unbekannt, aber auf jeden Fall unter den heutigen Bedingungen nicht zu realisieren.

Die großen Weltmetropolen werden die Spaltung zwischen Arm und Reich noch weiter vertiefen. Ländliche Gebiete werden menschenleer und wahrscheinlich noch ärmer werden als heute, während in den großen Städten die Kluft zwischen den im Luxus lebenden Reichen und den vielen Armen, die der Oberschicht zuarbeiten müssen, noch wächst.

Der weltweite Konsum wird weiter steigen, allerdings mit ganz unterschiedlichen Zielsetzungen. Auf der einen Seite stehen dann extrem hochwertige und teure Produkte und auf der anderen Seite massenhaft Billigwaren, die bis in die letzten Winkel der Welt transportiert werden müssen. Davon profitieren die so genannten Logistikdienstleister, die ebenfalls überproportionales Wachstum aufweisen werden.

Der Klimawandel bedroht die Weltwirtschaft

Im Oktober 2006 legte die britische Regierung einen Bericht über die wirtschaftlichen Auswirkungen des Klimawandels vor. Das Ungewöhnliche daran war,

dass es diesmal kein Klimaforscher war, der sich darum bemühte, seine Zukunftsprognosen plausibel zu begründen, sondern es war der ehemalige Chefvolkswirt der Weltbank Sir Nicholas Stern, der auf 700 Seiten penibel vorrechnete, welche Kosten und Folgekosten auf die Menschen zukommen, wenn sie den Ausstoß von Kohlendioxid (CO_2) nicht stoppen, sondern alles so weiter laufen lassen wie bisher.
Wird der bisherige Weg fortgesetzt, erhöht sich der CO_2-Ausstoß bis 2030 gegenüber heute um die Hälfte und verdoppelt sich bis zum Jahr 2050. Die Folgen wären eine Erderwärmung, die durch Dürren und Überflutungen bis zu einer Milliarde Menschen aus ihrer Heimat vertreiben würde. Die dadurch entstehenden Schäden würden die Weltwirtschaft um 7000 Milliarden Dollar schrumpfen lassen. Und das bedeutet, dass auch der persönliche Konsum in den Industrieländern um 5 bis 20 Prozent zurückgehen könnte.
Jede Tonne CO_2, die in die Atmosphäre geblasen wird, verursacht Schäden in Höhe von 85 Dollar. Die Kosten für die Vermeidung dieser Emission liegen aber nur bei 25 Dollar je Tonne CO_2. Langfristig gesehen, ist es also billiger, nicht so weiterzumachen wie bisher. Der Einstieg in die Niedrig-Kohlendioxid-Wirtschaft würde lediglich 1 Prozent des Weltsozialproduktes kosten und wäre gleichzeitig ein gigantisches Konjunkturprogramm. Der weltweite Markt für CO_2-arme Techniken könnte bis 2050 einen Wert von 500 Milliarden Dollar erreichen.
Gehen wir einmal davon aus, dass Wirtschaft und Politik vernünftige Wege beschreiten, die Probleme ernst nehmen und Gegenmaßnahmen ergreifen. Al-

les andere führte zu Horrorszenarien, die so lange niemand würde wahrhaben wollen, bis sie Wirklichkeit geworden sind. Wassermangel auf der einen Seite und verheerende Überschwemmungen auf der anderen wären die Folgen für die hoch entwickelten Länder der nördlichen Halbkugel. Verheerende Wirbelstürme würden Schäden ungeahnten Ausmaßes anrichten und Hitzewellen, wie wir sie im Jahr 2003 erlebten, Tausende von Todesopfern fordern und die Landwirtschaft nachhaltig beeinträchtigen.

Aber es gibt ja schon die Planungen, was zu tun sein wird, wenn das kommt, was der Mensch verursacht hat. Das Umweltbundesamt hat in seinem Hintergrundpapier »Anpassung an Klimaänderungen in Deutschland« sehr sachlich und genau aufgelistet, welche möglichen Wirkungen der Klimawandel in Deutschland haben wird. Durch Hitzewellen, Stürme, Überschwemmungen, Lawinen und Erdrutsche ist vermehrt mit Unfällen, Verletzungen und Erkrankungen zu rechnen. Auch werden sich durch die Erwärmung vorhandene und neue Infektionskrankheiten stärker ausbreiten. Die Leistungsfähigkeit des Gesundheitswesens muss also gestärkt werden, will man diesen neuen Herausforderungen begegnen.

Gleichzeitig ist die Bauindustrie gefragt. Da geht es um vorbeugende Schadensbegrenzung an Gebäuden, um bessere Klimatisierungen, um Hochwasserschutz. Straßen und Ortschaften in gefährdeten Gebieten müssen gegen Lawinen und Erdrutsche gesichert werden.

Bei der Landwirtschaft werden in den trockenen Gebieten Ost- und Südwestdeutschlands die Ernteerträge zurückgehen. Dadurch werden sich die Preise von

Lebensmitteln erhöhen, denn auch bei den Importen kann es zu Engpässen kommen.
Gerade wird in Deutschland Holz als CO_2-neutraler Brennstoff neu entdeckt. Schon gehen die Preise in die Höhe. Erwärmt sich aber das Klima, nimmt die Waldbrandgefahr zu und die zunehmende Zahl von Schädlingen wird den ohnehin strapazierten Wald noch stärker dezimieren.
Während im Winter und im Frühjahr immer mehr Regionen entlang der großen Flüsse mit Hochwasser zu kämpfen haben werden und entsprechende bauliche Vorsorge betreiben müssen, wird das Niedrigwasser im Sommer dazu führen, dass der Grundwasserspiegel sinkt. Trinkwasser wird knapp werden.
Beim Flugverkehr werden sich nicht nur extreme Wetterlagen störend auswirken, sondern auch veränderte Luftströmungsverhältnisse zu Beeinträchtigungen führen. Fliegen kann also teurer, riskanter und unzuverlässiger werden.
Auch wenn der Wintersport nicht gerade ein zentrales Problem des Klimawandels ist, so gibt es doch in Deutschland ganze Regionen, die davon leben. Fällt die Schneesaison immer häufiger aus, ist der wirtschaftliche Niedergang ganzer Tourismusregionen programmiert. Da helfen dann auch keine Schneekanonen mehr. Im warmen Regen möchte niemand Ski fahren. Die Einzigen, die von den höheren Temperaturen tatsächlich einmal profitieren werden, sind die Badeorte an der Nord- und Ostseeküste. Aber ihre Mehreinnahmen werden nicht die Verluste im übrigen Deutschland kompensieren können.
Natürlich sind auch die Versicherungen und die Ver-

sicherungsnehmer vom Klimawandel betroffen. Eine zunehmende Anzahl von Schadensfällen bedeutet automatisch höhere Versicherungsleistungen. Die werden die Unternehmen über die Prämien wiederum auf die Verbraucher umlegen oder sie werden sich zunehmend weigern, vom Klimawandel verursachte Schäden zu übernehmen.

Selbst die Energiewirtschaft kann sich nicht wirklich über die höhere Nachfrage nach Energie freuen. Viele Kraftwerke, die auf das Kühlwasser der Flüsse angewiesen sind, werden durch Hoch- oder Niedrigwasser in ihrer Leistungsabgabe beschränkt werden. Starkwind oder Starkregen sowie bis heute kaum gekannte Eislasten strapazieren die Fernleitungen. Kostproben haben wir schon gehabt. In Zukunft könnte es dicker kommen, und kleinere Städte, Gemeinden oder Landkreise werden vielleicht manchmal für Tage von der Energieversorgung abgeschnitten sein.

Wohl gemerkt: Dies sind nur die sachlichen Szenarien. Die Schwarzmaler sehen Schlimmeres vorher. Aber Weltuntergangsstimmung will ich nicht verbreiten.

In den Städten wird das ganze öffentliche Leben immer häufiger zum Stillstand kommen. Entweder weil es einfach zu heiß ist oder weil die Kanalisation die Regenfluten nicht mehr bewältigen kann und ganze Stadtteile unter Wasser stehen.

Profitieren wird von der Klimaveränderung in erster Linie die Branche der Gebäudetechnik. Zurzeit sind die meisten deutschen Häuser, vom Einfamilienhaus über die Wohnblocks in den Städten bis hin zu den meisten großen Bürozentralen und Fabrikhallen, nicht auf die starke Hitzebelastung der Zukunft und die stärkere Sonneneinstrahlung ausgelegt. Hier wird eine umfassende Nachrüstung notwendig, deren Kosten die breite Masse der Verbraucher über höhere Preise, höhere Mieten und steigende Immobilienpreise zu bezahlen hat.

Was man dagegen tun könnte, wird vielen Menschen nicht gefallen. Die Erhebung von Straßengebühren oder Extrasteuern auf Flüge wären nur einige der Maßnahmen, die eine breite Masse treffen würden. Kein Wunder, dass Bundesumweltminister Sigmar Gabriel versucht, eine dritte industrielle Revolution auszurufen.

Wenn China zur Werkbank der Welt wird und Russland zur Zapfsäule der Welt, wenn Indien sich zum globalen Dienstleister entwickelt und Brasilien das Rohstofflager und der globale Farmer der Welt wird, dann könnte Deutschland der Energieeffizienz- und Umwelttechniker werden. Schon jetzt haben wir in Sachen Umwelt einen Vorsprung erarbeitet. Wenn wir da weitermachen, könnte es gelingen, Wohlstand und Beschäftigung weiter zu sichern. Wir stehen vor einer neuen Ära bei der ökonomischen Bewertung des Klimawandels. Und wenn alle Länder mitmachen würden, könnte Deutschland davon sogar überproportional profitieren.

Jetzt schon stammen 19 Prozent der Umwelttechnologien weltweit aus Deutschland. Hierzulande sind 1,5 Millionen Menschen in der Umweltbranche beschäftigt und allein im Bereich der erneuerbaren Energien wurden in der Vergangenheit 170 000 neue Arbeitsplätze geschaffen.

Im Jahr 2010 will der Energiekonzern E.ON mit dem

Bau des modernsten Kohlekraftwerks der Welt beginnen. Es soll einen Wirkungsgrad von mehr als 50 Prozent haben und damit neue Maßstäbe bei der Effizienz und dem Klimaschutz setzen. Der technologisch nächste Schritt in der Kohleverstromung wird die Abtrennung des Klimagases CO_2 sein. Bis 2010 soll eine Pilotanlage zur CO_2-Abtrennung in Deutschland in Betrieb genommen werden, und parallel wird die Entwicklung eines CO_2-Speichers vorangetrieben.

Erfahrungen mit dieser neuen Technologie sammelt E.ON als Partner beim Bau eines CO_2-freien Kraftwerks in den USA, das bereits 2012 in Betrieb genommen werden soll. Aber natürlich schläft die Konkurrenz nicht. In Großbritannien ist zum Beispiel die Errichtung eines Kraftwerks mit CO_2-Speicherung in der Nordsee geplant.

Auch das Thema erneuerbare Energien ist für die großen Energiekonzerne kein rotes Tuch mehr. Man sieht durchaus wirtschaftlich interessante Chancen, seien es nun Windkraftparks auf dem Meer oder Biogasanlagen im Rahmen der Kraft-Wärme-Koppelung. Die meisten großen Konzerne haben gelernt, auch bei alternativen Energien genauer hinzuschauen und deren Chancen zu nutzen.

Der Energiekonzern BP steht für die Abkürzung von British Petroleum, aber die Marketingabteilung hat eine ganz neue Werbung entworfen und BP in »beyond petrol« umgetextet, also »nach dem Öl«. Das ist bemerkenswert. Das ist neu. Die alte Welt kennen wir eher so, wie sie uns in dem Erdölkonzern Exxon entgegenkommt, der unter anderem die Tankstellenkette Esso betreibt. Die Exxon-Leute haben im Jahr

2005 immerhin noch 2,9 Millionen Dollar an Gruppen und Verbände gezahlt, die den Klimawandel beziehungsweise die Rolle des Kohlendioxids bei der globalen Erwärmung infrage stellen. Es gibt also – wenn man so will – zwei Schulen nebeneinander: Die einen blicken in die Zukunft und suchen neue Wege, die anderen klammern sich an das althergebrachte Geschäftsmodell und hoffen, dass das noch möglichst lange gut geht.

Aber die Zeichen einer neuen Zeit mehren sich. Die Unternehmensberatung Roland Berger hat für das Bundesumweltministerium eine Studie erstellt, die zu dem Ergebnis kommt, dass die Umweltindustrie in den kommenden 15 Jahren die deutsche Automobilindustrie in ihrer Wirtschaftskraft überholen wird und zur Leitbranche der deutschen Wirtschaft aufsteigen könnte. Das wäre dann wieder ein Wunder in der Wirtschaft – zurzeit aber noch kaum vorstellbar. Der Umsatz der Umweltbranche wird sich bis zum Jahr 2030 versechsfachen, prophezeien die Unternehmensberater. Wollten nämlich die großen und wirtschaftlich extrem wachsenden Länder wie China den Zusammenbruch ihrer Infrastruktur verhindern, müssten sie 12 Prozent des Bruttoinlandsprodukts in Umwelttechniken wie Kläranlagen oder in erneuerbare Energien stecken. Weltweit wächst allein der Markt für erneuerbare Energien um 30 Prozent – pro Jahr! Solche Zahlen sollten die deutsche Wirtschaft und die deutsche Politik mobilisieren. Zurzeit tun sie das noch nicht.

Ohne Rücksicht auf Verluste – die Logistikbranche boomt

Weltweit sind Transport und Verkehr mit 14 Prozent an der globalen CO_2-Emission beteiligt. Daran wird sich auch nur schwer etwas ändern lassen, denn der Welthandel ist darauf angewiesen, Güter zu transportieren. Und noch immer wächst der Handel mit Gütern schneller als die Produktion. Im Jahr 2003 wurden weltweit Güter im Wert von 7274 Milliarden Euro gehandelt, 2005 ist die Summe aller Güterexporte bereits auf 10 171 Milliarden Dollar gestiegen. Ein Ende dieser Entwicklung ist nicht abzusehen.

Natürlich würden Klimaschützer es gern sehen, wenn die Zahl der Warentransporte zurückginge. Sie appellieren, nach Möglichkeit regionale Produkte zu kaufen. Ihre Rufe verhallen weitgehend ungehört, denn die Welthandelsströme haben sich in den vergangenen Jahren deutlich gewandelt. Der Handel mit agrarischen und bergbaulichen Rohstoffen wuchs nur halb so stark wie der mit Halb- und Fertigwaren aus der industriellen Produktion.

Dabei spielte die zunehmende Verlagerung von Fertigungsprozessen aus Westeuropa nach Ostasien eine ganz wesentliche Rolle. Auch wenn Deutschland zurzeit noch – wie man so sagt – Exportweltmeister ist, ein Viertel des gesamten Welthandels wird inzwischen schon im pazifisch-asiatischen Raum abgewickelt. Immerhin liegen inzwischen sechs der zehn größten Containerhäfen am Stillen Ozean. Die Schiffe werden immer größer und fahren immer öfter.

Die höchsten Zuwachsraten hat allerdings ein anderes Verkehrsmittel vorzuweisen: das Flugzeug. Die

Zeiten, als man die Luftfracht lediglich als Notlösung betrachtete, um dringend benötigte Ersatzteile zu transportieren, sind vorbei. Die typischen Luftfrachtgüter von heute sind meist besonders hochwertige Waren, die transportempfindlich oder besonders diebstahlgefährdet sind. Aber auch Modeartikel und andere saisonabhängige Waren werden heute ebenso wie lebende Tiere oder Früchte rund um den Globus geflogen.

Wenn es um die Tonnage geht, hat die Luftfracht am Welthandel zwar nur einen Anteil von weniger als 1 Prozent. Geht es aber um den Wert, so liegt der Anteil bei 30 Prozent. Da die Durchschnittspreise pro Kilo Luftfracht kontinuierlich zurückgehen, lohnt es sich heute sogar schon, Blumen aus Afrika nach Europa oder Küken für die Hühnerzucht in Hunderttausender-Partien von Europa nach Saudi-Arabien zu schicken. Bis 2010 erwartet man, dass die weltweite Luftfracht-Tonnage im Vergleich zu 2003 um die Hälfte auf 23 Millionen Tonnen gesteigert wird.

Heute steht der Flugverkehr als CO_2-Emmitent im Verkehrsbereich hinter dem Auto an zweiter Stelle. Spätestens im Jahr 2030 wird die weltweite Klimabeeinträchtigung durch den Flugverkehr größer sein als durch den Autoverkehr. Das Flugzeug ist also nach der Energieerzeugung und der Industrie der technische Klimaschädling Nummer 3 der Zukunft. Da aber niemand den Ausbau des Flugverkehrs stoppen möchte, setzt man die größten Hoffnungen auf neue, leichtere und antriebsoptimierte Flugzeugkonstruktionen.

So wird der Flughafen von Anchorage, der der viertgrößte Luftfrachtumschlagplatz der Welt ist, schon für den neuen Airbus A 380 Superfrachter ausgebaut. Das Gleiche gilt auch für das neue Drehkreuz in Guangzhou in China. Wenn es nicht gelingt, die durch Flugzeuge verursachten Schäden in der Atmosphäre drastisch zu verringern, bleibt nichts anderes übrig, als sie durch CO_2-Einsparungen am Boden zu kompensieren.

Automobilindustrie – wo bleiben die Innovationen?

Nicht nur im Bereich Luftfracht boomt der chinesische Markt. Experten gehen davon aus, dass das Land bis zum Jahr 2010 zum drittgrößten Absatzmarkt für Personenkraftwagen aufsteigen wird. Die Hauptphase der Massenmotorisierung wird zwischen 2015 und 2020 erwartet.

Chinas Städte sind schon heute weltweit am stärksten mit Smog und Staub belastet. Der Klimaschutz spielt hier nicht die Rolle wie in der übrigen industrialisierten Welt. Man ist sich auch noch nicht klar darüber, wie der Rohölmarkt die Nachfrage von Millionen zusätzlicher chinesischer Autofahrer verkraften soll. Zugunsten des Weltklimas werden die Chinesen ganz sicher nicht auf Mobilität und das Statussymbol Auto verzichten wollen. Sie machen es uns ja nur nach.

Allerdings könnte dieser riesige Markt ein Ansporn für die Automobilindustrie sein, einen Entwicklungssprung von der heutigen Motorentechnik in ein neues, innovatives Konzept zu wagen. Zu erkennen sind solche Lösungen in großen Stil aber leider noch nicht. Sicher bieten Erdgasfahrzeuge und Autos mit Hybridantrieben einen Vorteil für die Umwelt. Schließlich wird ja auch noch an so genannten Designerkraftstoffen und Biokraftstoffen gearbeitet. Aber ob sie im großen Stil schon bald Lösungen bieten erscheint fraglich. Zu halbherzig wurden bisher die Entwicklungen vorangetrieben.

Auch wenn VW ankündigt, ab dem Jahr 2010 mit Brennstoffzellensystemen Forschungsfahrzeuge antreiben zu können und ab 2020 einen alltagstauglichen Brennstoffzellenantrieb auf den Markt bringen zu wollen, dürfte das die globale Klimaentwicklung in den nächsten 20 Jahren kaum beeinflussen, denn auf der anderen Seite forcieren gerade die deutschen Autohersteller die Nutzung der abgasintensiven Logistikbranche, indem sie immer mehr Teile im Ausland produzieren lassen, die dann nach Deutschland transportiert werden müssen. Vom *Golf* stammen nur noch 50 Prozent aus deutscher Produktion und vom *Audi TT* sogar nur noch 30 Prozent.

Auch wenn in den USA der kalifornische Autohersteller Tesla Motors meldet, dass er jetzt einen zweisitzigen Roadster mit Elektromotor in Serie baut, ist das eher ein Modell für Sonderlinge oder kalifornische Reiche, die schon alles haben (auch den kraftstofffressenden Hummer). Für die Klimadiskussion ist das vollkommen ohne Bedeutung. Das 250 Stundenkilometer schnelle Auto kostet immerhin 100 000 Dollar, und es wurden bisher 100 Stück davon verkauft. Selbst wenn Tesla im Jahr 2009 einen viersitzigen Mittelklassewagen mit Elektromotor auf den Markt bringen wird: Den angepeilten Kaufpreis von

rund 50 000 Dollar wird ein Durchschnittsverdiener nirgendwo auf der Welt dafür bezahlen können.
Deutschland wird im Bereich des Klimaschutzes die Rolle eines Vordenkers, Antreibers, Lösungsentwicklers und Musterländles übernehmen können. Doch nützen wird das alles letztendlich nur wenig, weil die Entscheider über die Zukunft unseres Weltklimas anderswo sitzen. Deutschland erzeugte im Jahr 2004 rund 834 Millionen Tonnen energiebedingte CO_2-Emissionen. Das hört sich nach viel an. Es sind aber nur 5,9 Prozent von dem, was die USA, China, Russland, Japan und Indien gemeinsam im selben Zeitraum in die Atmosphäre geblasen haben.
Selbst wenn in Deutschland überhaupt keine energiebedingten CO_2-Emissionen mehr entstünden, würde sich weltweit so gut wie nichts ändern. Wenn das Wunderland also in Zukunft Sonnenbrand bekommt, tragen andere die Verantwortung. Deutschland kann nur versuchen, die Verursacher – allen voran die USA, China und Russland – davon zu überzeugen, ihr Verhalten zu ändern.

Die Knotenpunkte der Weltwirtschaft

Der Trend, dass sich immer mehr Menschen in den Ballungsgebieten der Welt zusammenfinden, wird auch in den nächsten Jahrzehnten ungebrochen sein. Die Größe einer Stadt und ihrer Umgebung allein ist zwar nicht ausschlaggebend für ihre wirtschaftliche oder internationale Bedeutung, doch sie ist immerhin ein Indikator, um zukünftige Entwicklungen abschätzen zu können. An einem Ort, wo viele Menschen

leben, werden die Unterschiede zwischen Arm und Reich vielleicht nicht immer am sichtbarsten, aber auf jeden Fall am größten sein. Wo viele Menschen leben, werden auch viele unterschiedliche Lebensstile verwirklicht, und es entstehen neue Trends.
Viele Menschen an einem Ort bedeuten auch immer viele Arbeitskräfte, viele Talente und viel Konsum. Immerhin entfallen fast 60 Prozent der weltweiten Wirtschaftsleistung auf den privaten Konsum. Der Konsument ist nach wie vor die Schlüsselfigur in der Wirtschaftsentwicklung.
Der Begriffwirrwarr bei der Beschreibung dieser Ballungsgebiete ist groß. Zumindest der Begriff »Großstadt« hat ausgedient. Er beschreibt in Europa Städte mit einer Mindesteinwohnerzahl von 100 000 Einwohnern. Der Autor lebt in Mainz, einer Stadt mit über 200 000 Einwohnern, also nach unserer Begriffswelt eine Großstadt. In China wäre eine vergleichbare Stadt ein Provinznest. Mit »Metropole« bezeichnet man eine Großstadt, die eine bedeutende Zentralfunktion hat. »Megalopolis« meint eine ganze Städteballung, die auch als »Agglomeration« bezeichnet wird. Die Amerikaner machen es sich da einfacher. Sie sprechen schlicht von »Supercitys«, wenn sie die weltweit größten Ballungsgebiete meinen, oder von »Global Citys«, wenn es darum geht, welche Bedeutung von einer bestimmten Stadt in Hinblick auf Wirtschaft, Kultur und Politik ausgeht.
Im Jahr 2006 war Tokio mit einer Bevölkerung von 35,5 Millionen Menschen die größte Supercity der Welt, und sie wird es auch noch im Jahr 2020 sein, wenn sie 37,3 Millionen Einwohner haben wird. Auf Platz 2 stand 2006 Mexiko City mit 19,2 Millionen

Einwohnern und auf Platz 3 Mumbai, das frühere Bombay, mit 18,8 Millionen, knapp gefolgt von New York mit 18,7 Millionen Einwohnern.
Die erste europäische Stadt unter den größten Städten des Jahres 2006 war Moskau auf Platz 19 mit knapp 11 Millionen Einwohnern, gefolgt von Paris mit knapp 10 Millionen auf Platz 22 und London mit 7,6 Millionen Einwohnern auf Platz 28. Als erste deutsche Region folgt auf Platz 34 das Ruhrgebiet von Dortmund bis Bochum mit zusammen 6,5 Millionen Einwohnern.
In dieser Rangliste wird es bis 2020 Verschiebungen geben. Nach Tokio auf dem Platz 1 werden Mumbai und Delhi in Indien mit jeweils knapp 26 Millionen Einwohnern folgen. New York wird mit 20,5 Millionen Einwohnern auf Platz 9 abrutschen und Moskau auf knapp 12 Millionen anwachsen und damit unverändert Platz 19 belegen. Paris bleibt ungefähr dort, wo es ist, und auch die Londoner Einwohnerzahl wird sich kaum verändern. Nur wird London dann von Platz 28 auf Platz 42 abgerutscht sein, weil die Städte in Asien einfach schneller wachsen. Das Ruhrgebiet landet dann auf Platz 47, ohne dass die Einwohnerzahl gravierend wächst. Deutsche Städte wie Köln, Leipzig oder Frankfurt spielen in dieser Liga nicht mit.
Interessant wird es, wenn man die am schnellsten wachsenden Städte der Welt betrachtet. Eine relativ unbekannte Stadt im Süden Chinas, Beihai, die 2006 noch eine moderate Bevölkerung von 1,4 Millionen hatte, wird bis zum Jahr 2020 auf 5,8 Millionen Einwohner gewachsen sein. Das hängt mit ihrer günstigen Lage innerhalb Chinas zusammen. Die jährliche

Bevölkerungswachstumsrate beträgt in Beihai 10,6 Prozent.

Keine der fünfzig am schnellsten wachsenden Städte liegt in Europa; sie befinden sich fast ausschließlich in Asien, Afrika und Südamerika. Eine Ausnahme ist Toluca in Mexiko. Und besonders bemerkenswert ist, dass in den USA einzig und allein Las Vegas ein Bevölkerungswachstum hat, das über 3 Prozent liegt. Was die Menschen in diese künstliche Stadt mitten in der Wüste zieht, ist vielleicht die Tatsache, dass viele Ältere das warme Klima schätzen. Außerdem ist Las Vegas weltweit für sein Glücksspiel berühmt und zieht deshalb immer mehr Touristen an, die umsorgt werden wollen.

Schnelles Wachstum ist immer die Triebkraft für Veränderungen und Fortschritt. Auch wenn in den Randgebieten der Supercitys der Zukunft, mit Ausnahme von Tokio, vielleicht Millionen Menschen in erbärmlichen Hütten unter katastrophalen hygienischen Verhältnissen hausen werden – in den Zentren wird ein bis dahin nie gekannter Reichtum und Wohlstand blühen. Der Kontrast zwischen den futuristischen Hochhäusern und den sich über viele Quadratkilometer ausbreitenden Slumgebieten könnte gar nicht größer sein. Weder in Deutschland noch im westlichen Europa wird es jemals solche Gegensätze geben. In den Staaten des früheren Ostblocks und auf dem Balkan kann es allerdings schon anders aussehen.

Die Liste der teuersten Städte der Welt hält einige Überraschungen bereit. Auf Platz 1 steht nicht mehr wie in den Jahren zuvor Tokio, sondern Moskau. Wenn man die (schon recht hohen) Lebenshaltungskosten in New York mit einer Punktzahl von 100 ansetzt, dann liegt Moskau mit 123,9 Punkten an der Spitze. Auch wenn Kriminalität und Korruption in Moskau die wirtschaftliche Entwicklung behindern, laufen dort alle Fäden des weltweit größten Rohstoffmarktes zusammen.

In Moskau leben inzwischen nach New York die meisten Milliardäre der Welt. Das Vermögen der 36 russischen Milliardäre entspricht 24 Prozent des russischen Bruttosozialprodukts. Kein Wunder, dass sie heute weltweit auf Einkaufstour gehen und sich Fußballvereine kaufen wie Normalbürger eine Tafel Schokolade.

Wie teuer Moskau ist, sieht man an den Grundstückspreisen: 3800 US-Dollar für einen Quadratmeter in den Außenbezirken. Aber das ist fast noch ein Schnäppchen, verglichen mit den 7000 US-Dollar in der Innenstadt. Möchte man eine Luxuswohnung erwerben, sollte man sich auf einen Quadratmeterpreis von 40 000 US-Dollar einstellen.

Auch wenn Moskau zur Zeit noch überwiegend aus alten Gebäuden besteht, die zum Teil mit viel Aufwand renoviert werden, entsteht dennoch mit Projekten, wie dem Moscow International Business Center (MIBC) eine neue Moskauer City, in der Büros, Geschäfte und Wohnungen kombiniert werden. Natürlich hat Moskau auch den Ehrgeiz, eines Tages das höchste Gebäude der Welt zu beherbergen, den Russia Tower. Bis dahin soll der 2007 fertiggestellte Federation Tower immerhin das höchste Gebäude in Europa sein. Dieser Hang zur Gigantomanie war bisher nur in den USA und in Asien zu finden, wo der Wettbewerb um das höchste Gebäude schon fast skurrile Formen angenommen hat.

Wenn es um die Lebenshaltungskosten geht, mag es für uns Deutsche beruhigend sein, dass Leipzig als Europas billigste Stadt in der Rangliste auf Platz 123 gelandet ist. Wenn allerdings hohe Lebenshaltungskosten ein Indikator für Zukunftsorientierung ist, dürfte das weniger beruhigend sein. Frankfurt am Main liegt als teuerste Stadt Deutschlands auf Platz 61, gefolgt von Düsseldorf, München, Berlin und Hamburg. Verglichen mit New York (100 Punkte), erreicht Frankfurt inzwischen nur noch 80,5 Punkte und ist gegenüber dem Vorjahr um 30 Plätze abgestiegen.

Während die Spitzengruppe mit Moskau, Seoul, Tokio, Hongkong, London, Osaka, Genf, Kopenhagen, Zürich, Oslo und New York in einem dichten Feld zusammenblieb, hat sich in der Mitte einiges geändert. Besonders das Leben in den chinesischen Städten wurde deutlich teurer.

So ist es auch kein Wunder, wenn der deutsche Handelskonzern Metro, weltweit die Nummer 3, die Zahl seiner Märkte in China in den kommenden vier Jahren verdoppeln will. Man will dort pro Jahr sechs bis zehn neue Großhandelsmärkte eröffnen. Zur Zeit ist der deutsche Handelsriese in neunundzwanzig chinesischen Städten mit dreiunddreißig Großmärkten vertreten. Bisher hat die Metro in China 500 Millionen Euro investiert und wird diese Summe in Zukunft verdoppeln. Die Kosten für einen neuen Markt liegen in der Volksrepublik China bei 15 bis 20 Millionen Euro. Wie groß der chinesische Markt für Konsumgüter ist, sieht man daran, dass selbst der Weltmarktführer WalMart mit einem Umsatz von 1 Milliarde Euro und 66 Märkten in China nicht einmal unter die 20 größ-

ten Anbieter kommt. Der größte ausländische Handelskonzern in China ist die französische Carrefour-Gruppe mit einem Umsatz von 1,8 Milliarden Euro. Aber anders als Carrefour und WalMart will sich Metro nicht auf den Einzelhandel konzentrieren, sondern als Großhändler agieren. Wie in Deutschland müssen die Kunden des Großhandels auch in China ein Gewerbe nachweisen. In den kommenden Jahren möchte Metro in Asien 10 Prozent seines Gesamtumsatzes, der weltweit bei 56 Milliarden Euro liegt, erzielen.
China wird immer wichtiger für deutsche Unternehmen. Dies zeigt sich beispielsweise auch in der Baubranche: Das Frankfurter Architektenbüro AS & P könnte nach eigenen Angaben allein von Aufträgen auf dem deutschen Markt nicht mehr leben. In China gibt es für die Architekten aber Projekte, wie sie in Deutschland nicht mehr denkbar sind. So hat das Architektenbüro den Auftrag, in der Region Changchung eine Autostadt zu bauen, die Platz für fünf neue Autofabriken und Wohnraum für 300 000 Menschen bieten soll. Bis zum Jahr 2020 soll diese Stadt zum Detroit des Ostens (also zur Auto-Metropole) werden. Hier sehen wir auch schön die Ambivalenz: Was deutschen Architekten und Bauunternehmen auf Jahre hinaus Arbeit gibt, muss der westlichen Autoindustrie künftig Sorgen machen.
Bis 2025 werden in China mehr als 100 neue Städte entstehen. Auch in Indien boomt die Bau- und Immobilienbranche. Zurzeit fehlen für die dort entstehende Mittelklasse rund 100 Millionen Wohnungen, und bis zum Jahr 2010 sollen 600 neue Einkaufszentren gebaut werden.

Was den Indern allerdings im Vergleich zu den Chinesen fehlt, sind Straßen. Fast die Hälfte aller Straßen sind ungeteerte Schotterwege. Sechsspurige Autobahnen, wie sie die Chinesen bauen, gibt es so gut wie gar nicht. Weder Verkehrsschilder noch Ampeln regeln den Verkehr. Das wird aber alles angesichts des rasanten Wachstum dringend benötigt. Mitschuld an den mit Schlaglöchern gepflasterten Straßen hat sicherlich auch das Klima. Jedes Jahr spült der Monsunregen aufs Neue ganze Straßenzüge einfach weg. Zwar will die heimische und die internationale Autoindustrie bis zum Jahr 2016 über 40 Milliarden Dollar in Indien investieren, bloß weiß zurzeit noch niemand, wo diese Autos eigentlich fahren sollen. Heute sind noch fast 80 Prozent der indischen Verkehrsteilnehmer mit zwei Rädern unterwegs. Dass die Automobilindustrie überhaupt in Indien investiert, liegt an den hohen Einfuhrzöllen, die Autos aus dem Ausland um 25 Prozent teurer machen.

Natürlich gibt es auch schon im heutigen Indien eine Oberschicht, die Luxusfahrzeuge kauft. Selbst ein Rolls-Royce-Händler macht gute Geschäfte, weil er immerhin pro Woche ein Fahrzeug absetzt; für diese Fahrzeugkategorie ist das viel. Aber ein Auto kaufen und ein Auto fahren sind in Indien zweierlei. Teure Fahrzeuge dienen der Repräsentation und sind eigentlich nur Sammlerstücke, denn wer möchte mit seinem BMW oder Mercedes, der über 100000 Euro gekostet hat, schon in einem Schlammloch versinken und sich von einem Arbeitselefanten herausziehen lassen? Da ist also jede Menge Bedarf. Die indischen Regionalregierungen planen den Bau von 400 neuen Städten, die jeweils rund 500000 Ein-

wohner haben sollen. Die internationalen Hoch- und Tiefbaukonzerne stellen sich darauf ein. Die Deutschen sind dabei, sofern sie groß genug sind und weltweit operieren können.
Verglichen damit sieht es in der mittelständisch geprägten deutschen Baubranche traurig aus. Die traditionell unternehmergeführten Betriebe des Baugewerbes müssen ein immer kleiner werdendes Geschäft untereinander aufteilen und sich immer häufiger gegen die Konkurrenz aus den neuen EU-Staaten Osteuropas zur Wehr setzen. Der Zentralverband des deutschen Baugewerbes erwartet auch für die Zukunft lediglich einen geringeren Umsatzrückgang als im Jahr 2005.
Bessere Chancen als im eigentlichen Hausbau gibt es allerdings im Ausbaugewerbe, also Heizung, Klima, Lüftung und Sanitär. Dieser Bereich hat in den vergangenen Jahren immer mehr zugelegt und wird es auch in Zukunft tun, denn es besteht in deutschen Häusern noch ein großer Nachholbedarf für energiesparende Umrüstungen von Heizungsanlagen. Da zirka 5,5 Millionen Heizungsanlagen nicht regelmäßig gewartet und dadurch 4,3 Millionen Tonnen Kohlendioxid zu viel in die Atmosphäre abgegeben werden, hofft dieser Teil des Bauhandwerks darüber hinaus auf stärkere staatliche Unterstützung.
Doch im großen internationalen Geschäft können nur wenige der großen deutschen Bauunternehmen mitmischen. Dazu gehören Hochtief, Bilfinger Berger, STRABAG, Ed. Züblin und Max Bögl. Diese Bauindustrie verzeichnet im Gegensatz zum Baugewerbe seit Mai 2005 ein Wachsen des Auftragseingangs. Erstmals seit sieben Jahren dürfte auch der Umsatz

wieder steigen. Ob es sich dabei um einen länger anhaltenden Aufschwung handeln wird, weiß man noch nicht.
Der Wirtschaftsbau profitiert auf jeden Fall davon, dass die deutsche Wirtschaft nach Jahren der Zurückhaltung erstmals wieder in die Erweiterung ihrer Kapazitäten investiert. Diese Entwicklung ist vor allem im Bereich der Logistik zu beobachten, die sich immer mehr zu einer Drehscheibe des Warenumschlags im Zentrum Europas entwickelt. So errichten zum Beispiel die Hafenbetreiber in großem Stil neue Terminals, oder es werden neue Lagerplätze für Container gebaut. In einigen Jahren erwartet der Hauptverband der deutschen Bauindustrie auch eine Belebung im Bereich von Büroneubauten. Im öffentlichen Bau beobachtet man einen Anstieg der Investitionen des Bundes in die Verkehrsinfrastruktur. Beim Wohnungsbau wird sich wohl auch in Zukunft nichts tun.
Vor allem aber: Im Vergleich zu den gigantischen Projekten in Osteuropa und in Asien wirkt das Treiben in Deutschland wie der Ausbau einer Modellbahnlandschaft: nettes Wunderländchen, aber ohne ökonomische Bedeutung.

Die globalen Kraftzentren der Weltwirtschaft

Die globale Wettbewerbsfähigkeit der Unternehmen wird in Zukunft immer mehr von der Kreativität der Beschäftigen abhängen, wobei Kreativität in erster Linie bedeutet, sein Wissen und die Ergebnisse seiner

Arbeit in neue Richtungen lenken zu können. Zur kreativen Klasse gehören also nicht nur Designer, Marketingfachleute und Medienschaffende, sondern auch Forscher und Entwickler, Professoren, Architekten, Ingenieure, Juristen, Gesundheitsexperten und Finanzdienstleister.

Sie alle werden dort leben wollen, wo sie das finden, was für sie Lebensqualität bedeutet: Gleichgesinnte, Kunst und Kultur, optimale Arbeitsbedingungen und natürlich die Chance, viel Geld zu verdienen, denn das Leben an diesen Orten ist teuer. Wie wichtig diese Kreativen für die Wirtschaft sind, zeigen amerikanische Untersuchungen. Nur 30 Prozent der Beschäftigten sind für 47 Prozent der gesamten US-Wertschöpfung verantwortlich. Weltweit werden bereits 80 Prozent des Bruttoinlandsproduktes allein in den Städten und Ballungsräumen erwirtschaftet. Es sind nicht mehr die Nationen, die sich wirtschaftliche Erfolge zurechnen können, sondern einzelne Regionen

Die beiden wirtschaftsstärksten Megalopolen der Welt sind Tokio als größte Stadt der Welt und die sich über 750 Kilometer erstreckende Region an der Ostküste Amerikas zwischen Boston und Washington, die inzwischen mit dem Begriff »Boswash« versehen worden ist. Auf nur 3 Prozent der US-Staatsfläche leben hier 20 Prozent aller US-Bürger. Das Bruttoinlandsprodukt dieses Ballungsraums liegt bei 2300 Milliarden Dollar; das ist mehr als das Bruttoinlandsprodukt der Volkswirtschaft von Frankreich oder Großbritannien.

Nirgendwo auf der Welt gibt es eine solche Konzentration von Informationen, Kreativität, Vitalität, Kapital, Freiheit und Technologie wie in Tokio. So ist es auch nicht verwunderlich, dass dort immerhin 8 Prozent des globalen Bruttoinlandsprodukts erwirtschaftet werden. Auch wenn Japan insgesamt immer noch als distanziert gegenüber Ausländern beschrieben wird, für Tokio gilt dies mit Sicherheit nicht.

Als die drei wichtigsten Faktoren im Wettbewerb der Metropolen um die kreative Klassen gelten Talent, Technologie und Toleranz. Technologie gibt es in Tokio sicherlich ohne Ende, und auf andere Talente in vielfältigster Form kann man dort sicherlich auch zählen. Nicht ohne Grund gilt Tokio heute schon als Trendsetter in der Mode, in der Musik, in der Kunst und im Theater. Wer in Tokio Menschen treffen möchte, hat dazu in den mehr als 100 000 Restaurants genügend Gelegenheit. Aber wie ist es um die Toleranz bestellt?

Wir werden mit unserer Vorstellung von einem Japan, in dem die Frauen mit Kimonos bekleidet Teezeremonien veranstalten und Zen-Mönche in uralten Gärten schweigend meditieren, aufräumen müssen. Zumindest in den japanischen Metropolen hat man auch auf dem globalen Kreativitätsindex eine absolute Spitzenposition eingenommen. Dieser Index sieht Schweden auf Platz 1, danach Japan auf Platz 2. Schriller, schräger, extrovertierter, teurer und extravaganter als in Tokio geht es in keiner anderen Stadt der Welt zu. Paris und London, aber auch den amerikanischen Metropolen hat Tokio den Rang abgelaufen, wenn es darum geht, Neues auszuprobieren.

Die nächsten Plätze auf der Kreativitätsrangliste belegen die USA, die Schweiz, die Niederlande und die

anderen nordischen Staaten. Deutschland kommt erst auf Platz 10. Bei uns teilen sich Talent, Toleranz und Technologie offensichtlich auf verschiedene Regionen schwerpunktmäßig auf, so dass sich Deutschland im Hinblick auf die Zukunftsfähigkeit eher als ein Mittelgebirge darstellt – ohne Gipfel, die es zu erklimmen lohnt.
Insgesamt sind es weltweit nur rund zwanzig Ballungsräume, die in Zukunft den Ton angeben werden. Davon liegt die Hälfte in den USA. Wie es in Zukunft um die Kraftzentren der Weltwirtschaft bestellt sein wird, sieht man daran, dass in den fünfzig größten Städten der Welt heute schon rund 20 Prozent der Weltbevölkerung leben, dass dort die Hälfte des Weltsozialprodukts erwirtschaftet wird, zwei Drittel aller wissenschaftlichen Aktivitäten stattfinden und drei Viertel aller globalen Investitionen getätigt werden. Im Jahr 2050 werden zwei Drittel aller Menschen in Städten leben. Dann wird Deutschland im internationalen Konzert der Städte abgeschlagen sein. Was wir heute in unserem Land für Großstädte halten, wird den Metropolenbewohnern von 2050 nur ein mitleidiges Lächeln wert sein.

Konsum zwischen Luxus und Tristesse

Auch wenn die deutschen Städte schon jetzt nicht zu den größten der Welt gehören, haben sie doch wirtschaftliche Bedeutung. Immerhin ist Deutschland noch der Exportweltmeister, auch wenn China diese Position in absehbarer Zeit übernehmen wird. Und auch wenn die Kluft zwischen Arm und Reich in

Deutschland immer größer wird, an der Struktur des Konsums, wie er sich in den vergangenen Jahren herausgebildet hat, wird sich wahrscheinlich auch in Zukunft nur wenig ändern.

Im Konsumbereich ist in den vergangenen Jahren eine Zweiklassengesellschaft entstanden – ein Trend, der sich immer weiter verfestigt. Auf der einen Seite stehen rund 60 Prozent der Bevölkerung, die sich das Notwendige leisten können und sonst nichts; sie sind die so genannten Versorgungskonsumenten. Auf der anderen Seite finden wir jene 40 Prozent, für die der Konsum hauptsächlich Erlebnischarakter hat.

Unter den Versorgungskonsumenten gibt es zwei Gruppen: Ein Viertel von ihnen kauft hauptsächlich unter dem Aspekt, sparen zu müssen, also so billig wie möglich; Qualität spielt keine Rolle. Der Rest, also drei Viertel, kauft, was er als notwendig erachtet – sachbetont, auch mit Blick auf die Qualität, doch im Wesentlichen ohne Freude am Kauf.

Die Gruppe der Erlebniskonsumenten ist wesentlich stärker differenziert. Rund die Hälfte erwartet, dass ihr Leben durch Konsum schöner wird. Diejenigen, die sich mit ihrem Konsum an andere Menschen, speziell den Freundeskreis, anpassen wollen, sind mit 8 Prozent aller Konsumenten genauso häufig vertreten wie jene, die dem Geltungskonsum frönen, indem sie sich öfter einmal etwas Neues leisten. Der Anteil der Luxuskonsumenten, die sich auch Teures ohne Ansehen des Preises leisten können, hat sich allerdings seit 1991 in Deutschland auf 4 Prozent fast halbiert.

Tatsächlich haben die meisten Verbraucher heute weniger Geld zur freien Verfügung. Das heißt, wenn jemand im Bereich des Erlebniskonsums Geld ausgeben möchte, muss er es an anderer Stelle einsparen. Diesen neuen Trend nennt man »Luxese«, also ein Schwanken zwischen Luxus und Askese, zwischen Verschwendung und Sparsamkeit. Statt Immer-mehr und Alles-gleichzeitig, entscheiden sich die Verbraucher immer häufiger für ein Entweder-Oder. Es sind die Konsumenten, die morgens bei Aldi oder Lidl einkaufen, um abends sechs Austern bei Dallmayr oder Käfer mitzunehmen. Was dabei auf der Strecke bleibt, ist das Mittelmaß.

Das bekommt unter anderem der Textileinzelhandel zu spüren. Entweder werden teure Markenlabels – im Zweifelsfall auch im Secondhand-Laden oder Factory Outlet – gekauft oder extrem billige Massenware im Textil-Supermarkt. Dazwischen wird es dünn. Die mittleren Fachgeschäfte mit ihrem braven Sortiment kämpfen um die Existenz; sie kämpfen vermutlich vergeblich.

Grundsätzlich geht der Trend dahin, dass beim alltäglichen Grundbedarf wie zum Beispiel Lebensmitteln immer weniger Geld und Zeit beim Einkauf eingesetzt wird. Dem Normal- und Sparkonsumenten bleibt auch gar nichts anderes übrig. Der Anspruchskonsument erwartet, dass sein Leben durch den Kauf von Gütern an Wert gewinnt, während der Anpassungskonsument hauptsächlich seine gesellschaftliche Akzeptanz steigern möchte. Während aber der Anpassungskonsument sich dem äußeren Druck beugt und keineswegs aus seiner sozialen Gruppe herausfallen möchte, beabsichtigt der Geltungskonsument sich durch sein Kaufverhalten gegenüber anderen herauszuheben.

Noch stärker ausgeprägt ist dieses Verhalten beim

Luxuskonsumenten, der mit seinem Verhalten einen gesellschaftlichen Status für alle sichtbar dokumentieren möchte. All diesen verschiedenen Konsumententypen ist gemeinsam, dass sie sich immer stärker an den neuen Bedarfsfeldern der Zukunft orientieren. Zwar geschieht dies nur im Rahmen ihrer finanziellen Möglichkeiten, aber immer mit dem Ziel, die Konsumhaltung zu verwirklichen.
Beim Blick auf die mittelgroßen Städte oder die Stadtteile der Großstädte sehen wir, wohin das führt. Die Einzelhandelsgeschäfte für den »Durchschnittskäufer« werden weniger. Geschäfte für Lederwaren, für Elektro- oder Büroartikel, auch die kleineren Möbelhäuser – sie alle sind unter Druck und machen zunehmend dicht. Lebensmittel werden in großen Märkten angeboten; draußen, vor den Toren der Stadt, siedeln sich sogar Lebensmittelsupermärkte und Discounter auf dem gleichen Grundstück an. Die Kundschaft nutzt beide Anbieter. In den Städten wird das Straßenbild eintönig. Die individuell geführten Fachgeschäfte machen Platz für Ketten-Niederlassungen. Erfolgreich sind die 99-Cent-Läden. Es gibt dann auch kein Fachpersonal mehr. Beratung findet nicht statt. Wer spezielle Wünsche hat oder Fachberatung benötigt, wird in den großen Fachmärkten fündig. Abends sind die Städte tot – die verlängerten Öffnungszeiten kommen nur den ausgesprochenen Kernlagen in Großstädten zugute.
Eines der großen Bedarfsfelder heißt Gesundheit, Wohlbefinden und Wellness. Dazu gehören Produkte und Dienstleistungen, die sowohl der Gesundheitsvorsorge, aber auch der Körper- und Schönheitspflege dienen. Der ökologische Aspekt, also der Trend

zu Naturprodukten aus kontrolliertem Anbau, gehört mit dazu. Typisch für die Stadtkultur der Zukunft ist die verstärkte Nachfrage nach Wellness-Centern mit Badelandschaften, Saunen und Whirlpools.
Ein anderer im Stadtleben zu beobachtender Trend ist die zunehmende Hinwendung zu mehr Geselligkeit. Sportclubs, Fitness-Center, aber auch Single-Treffs und Kommunikationszentren werden sowohl von der jungen als auch von der alten Generation immer stärker nachgefragt. Dazu gehört auch eine sich immer deutlicher ausprägende Spielekultur, nicht nur zuhause am Computer, sondern in Gemeinschaft mit anderen, je nach gesellschaftlicher Zugehörigkeit in düsteren Spielhallen oder luxuriösen Kasinos.
Auch die so genannte Kneipenkultur gewinnt eine andere Dimension und Bedeutung. Restaurants, die unter bestimmten Themen das Essen inszenieren, gehören ebenso dazu wie einfache Nachbarschaftskneipen und alle Mischformen, seien es nun Musikcafés oder Dinner-Diskos, in denen neben dem kulinarischen Erlebnis noch weitere Aktivitäten stattfinden. Dann gibt es aber in düsteren Vierteln auch jene Bierhallen, die nichts zu bieten haben außer billigem Alkohol in geheizten Räumen. Sie finden ohne Problem ihre Kunden. Gespaltene Gesellschaft!
In der immer knapper werdenden Zeit der urbanen Gesellschaft möchte man den zeitlich vorhandenen Freiraum gern so genussvoll wie möglich ausfüllen. Das führt dazu, dass die Muße immer straffer organisiert wird. Eigentlich ist das ein Widerspruch. Aber viele Menschen empfinden freie Zeit auch als Belastung. Viele haben in der Arbeitswelt nicht gelernt,

mit Zeit ohne konkreter Aufgabe umzugehen. Deswegen erhalten Entspannung, Meditation, aber auch Hobbys wie Malen oder Sprachen lernen bei mehr Menschen als bisher künftig einen festen Platz im Terminkalender.
Wer noch ein Wochenende hat, wird es im Rahmen seiner Möglichkeiten ausfüllen. Das können teure Kurzreisen für die einen sein oder ein Wochenende auf dem Campingplatz für die anderen. Für diejenigen, die in der Stadt bleiben müssen, gibt es als Ersatz zunehmend Veranstaltungen wie Stadt- oder Volksfeste, Musikveranstaltungen in Shopping-Zentren und Ähnliches. Die Stadtverwaltungen beschäftigen zunehmend so genannte Event-Manager; deren Aufgabe ist es, die Stadt – die mit ihren Einkaufsmöglichkeiten im Zentrum oft nicht mehr punkten kann – zum Erlebnispark zu machen. Künftig sollen sich die Menschen auf künstlichen Stränden mitten in der Stadt in die Sonne (oder ins Solarium) legen und dabei einen Drink genießen.
Wirklich zur Ruhe kommen die Stadtmenschen der Zukunft kaum. Wenn sie nicht im Rahmen des Do-it-yourself heimwerken, reparieren oder renovieren, werden sie sich aktiv ihren vielfältigen Hobbys zuwenden. Sie werden die Identität suchen, die sie im Beruf nicht mehr finden können. Sie werden sich konkrete Aufgaben geben, die die Arbeitswelt nicht mehr bereithält. Wer in der Autofabrik nur noch Computersysteme überwacht, wird in der häuslichen Garage ersatzweise am Oldtimer schrauben. Wer als Manager bei Schlecker mit dem Antreiben von Teilzeitkräften beschäftigt ist, wird als Ausgleich gemeinnützige Arbeit suchen – vielleicht in einem Ver-

ein oder für die Kirchengemeinde. Aktiv sein bedeutet für viele Menschen, immer in Bewegung zu bleiben. Wer nicht auf dem Weg zur Arbeit oder zu einer Veranstaltung ist, wird joggen, Rad oder Auto fahren. Auf jeden Fall gilt es, den Stillstand zu vermeiden.

Von dieser Entwicklung wird die Freizeitwirtschaft besonders profitieren. Sie wird sogar die Rolle einer Leitökonomie übernehmen. Ihre Wachstumsraten liegen weit über der Gesamtwirtschaft. Die Freizeitwirtschaft wird daher auch in Deutschland die Lokomotive sein, die die Wirtschaft des 21. Jahrhunderts antreibt. Die USA sind uns manchmal voraus, so auch hier: Die Filmproduktionsfirmen in Hollywood erwirtschaften mittlerweile einen größeren Teil des Bruttoinlandsprodukts als die amerikanische Stahlindustrie. Auch bei uns sind schon heute weit über sechs Millionen Menschen in den einzelnen Freizeitsektoren beschäftigt. Das heißt, jeder sechste Beschäftigte in Deutschland arbeitet für die Freizeitindustrie – mit steigender Tendenz.

Als weltweit besonders expansiv werden die Bereiche Tourismus, Medien und Unterhaltungsindustrie einschließlich Videospiele, Internet und Musik angesehen. Der Tourismus wird in den kommenden zehn Jahren zweistellige Zuwachsraten erreichen. Im Luftverkehr wird die Passagierzahl bis zum Jahr 2015 um 70 Prozent auf über 250 Millionen Fluggäste ansteigen. Deutschland kann auf diesem Wachstumsmarkt mitmachen – vorausgesetzt, wir bilden die benötigten Spezialisten aus und schaffen und das Knowhow, das diese Branchen benötigen.

Auch das Verantwortungsbewusstsein sich selbst

gegenüber, gegenüber der Familie und den sozialen Gruppen, zu denen man sich zählt, gehört mit zum urbanen Leben. Wer etwas hat – also Arbeit, intakte Familie, Vermögen – lebt nicht sorglos in den Tag hinein. Die Sorge um die Gesundheit und um die finanzielle Sicherheit im Alter ist groß. Wer Geld hat, wird von der Sorge geplagt, es möglichst renditeträchtig angelegt zu haben.

Auch als Verbraucher möchte man immer weniger nur irgendwas kaufen. Die Suche nach der besten Qualität zum günstigsten Preis als Ausdruck der »Geiz ist geil«- und Schnäppchenkultur wird von den Sorgen umwölkt, das schlechtere Produkt gekauft oder zu viel bezahlt zu haben.

Immer häufiger schließt man sich temporär bestimmten Gruppen an, mit denen man gemeinsame Ziele verfolgt. Ob es nun Elterngruppen im Kindergarten oder in der Schule sind, Mieterinitiativen oder Interessengemeinschaften von Wohnungseigentümern. Die Erkenntnis wächst, dass jede Art von Selbsthilfegruppe das urbane Leben erfolgreicher macht.

Senioren – die wichtigste Konsumentengruppe

Viel zu wenige Unternehmen haben bisher erkannt, dass sie nur dann rosige Zukunftsaussichten haben, wenn sie sich in Deutschland auf die demografische Entwicklung einstellen. In einfachen Worten: Schluss mit der Produktion von Kinderfahrrädern, stattdessen Rollstühle herstellen! Der Markt für Senioren wird in den nächsten Jahren rasant wachsen. Bereits heute verfügen die ab 60-Jährigen über rund ein Drittel der gesamten Kaufkraft Deutschlands. Zählt man die 50- bis 59-Jährigen hinzu, erreichen sie fast die Hälfte der gesamten Kaufkraft. Die Woopies (Well off older people) haben genügend auf der hohen Kante, und sie wollen nicht mehr sparen, sondern das Leben genießen und ihr Geld ausgeben.

Die 46- bis 65-Jährigen geben bereits heute mit rund 2500 Euro pro Monat am meisten für den privaten Konsum aus, aber auch die 66- bis 70-Jährigen mit 2200 Euro pro Monat und die 71- bis 80-Jährigen mit 1800 Euro stellen eine nicht zu vernachlässigende Konsumentengruppe dar. Zum Vergleich: Die jungen Leute unter 25 Jahren stecken 1300 Euro pro Monat in den Konsum, die 26- bis 35-Jährigen 1900 Euro und die 36- bis 45-Jährigen 2370 Euro.

Allmählich begreifen immer mehr Unternehmen, dass es sich lohnt, die Senioren als Kunden zu locken. Es gibt heute Bücher in Großschrift und das bedienungsfreundliche Handy mit nur drei Knöpfen. Inzwischen werden einige Supermärkte mit extra breiten, rollstuhlgerechten Gängen, Regalen in Augenhöhe, Sitzecken zum Relaxen, Lupen als Lesehilfen und Serviceknöpfen ausgestattet. Spezielle Seniorenkaufhäuser vereinen ein umfassendes Sortiment von fast allen Dingen, die die ältere Generation braucht, von gesunden Fertiggerichten bis zu Reha-Artikeln.

Doch die Woopies, die sich noch fit fühlen und noch mitten im Leben stehen, meiden alles, was das Wort »Senior« führt. Sie geben ihr Geld dort aus, wo sie wollen. Selbst die Senioren, die auf den Rollstuhl und andere Hilfsmittel angewiesen sind, die das Leben vereinfachen, geben sich nicht mehr mit den altbackenen Produkten zufrieden. Hightech-Ausstattung, schrille Farben, modernes Design sind gefragt.

Die Kfz-Hersteller bieten immer mehr Autos mit Drehsitzen an, die das Aus- und Einsteigen erleichtern. Aber auch hier gilt: Die Senioren wollen keine als solche deklarierten Senioren-Autos; sie sehen im Alter die Chance, sich ihren Lebenstraum zu erfüllen und kaufen, wenn sie können, ein Luxusauto oder auch eine Harley-Davidson. Wenn das Auto dann bequemere Türen, elektronische Parkhilfe und Radarkontrolle zum sicheren Fahren auf der Autobahn hat – umso besser. Wenn der Harley-Sitz tief und weich ist: Easy Rider geht auch mit 70 Jahren! Der durchschnittliche Käufer eines Porsche 911 ist 48 Jahre und der eines Mercedes 50 Jahre alt. Käufer der Mercedes-CL-Klasse zählen sogar durchschnittlich 55 Jahre. Auch sonst gönnen sich die Senioren gern etwas Luxus – teure Uhren und Schmuck, eine Markenhandtasche oder auch Designermode.
Immer mehr Hotels machen ein gutes Geschäft mit Fitness- und Wellnessprogrammen für Senioren. Wobei sie sorgfältig vermeiden, diese als solche direkt anzusprechen. Überhaupt reisen die Woopies gern und viel, denn sie haben genügend Zeit und Geld zur Verfügung. Senioren bevorzugen Pauschalreisen. Beim Reiseveranstalter TUI machen die über 60-Jährigen inzwischen im Sommer 40 Prozent und im Winter 55 Prozent aller Gäste aus. Auch Busreisen sind besonders beliebt. Heute sind 60 Prozent aller Busreisenden älter als 60 Jahre. Aber die Busreise ist ein Auslaufmodell. Das ältere Paar von heute träumt von der Schiffs-Kreuzfahrt. Alle träumen davon, einige machen den Traum schon wahr.
Auf luxuriösen Kreuzfahrten machen die über 50-Jährigen bereits mehr als die Hälfte aller Passagiere

aus. Nimmt man die 40- bis 49-Jährigen hinzu, kommt man auf drei Viertel aller Gäste an Bord.
Bei den Tourismuskonzernen in Deutschland sind heute ein Drittel aller Reisenden über 60 Jahre alt, während es im Jahr 1994 noch 21,6 Prozent waren. Keine andere Kundengruppe ist in den vergangenen Jahren so stark gewachsen. Bis 2010 wird die Zahl der 60-plus-Reisenden um 1,6 Millionen auf 15,5 Millionen zunehmen. Und ein Blick auf die Vorhersagen der Demografen sagt uns, wohin – im Sinne des Wortes – die Reise geht. Die Alten werden, solange sie das körperlich und finanziell können, künftig mehr denn je verreisen. Weit weg, wenn es in Deutschland ungemütlich werden sollte. Heute schon verbringen bereits mehr als 50 Prozent der Senioren ihren Haupturlaub im Ausland. Dieser Anteil wird bis zum Jahr 2015 auf 66 Prozent ansteigen. Die Best-Ager geben nicht nur mehr Geld aus als die jüngeren Menschen, sie reisen auch noch außerhalb der Schulferien und verbessern damit die Kapazitätsauslastung der Reiseveranstalter.
Mediziner, Mathematiker, Physiker und Psychologen untersuchen im Rahmen des so genannten Generation Research Program an der Münchener Universität, wie sich zum Beispiel der Geschmackssinn und die Reaktionszeiten im Alter verändern und welche Forderungen sich für verschiedene Produkte ergeben. Wie müssen die elektronischen Geräte wie DVD-Player oder Stereoanlage in Zukunft aussehen? Wie müssen die Automobilhersteller ihre Fahrzeuge der alternden Käuferschicht anpassen?
Einige Beispiele: Über 50-Jährige trinken weniger Bier als der Durchschnitt der Bevölkerung, stattdes-

sen mehr Wein und Spirituosen. Sie bevorzugen beim Essen starke Aromen und Bitterstoffe – also eher Bitter- als Vollmilchschokolade. Um sich gesundheitsbewusst zu ernähren, entscheiden sich viele Senioren eher für leichte Fischgerichte als für das fette Fleisch, eher für Joghurts als für Pudding; und sie kaufen gern Nahrungsmittel mit einem versprochenen gesundheitlichen Zusatznutzen. Die Nahrungsmittelhersteller wissen das genau. Sie berücksichtigen diese Erkenntnisse bei ihrer Produktentwicklung. Die Zahl der Lebensmittel mit Zusätzen, die sich selbst als gesundheitsfördernd bezeichnen, wird stark zunehmen. Ebenso die so genannten Conveniance-Produkte, also Lebensmittel, die ohne größeren Aufwand leicht zuzubereiten sind, sich aber von der bekannten Tiefkühlpizza oder den Dosenravioli positiv abheben.

Auch der Heimtiermarkt wird als Folge der zunehmenden Alterung der Bevölkerung Deutschlands weiter wachsen. Bei vielen Senioren werden Hund oder Katze zum Kindersatz, wenn diese das Haus verlassen haben. Oder das Haustier verdrängt die Einsamkeit, wenn der Lebenspartner gestorben ist. Sogar die Elektronikindustrie will mitmischen. In Japan werden den Bewohnern von Pflegeheimen elektronisch gesteuerte Plüschtiere ins Bett gestopft. Die alten Japaner scheinen das zu mögen (oder sie können sich nicht mehr wehren). Die Menschen hier sind nicht so weit. Sie hängen am echten Tier. Noch ...

Ein Markt mit in Zukunft außerordentlich hohen Wachstumsraten bei den Senioren wird der Gesundheitsmarkt sein. Da geht es breit gefächert zu, beginnend bei den Nahrungsergänzungsmitteln, Vitamin-

präparaten und Medikamenten über pflegerische und therapeutische Dienstleistungen bis hin zu Pflegeheimen.
Egal ob der Kunde zur kreativen Klasse der Zukunft gehört, zu den Best Agern oder ob er irgendwo bei den Versorgungs- oder Erlebniskonsumenten angesiedelt ist – immer wird er nach dem aus seiner Sicht günstigsten Preis-Leistungs-Verhältnis streben. Jeder Preis für ein Produkt oder eine Dienstleistung ist jedoch mit einer ganzen Reihe von Kosten belastet. Eine dieser Kostenkategorien kann man mit dem Begriff Sozialkosten bezeichnen. Das sind all jene Kosten, die dem Unternehmen dadurch entstehen, dass es freiwillig oder auf Grund von Gesetzen den Arbeitnehmern eine angenehme Arbeitsumgebung schafft, sie akzeptabel bezahlt und ihre Alterssicherung übernimmt. Auch alle anderen Sozialleistungen wie Krankenversicherung und Arbeitslosenversicherung fließen in die Sozialkosten ein, ebenso wie alles, was Bund, Länder und Gemeinden an Infrastruktur- und Sozialmaßnahmen aus unternehmens- und güterbezogenen Steuern bezahlen. All das macht deutsche Waren teurer als gleichwertige Produkte aus Ländern, die dieses soziale Netz nicht kennen.
Dem Verbraucher zu unterstellen, er wüsste nicht, wie und wodurch die niedrigen Preise zustande kommen, würde bedeuten, ihn als dumm und naiv hinzustellen, und das ist er auf keinen Fall. Im Gegenteil, er handelt berechnend. Nur ein kleiner Teil der Verbraucher verzichtet lieber auf den Kauf billiger Produkte, um nicht Kinderarbeit und gesundheitsschädliche Arbeitsverhältnisse in der Dritten Welt zu fördern. Die Mehrheit achtet nur auf ihren Vorteil.

Wenn wir aber dem Verbraucher das Recht zugestehen, gegenüber anderen Menschen unsozial zu handeln, um selbst Vorteile zu genießen, warum wundern wir uns dann, dass Manager und Vorstände dasselbe Prinzip auch bei ihren Entscheidungen anwenden?

Manager ohne soziales Engagement

Für die Manager von heute spielt das soziale Engagement ihres Unternehmens kaum eine Rolle. Höchste Priorität unter den Themen der Unternehmensführung haben für sie die Unternehmensstrategie und die strategische Neuausrichtung.
Weit oben stehen auch die Talentförderung in den Unternehmen, das Veränderungsmanagement sowie die Rekrutierung von Führungskräften. Dies ist das Ergebnis des International Executive Panel 2006 aus dem Haus der Personalberatung Egon Zehnder. Befragt wurden Führungskräfte aus Deutschland, den USA, Großbritannien und Frankreich.
Für fast alle diese Manager liegt das Thema soziale Verantwortung von Unternehmen mit Abstand ganz unten auf der Prioritätenliste. Lediglich für die britischen Führungskräfte ist die Vorbereitung strategischer Allianzen noch unwichtiger als die soziale Verantwortung. Sie gehen immerhin davon aus, dass soziales Engagement nicht nur die Glaubwürdigkeit des Unternehmens steigert, sondern auch dessen Wettbewerbsposition verbessert. Manager aus Deutschland, Frankreich und den USA schätzen den ökonomischen Nutzen sozialer Projekte als gering

ein, wobei in keinem Land soziale Aktivitäten als weniger wichtig angesehen werden als in Deutschland. Das war früher nicht so – ein Trend, der sich gegen die Mitarbeiter als auch gegen die Welt und die Gesellschaft außerhalb des Unternehmens richtet.

Wenn französische Führungskräfte in ihrem Unternehmen soziale Verantwortung übernehmen, geht es ihnen in erster Linie darum, die Zufriedenheit ihrer Mitarbeiter zu erhöhen. Den deutschen Managern kommt es darauf an, das Image des Unternehmens zu verbessern.

Das Thema Aktionärspflege und Investor Relations verliert bei den deutschen Führungskräften an Bedeutung. Für sie ist das Thema nur noch »wichtig«, während es die britischen und französischen Kollegen als »extrem wichtig« oder »sehr wichtig« einschätzen.

Insgesamt sehen die deutschen Manager die Herausforderungen für die Zukunft wesentlicher gelassener als ihre ausländischen Kollegen. Nirgendwo werden die Risiken wirtschaftlicher und sozialer Krisen als so gering eingeschätzt wie an den Unternehmensspitzen in Deutschland. Dafür beschäftigt man sich vorrangig mit der Unsicherheit und dem Pessimismus im Markt. Nur 58 Prozent der Befragten in Deutschland beobachten regelmäßig gesellschaftliche Entwicklungen.

Deutsche Manager – jedenfalls die jungen und die, die so wirken wollen – gehen offensichtlich davon aus, dass sie sich nicht um gesellschaftliche Entwicklungen und um die gesellschaftlichen Folgen ihres Handelns kümmern müssen. Sie scheinen in aller

Seelenruhe von einer grundsätzlichen Stabilität der Gesellschaft auszugehen. Sie verachten sie zwar, die Hängematte des Sozialstaates, zugleich verschieben sie ihre Entlassenen aber genau dorthin. Und generell prägt Gleichgültigkeit ihr Verhalten: Soziale Belange sind nicht ihre Sache; dafür ist die Politik zuständig.

Das ist die aktuelle Mehrheitsmeinung. Es gibt aber auch die Minderheit, und es gibt einen, der für sie spricht: Porsche-Chef Wendelin Wiedeking sieht es ausdrücklich anders: »Ich bin definitiv der Meinung: Als Unternehmer muss man sich an gesellschaftlichen Diskussionen beteiligen, denn nur dadurch bewegt man etwas in diesem Land«, schreibt er in seinem Buch *Anders ist besser.* »Gemeinsam müssen Politiker und Unternehmer sagen, wohin die Reise gehen soll. Wo wir in zehn Jahren im internationalen Wettbewerb stehen wollen. Wir müssen unsere Stärken ins Spiel bringen, mit denen wir diese Ziele auch erreichen können.«

Zu diesen Stärken zählt Wiedeking die gute Ausbildung der Menschen, ihren Fleiß und ihren Erfindungsgeist, das technische Know-how, die erstklassige Infrastruktur, weltbekannte Industrieunternehmen »und nicht zuletzt das Potenzial und die Weltoffenheit gerade des Mittelstandes, der die deutsche Wirtschaft trägt«.

So wie er fordern führende Menschen der Wirtschaft, dass Unternehmer wieder stärker ihrer gesellschaftlichen Verantwortung gerecht werden müssen. Immer nur Arbeitsplätze ins Ausland zu verlagern, ist der einfachste Weg; Arbeitsplätze in Deutschland zu schaffen, die eigentliche Kunst. Es gibt noch viele

Chancen, gemeinsam mit den Mitarbeitern in den Betrieben mehr Flexibilität zu erreichen. Durch konsequente Prozessoptimierung kann man noch mehr herausholen, ohne dass der Einzelne substanzielle Einbußen hinnehmen muss.
Von den charakterlichen Stärken ihrer Kollegen an der Spitze anderer Unternehmen halten deutsche Führungskräfte offensichtlich selbst auch nicht viel. Nur 40 Prozent der von Zehnder Befragten bezeichnen die Topmanager börsennotierter Unternehmen überwiegend als integer; in Frankreich sind es mit 41 Prozent nicht viel mehr, in den USA aber 55 Prozent und in Großbritannien 57 Prozent. Sie haben recht: In letzter Zeit häufen sich die Besuche von Polizei und Staatsanwalt bei Unternehmen – nicht bei irgendwelchen Klitschen, sondern die Top-Adressen der deutschen Industrie stehen im Fokus. Vorstandsetagen werden durchsucht. Die Strafverfolger sind mit unterschiedlichsten Aufträgen unterwegs; es geht ihnen um Bestechung, Vorteilsnahme, Geldwäsche, Korruption. Während die Presseabteilung vorne an Texten über Ethik und Moral im Unternehmen feilt, wird hinten gegen alles verstoßen, was einen an ordentliches kaufmännisches Verhalten glauben ließ.

Führungskräfte ohne Moral?

Die Moral der Führungskräfte in den deutschen Unternehmen war im Jahr 2006 ein herausragendes Thema in der öffentlichen Diskussion. Extrem hohe Vorstandsgehälter bei gleichzeitigem Stellenabbau, Verlagerung der Arbeitsplätze ins Ausland und

immer häufiger auch Korruption waren die Stichworte.
Bei BMW wurde einem früheren Einkäufer Bestechlichkeit vorgeworfen. Bei DaimlerChrysler gab es Zwielicht um Manager, die Autos an den Händlern vorbei in den Markt geschleust hatten sowie Unregelmäßigkeiten im Bereicht der deutschen Busfertigung. Im VW-Konzern gab es einen Schmiergeldskandal um die französische Zulieferfirma Faurecia. Bei Karstadt Sport sollen vier Abteilungsleiter mit Lieferanten überhöhte Preise vereinbart und dafür Schmiergeld eingesteckt haben. Bei Ikea wurde gegen sieben ehemalige Mitarbeiter der Bauabteilung wegen Bestechlichkeit ermittelt, und Manager von Philips sollen Angestellte von Media Markt mit teuren Geschenken bestochen haben. Bei Siemens schlägt ein großer Bestechungsskandal Wellen.
Diese Liste ließe sich problemlos fortschreiben. Angesichts der Häufung dieser Vorfälle bleibt die Frage: Hat sich die Moral unserer Manager so verschlechtert? Oder haben wir früher nur nicht so viel von ihren Machenschaften mitbekommen?
Auch auf Egoismus und Heuchelei treffen wir beim Führungspersonal. So beklagen zum Beispiel Unternehmen steuerliche Mehrbelastungen, die einen Bruchteil dessen ausmachen, was sie gerade aus dem Subventionstopf geschöpft haben, der mit Steuermitteln gefüllt wird. Es gibt Hersteller, die sich Hunderte von Millionen Euro für Neuinvestitionen und Erweiterungen vom Staat holten, um nachher individuellen Profit zu generieren. Porsche hat beim Bau seiner Fabrik in Leipzig einfach auf staatliche Subventionen verzichtet.

Als Freund klarer Worte scheut sich der Porsche-Chef nicht, die Praxis des Steuerzahlens von Unternehmen anzuprangern. »Wer bezahlt noch entsprechend seiner wirtschaftlichen Leistungskraft?«, konstatiert Wiedeking. »Immer mehr zu fordern, nichts zur Lösung beizutragen und, wenn es eng wird, der Regierung Flickwerk vorzuwerfen und zu drohen, die Produktion ins Ausland zu verlagern, das ist Heuchelei.« Egoismus sei sicherlich eine Triebfeder in unserem marktwirtschaftlichen System. Er müsse aber dort seine Grenzen haben, wo er dem Gesamtwohl schadet.

Zur Diskussion über die Verlagerung von Arbeitsplätzen ins Ausland sagt Wiedeking, er verstehe die von vielen Managern und Verbandsfunktionären vertretene These überhaupt nicht, dass Arbeitsplätze in Deutschland zu teuer seien. Großserienhersteller in der deutschen Automobilindustrie hätten zum Beispiel ihre Motorenproduktion ins östliche Ausland verlagert – der Motor ist ein Bauteil, für das man heute noch eine Produktionszeit von zwei bis maximal drei Stunden benötigt. Dafür baut man jenseits der Grenzen halbautomatische Fabriken. Selbst wenn sie einen kleinen Vorteil bei den Lohnkosten haben, könne dies nicht wirklich entscheidend sein, denn neben den Kosten für den Fabrikbau kämen noch die Kosten für all die Ingenieure, die hin- und herfliegen, hinzu – und natürlich gebe es auch Steuerungsprobleme ohne Ende.

Die Lohnkostenvorteile im Ausland allein sind es nicht, die die Manager zur Auslagerung von Produktionen ins Ausland bewegt. In vielen Fällen kommt der Gewinn einer solchen Standortentscheidung fast ausschließlich aus der in dem Land gewährten Steuerfreiheit oder -vergünstigung. Wenn diese Hersteller ihre Motoren dann auch noch zollfrei nach Deutschland einführen können, fragt Wiedeking: »Auf welchem Stern leben wir?« Da wird nach seiner Auffassung der Job-Export auch noch aus dem deutschen Steuertopf subventioniert, denn Unternehmen können bei Standortverlagerungen ins Ausland die Kosten für die Planung der Investitionen, den Transfer der Arbeitsplätze und die Verwaltung und Finanzierung des Tochterunternehmens voll steuerlich geltend machen. Und die Europäische Union zahlt Zuschüsse für Firmenansiedlungen in den Beitrittsländern. So werden Firmen aus Westeuropa mit besonders niedrigen Steuersätzen angelockt. Das ist der Grund für den Job-Export, die hohen Löhne sind es nicht.

Hohe Managergehälter vergiften das Klima

Im Oktober 2006 berichtete die Deutsche Schutzvereinigung für Wertpapierbesitz über die Gehaltssprünge in den Vorstandsetagen der großen deutschen Unternehmen. So haben die Vorstände der Commerzbank 2005 mit durchschnittlich 2 Millionen Euro 175 Prozent mehr Geld erhalten als im Jahr 2004. Bei SAP ist die durchschnittliche Vergütung je Vorstandsmitglied um 58 Prozent auf 3,2 Millionen gestiegen, bei Fresenius Medical Care um 37 Prozent auf 1,2 Millionen Euro, bei der Deutschen Bank um 26 Prozent auf 3,8 Millionen Euro und bei E.ON um 25 Prozent auf knapp 2,6 Millionen Euro.

Es gab allerdings auch einige Gehaltskürzungen, zum Beispiel beim Handelskonzern Metro um 23

Prozent und bei RWE und Adidas jeweils um knapp 5 Prozent. Im Schnitt aller DAX-30-Unternehmen lag der Anstieg bei 11 Prozent. Diese Topmanager verdienten im Jahr 2005 im Durchschnitt 1,7 Millionen Euro. Spitzenverdiener war Josef Ackermann, der Chef der Deutschen Bank, mit einer Barvergütung von 8,4 Millionen Euro.

Siemens hatte im Jahr 2006 eine 30-prozentige Gehaltserhöhung für seine Führungskräfte verkündet. Das führte zu Unruhe in der Öffentlichkeit und zu bösen Kommentaren. Kurz darauf wurde bekannt, dass BenQ Mobile Insolvenz beantragen musste und tausende Mitarbeiter in Deutschland ihren Arbeitsplatz verlieren würden. Das waren noch vor einem Jahr hoch qualifizierte Siemens-Mitarbeiter gewesen, die an »ihren« Konzern geglaubt hatten. Sie hatten noch unter Siemens-Regie der Arbeitszeitverlängerung ohne Lohnausgleich zugestimmt. Jetzt standen sie vor dem Aus, während Siemens formal nichts mehr mit ihnen zu tun hatte. Da wurde aus der Unruhe echte Empörung. Und wir sahen betretene Mienen bei Siemens-Chef Kleinfeld und seinen Öffentlichkeitsarbeitern. Als Versuch der Beruhigung wurde die geplante Gehaltserhöhung in den Fonds zur Hilfe für die BenQ-Beschäftigten eingebracht. Aber: Es ging um die Gehaltserhöhung im Jahr 2006! Seit 2007 darf wieder unbefangen verdient werden.

Insgesamt kann man feststellen, dass die Gehälter der Vorstände nicht unbedingt mit ihren Leistungen korrespondieren. Zwar wurde bei der Commerzbank der Gewinn je Aktie um 216 Prozent gesteigert. Das mag eine gewisse Gehaltserhöhung begründen, aber die TUI-Vorstandsmitglieder genehmigten sich eine

26-prozentige Steigerung der Bezüge, obwohl sie 23 Prozent weniger Gewinn erwirtschaftet hatten. Bei SAP stand einer Erhöhung der Vorstandbezüge um 58 Prozent eine Gewinnsteigerung von nur 14 Prozent gegenüber. Bei der Deutschen Bank allerdings wurde der Gewinn um 52 Prozent gesteigert und die Vorstandbezüge lediglich um 26 Prozent.
Nur: Wer erwirtschaftet den Gewinn? Es sind sicherlich nicht die Vorstände, die die Hauptleistung erbringen.
Angesichts der Gehälter und der Gehaltsentwicklung bei den Spitzenmanagern in Deutschland fragen sich natürlich immer mehr Normalbürger, warum sie sich noch anstrengen sollen, mit mühsam erbrachter Leistung etwas mehr zu verdienen. Kann es angehen, dass diese Spitzenverdiener so viel mehr leisten oder so viel klüger sind als sie selbst?
Zwischen 1988 und 2001 wuchs die Kluft zwischen den Gehältern der europäischen Vorstandsvorsitzenden und dem Lohn von typischen Industriearbeitern in Großbritannien um 92 Prozent, in Deutschland um 62 Prozent, in Spanien um 46 Prozent und in Frankreich um 33 Prozent. In den neunziger Jahren wurden die Managergehälter um 570 Prozent erhöht, während die Durchschnittsarbeiter nur 37 Prozent mehr Geld erhielten – eine Steigerung, die nur wenig über der Inflationsrate von 32 Prozent lag. Das eine Prozent der amerikanischen Top-Verdiener erhält pro Jahr so viel wie die gesamten 100 Millionen Menschen im Niedriglohnsektor.
Kein Wunder, dass Forderungen, die Gehälter der Topmanager nach oben zu begrenzen, immer lauter werden. Besser als eine willkürliche und unflexible

Begrenzung auf einen bestimmten Maximalbetrag sei eine relative, meint der schweizerische Professor Mathias Binswanger. Vorbild könnte John Pierport Morgan, der Gründer der heutigen Morgan & Stanley Bank, sein. Er hatte bereits Ende des 19. Jahrhunderts in seiner Bank festgelegt, dass der bestbezahlte Manager nicht mehr verdienen durfte als das Zwanzigfache des am schlechtesten bezahlten Angestellten. Dieses Modell erlaubt auch Gehaltssteigerungen für die Führungskräfte, allerdings muss dann gleichzeitig der Lohn für die Putzfrau angehoben werden.

Der Staat kann nicht alles leisten

Der Staat verarmt! Stimmt das? Oberflächlich betrachtet, sieht es zumindest so aus. Ständig wird von Ausgabenkürzungen gesprochen, und dort, wo der Staat sichtbar für alle Geld ausgibt, zum Beispiel beim Straßenbau und anderen Infrastrukturmaßnahmen – seien es nun Kindergärten, Schulen, Krankenhäuser oder Schwimmbäder – fällt schon auf, dass das Geld offensichtlich nicht mehr so locker sitzt wie früher. Aber man sollte sich auch bewusst machen, dass Deutschland seinen Bürgern längst nicht so tief in die Tasche greift, wie es andere Staaten tun. Natürlich sieht das jeder anders. Wenn die Mehrwertsteuer erhöht wird, fühlt sich jeder gleich geschröpft.

Doch in einem Vergleich der Steuerquoten der verschiedenen Länder liegt Deutschland mit 20,4 Prozent erst auf Platz 17. Dänemark liegt mit 48,4 Prozent auf Platz 1, Schweden mit 36,2 Prozent auf Platz 2. Und auch andere Länder, mit denen wir uns sonst gern vergleichen, haben höhere Steuerquoten: Großbritannien (29,4 Prozent), Frankreich (27,5 Prozent) und die Niederlande (24,8 Prozent). Selbst die Schweiz, beliebtes Ziel der Gutverdiener, liegt mit 22,2 Prozent noch vor Deutschland.

Es ließen sich im Prinzip also noch gute Gründe finden, die Steuern und damit die Staatseinnahmen zu erhöhen. Doch offensichtlich will die Politik das nicht. Die aktuellen Steuerschätzungen gehen davon aus, dass das Steueraufkommen auch so von 484,9 Milliarden Euro im Jahr 2006 auf 514,1 Milliarden Euro im Jahr 2007 steigen wird. Die alten Prognosen, die bei 537,5 Milliarden Euro für das Jahr 2010 lagen, werden wohl auch noch um einen zweistelligen Milliardenbetrag nach oben korrigiert werden müssen. Es ist also durchaus Geld im Staatssäckel vorhanden. Die Frage ist also: Wie wird es ausgegeben?

Der größte Posten im Bundeshaushalt waren auch im Jahr 2006 die Sozialausgaben; knapp 135 Milliarden Euro gab der Bund für die soziale Sicherung aus. Das ist vom Bundeshaushalt mit einem Volumen von rund 260 Milliarden Euro mehr als die Hälfte. 1964 lagen die Zahlungen des Bundes für diesen Bereich nur bei einem knappen Drittel des Gesamthaushalts. Der Bund ist also nicht arm, er gibt sein Geld nur hauptsächlich dort aus, wo wir es nicht so deutlich sehen. Der zweitgrößte Ausgabenblock des Bundes sind die Zinsen mit rund 38 Milliarden Euro.

Auch über das Thema Staatsverschuldung wird in der Öffentlichkeit gern ausgiebig diskutiert. Seit 1960 wächst die Verschuldung des deutschen Staates kontinuierlich. Damals lagen die Schulden noch bei (umgerechnet) 27 Milliarden Euro, 1975 bei 131 Milliarden, 1980 bei 240 Milliarden, 1985 bei 389 Milliarden und 1990 bei 539 Milliarden. In den folgenden fünf Jahren verdoppelte sich fast der Schuldenberg auf 1019 Milliarden Euro – das findet zum großen Teil seine Begründung in den Kosten für die Wiedervereinigung. Doch auch weiterhin, bis zum Jahr 2000, wuchsen die Schulden bis auf 1211 Milliarden und bis Ende 2005 auf 1468 Milliarden Euro. Das ist eine Summe, die nicht mehr fassbar oder darstellbar ist. Es bleibt als Nachricht: Unser Staat ist anscheinend unglaublich verschuldet.

Natürlich kann man das Thema Staatsverschuldung nicht mit den Schulden eines privaten Haushalts vergleichen, besonders weil der Staat sein Geld ja nur zu einem kleinen Teil investiert und den größten Teil sozusagen für »Lebenshaltungskosten« seiner Bürger ausgibt. Aber der Staat ist ja auch nur eine Umverteilungsmaschine, mit dem Zweck, ein möglichst hohes Maß an sozialer Gerechtigkeit herzustellen. Wobei sich natürlich die meisten Bürger wieder benachteiligt vorkommen und die erhaltenen Vorteile gering schätzen.

Wenn wir den Staat jedoch einmal probeweise mit einem privaten Haushalt gleichsetzen würden, dann käme heraus, dass die Schulden nur etwas höher sind als das Dreifache des jährlichen Nettoeinkommens. Schulden in Höhe von 150 000 Euro werden bei einem Arbeitnehmer, der 50 000 Euro netto im Jahr verdient, nicht gerade als beängstigend angesehen, wenn er dafür ein Haus mit Grundstück als Sicherheit besitzt. Trotzdem glauben wir, der Staat verarmt.

Der Grund ist folgender: 61 Prozent der Staatsschulden entfallen auf den Bund, knapp 32,5 Prozent auf die Länder und 6 Prozent auf die Gemeinden. Dabei gibt es eine tiefe Spaltung zwischen den armen Bundesländern auf der einen Seite und den reichen auf der anderen Seite. Für die am stärksten verschuldeten Länder Berlin, Bremen und des Saarland gilt die Haushaltslage als hoffnungslos. Das heißt, ein ausgeglichener Haushalt ist nicht in Sicht.

Der Stadtstaat Berlin sitzt auf einem Schuldenberg von 60 Milliarden Euro beziehungsweise 17 275 Euro je Einwohner. Berlin sieht sich nicht mehr in der Lage, die jährlichen Zinsen dafür aus dem Etat zu zahlen. Bremen mit einer Pro-Kopf-Verschuldung von 18 759 Euro finanziert seine jährlichen Ausgaben von 4 Milliarden Euro jedes Jahr zu einem Viertel aus neuen Krediten. Das Saarland zählt 9597 Euro Schulden pro Kopf und muss 2007 weitere Kredite im Volumen von 730 Millionen Euro aufnehmen, um die Ausgaben von 3,3 Milliarden Euro zu finanzieren.
Als »schlimm« wird die Haushaltslage in Schleswig-Holstein, Niedersachsen, Mecklenburg-Vorpommern, Sachsen-Anhalt, Brandenburg, Thüringen und Nordrhein-Westfalen eingestuft. Als »mäßig« wird die Haushaltslage in Hamburg, Hessen, Rheinland-Pfalz und Baden-Württemberg eingestuft; das heißt, ein ausgeglichener Haushalt ist mittelfristig erreichbar. Als vorbildlich gelten die beiden Länder, die bereits eine Sanierung ihrer Haushalte hinter sich haben, nämlich Bayern und Sachsen. Bayern ist pro Kopf nur mit 3088 Euro verschuldet und muss keine neuen Kredite aufnehmen. Dazu wird auch Sachsen im Jahr 2008 in der Lage sein.
Tatsächlich sieht Deutschland wieder wie ein geteiltes Land aus, wenn man Karten anschaut, auf denen die wirtschaftliche oder demografische Entwicklung eingezeichnet ist. Wie die Sichel des abnehmenden Mondes liegen die Regionen mit den guten Zahlen vom Norden nach Süden auf der Karte. Und leider birgt auch die Zukunft keine freundlichen Überraschungen. Die Tendenz der Gegenwart wird sich auch in der Zukunft fortschreiben.

Die guten und schlechten Regionen Deutschlands in zwanzig Jahren

Seit der Wiedervereinigung haben rund 1,5 Millionen Menschen die östlichen Bundesländer verlassen und sich in die Wachstumsgebiete im Süden und Westen Deutschlands begeben. Aber auch das Ruhrgebiet, das Saarland und die Region entlang der ehemaligen deutsch-deutschen Grenze haben Bewohner eingebüßt, weil im Zuge des Strukturwandels Tausende von Arbeitsplätzen verloren gingen. Da die Zahl der unter 35-Jährigen deutschlandweit sinkt, verschlechtert sich natürlich die Situation in den Problemgebieten immer weiter. Ohnehin schon dünn besiedelte Regionen verzeichnen einen weiteren Bevölkerungsrückgang, weil dort kaum neue Arbeitsplätze entstehen, die junge Leute in der Region halten könnten.

Schließlich sterben die Dörfer nach und nach aus. In Mecklenburg-Vorpommern, Thüringen und Sachsen-Anhalt ist diese Entwicklung schon in vollem Gange. Sie ist aber auch für Nordhessen, Südniedersachsen und Oberfranken bereits abzusehen. In zwanzig Jahren werden diese Regionen von wilden Pflanzen und Tieren zurückerobert sein. Das freut immerhin die Naturschützer.

Eine schrumpfende Bevölkerungszahl und die Tatsache, dass junge Berufstätige weggehen, während die Rentner bleiben, bedeutet für die betroffenen Regionen stark sinkende Steuereinnahmen. Gerade im Osten wurde in den neunziger Jahren geklotzt: neue Krankenhäuser, große Kläranlagen, Straßenbau höchster Qualität bis in den letzten Winkel – jetzt ächzen Kommunen und Länder unter den Folgekosten. Die vorhandene teure Infrastruktur muss in Zukunft von immer weniger Menschen finanziert werden, das bedeutet für die Bevölkerung höhere Abgaben. Gleichzeitig wird man ungenutzte Einrichtungen wie Schulen und Schwimmbäder schließen und Bahnstrecken stilllegen. Dadurch wird sich die Abwanderung noch weiter verstärken.

Entscheidend für die Zukunftsaussichten einer Region sind sowohl eine im Altersaufbau gut gemischte Gesellschaft als auch eine gut funktionierende Wirtschaft, die Arbeitsplätze zur Verfügung stellt und neue schafft, und schließlich eine Infrastruktur, in der es sich gut leben lässt. Nach einer Studie des Berlin-Instituts für Bevölkerung und Entwicklung, die sämtliche Landkreise und kreisfreien Städte hinsichtlich ihrer Zukunftsfähigkeit bewertet hat, liegen Baden-Württemberg und Bayern an der Spitze der Rangliste. Ganz unten rangiert Sachsen-Anhalt.

Alle Bürger unseres Landes zeigen schon lange unfreiwillig Solidarität. Da sind Milliarden zusammengekommen und in Richtung Osten geflossen. Dennoch ist es nicht gelungen, eine funktionierende Wirtschaft entstehen zu lassen. Inzwischen gestehen das die Politiker resignierend ein. In Ostdeutschland wird jetzt von den »Leuchttürmen« gesprochen, also von funktionierenden Inseln im kalten Meer der hohen Arbeitslosigkeit und Abwanderung. Die Menschen, die es sich zutrauen und leisten können, ziehen in die Region, die ihnen Arbeit und ein besseres Leben verspricht. Das hat schon begonnen. Es wird sich in den nächsten Jahren verstärken.

Rangliste der Bundesländer nach ihrer Zukunftsfähigkeit

1. Baden-Württemberg
2. Bayern
3. Hamburg
4. Hessen
5. Rheinland-Pfalz
6. Nordrhein-Westfalen
7. Schleswig-Holstein
8. Niedersachsen
9. Saarland
10. Brandenburg
11. Thüringen
12. Mecklenburg-Vorpommern
13. Bremen
14. Sachsen
15. Berlin
16. Sachsen-Anhalt

Quelle: Berlin-Institut für Bevölkerung und Entwicklung

Ausschlaggebend für die guten Noten von Baden-Württemberg und Bayern ist die dort florierende, innovative Wirtschaft. Schon seit Jahrzehnten kommen junge Berufstätige mit ihren Familien sowohl aus dem Inland als auch aus dem Ausland dorthin, weil sie einen qualifizierten Arbeitsplatz und gute Standortbedingungen vorfinden. 1961 lebten 23 Prozent aller Deutschen in diesen beiden Bundesländern, heute sind es bereits 28 Prozent.

Die Bevölkerung in Baden-Württemberg wächst wie sonst nirgendwo in ganz Deutschland. 6 Millionen Menschen waren es in den fünfziger Jahren. Heute sind es 10 Millionen. Im Jahr 2020 werden die 11 Millionen überschritten sein. Nirgendwo in Deutschland ist die Bevölkerung jünger als in diesem Bundesland; 40,7 Prozent der Einwohner sind jünger als 35 Jahre. Gleichzeitig ist die Lebenserwartung am höchsten. Das bedeutet aber auch, dass die Zahl der pflegebedürftigen älteren Menschen in diesem Bundesland stärker steigen wird als in anderen Regionen. Heute sind hier rund 210000 Menschen pflegebedürftig, für das Jahr 2020 wird die Zahl auf 310000 geschätzt.

Es gibt zwar einige weltbekannte Großunternehmen in Baden-Württemberg wie DaimlerChrysler, Porsche und Bosch, aber die Mehrzahl der Erwerbstätigen beschäftigt der Mittelstand. Nirgendwo in Deutschland gibt es so viele mittelständische Unternehmen wie hier und die Unternehmen investieren doppelt so viel wie im Bundesdurchschnitt in Forschung und Entwicklung. Das verfügbare Pro-Kopf-Einkommen liegt an der Spitze aller deutschen Flächenstaaten.

Allerdings fordert dieser Wohlstand auch seinen Preis. Die Preise für das Bauland haben sich in Baden-Württemberg seit 1980 mehr als verdreifacht und liegen in der Region Stuttgart mit 365 Euro je Quadratmeter höher als irgendwo sonst in Deutschland. Doch aus demografischer Sicht ist auch im Land der Häuslebauer der Bauboom bald vorüber, denn speziell der Eigenheim- und Wohnungsbau ist eng an die Gruppe der 25- bis 40-Jährigen gebunden. Wenn die Bauwirtschaft nach einer neuen

Marktlücke Ausschau hält, sollte sie den Umbau bestehenden Wohneigentums mit altersgerechter Einrichtung ins Auge fassen.

Ein besonderes Phänomen stellt die nur mittelgroße Stadt Baden-Baden dar. Obgleich sie bundesweit mit 12 Prozent den höchsten Anteil an über 75-Jährigen hat, verfügt die Stadt über eine erstaunliche Wirtschaftskraft. Das Bruttoinlandsprodukt liegt je Einwohner bei 37 000 Euro. Damit haben die Bürger die höchste Kaufkraft in ganz Baden-Württemberg.

Das Flair der Kur- und Festspielstadt mit Kasino und Galopprennbahn zieht offensichtlich gerade gut betuchte ältere Bundesbürger an, die dann dort einen Ruhesitz suchen. Sie bringen Handel und Dienstleistungen in Baden-Baden zum Blühen und sorgen mittelbar dafür, dass auch immer mehr jüngere Menschen und besonders viele Frauen in die Stadt ziehen. Diese Kombination von vielen reichen Alten und jungen Berufstätigen findet man sonst nirgendwo in Deutschland. Vielleicht ist Baden-Baden, wie wir es heute kennen, der Prototyp für funktionierende Städte in zwanzig Jahren.

Auch in Bayern floriert die Wirtschaft, und es herrscht dort ein besonderer Wohlstand. Schließlich liegt die bedeutendste Wachstumsregion Deutschlands in und um München. Nirgendwo wird in Deutschland mehr verdient und mehr ausgegeben als hier. Von den rund 2700 bayrischen Einkommensmillionären wohnt über die Hälfte in Oberbayern.

Im Landkreis Starnberg kommen auf je 10 000 Einwohner zwölf Millionäre. Und da Reiche nicht nur gern lange leben, sondern auch bereit sind, sich das etwas kosten zu lassen, haben die Bewohner dieses

Landkreises auch die höchste Lebenserwartung in Deutschland. Leider lautet der daraus zu ziehende Umkehrschluss: Wer arm ist, stirbt früher. Doch bei allem Wohlstand, in punkto Kinder- und Familienfreundlichkeit ist Bayern nur Durchschnitt. Das Land wird also auch in Zukunft auf »Zugereiste« angewiesen sein und damit Hochqualifizierte aus anderen Gebieten Deutschlands absaugen. Im Bereich Wissenschaft und Technik werden zumindest einige bayrische Regionen noch lange ihre Leuchtturmfunktion nicht nur innerhalb Deutschlands, sondern auch in der Welt haben. Andererseits gibt es aber auch in Bayern schon Problemregionen.

Im bayrischen Norden und Osten, im Frankenland, im Fichtelgebirge und in der Rhön hat der Bevölkerungsschwund bereits begonnen, und er wird sich in den kommenden Jahren beschleunigt fortsetzen. Besonders in Oberfranken an der Grenze zu Thüringen ist die Bevölkerung bereits heute überaltert und keineswegs so wohlhabend wie in Starnberg. Im Zuge des Niedergangs der dort angesiedelten Glas-, Keramik- und Textilindustrie, die vorher nur durch Mittel der Zonenrandförderung am Leben erhalten worden war, haben die jungen Leute diese Region bereits verlassen.

Für ganz Bayern jedoch wird eine Fortsetzung der positiven Entwicklung erwartet und ein Ansteigen der Bevölkerungszahl von derzeit 12,4 auf 12,9 Millionen im Jahr 2020.

Das sind die »Sieger« unter den Bundesländern. Schauen wir auf die Verlierer:

Sachsen-Anhalt steht an letzter Stelle der Rangliste der Bundesländer, weil hier einerseits die Wirtschaft kränkelt und es andererseits kaum noch Geburten gibt. Es fehlen einfach Frauen im gebärfähigen Alter. Im Jahr 1991 lebten hier noch 460 000 Frauen im Alter zwischen 18 und 40 Jahren, heute sind es nur noch 343 000.

Sachsen-Anhalt verzeichnet den größten Bevölkerungsschwund unter allen Bundesländern, zum einen weil jährlich rund 12 000 mehr Menschen sterben, als neu geboren werden und zum anderen weil jüngere Leute abwandern. Seit 1945 hat es kein Bevölkerungswachstum mehr gegeben. Zurzeit der Wende lag die Bevölkerungszahl noch bei 2,9 Millionen; im Jahr 2020 werden es noch 2,2 Millionen Menschen sein.

Die Überalterung der Gesellschaft und der starke Bevölkerungsrückgang in Sachsen-Anhalt haben drastische Auswirkungen auf die Infrastruktur des Landes. Heute stehen 230 000 Wohnungen, das ist ein Sechstel des Gesamtbestandes, leer. 300 000 Wohnungen sind bereit abgerissen worden. Wegen des Schülermangels wurden allein in den Jahren 2004 und 2005 700 Schulen geschlossen. Und in den kommenden Jahren, wenn die geburtenschwachen Nachwende-Jahrgänge 16 bis 19 Jahre alt sein werden und damit potenzielle Lehrlinge oder Studienanfänger, wird sich ihre Zahl binnen weniger Jahre halbieren. Erschwerend kommt hinzu, dass der Anteil der Schulabgänger ohne Abschluss in diesem Bundesland besonders hoch ist.

In Sachsen ist der Trend ähnlich negativ wie in Sachsen-Anhalt, mit Ausnahme der Leuchtturm-Regionen um Dresden und Leipzig. Hier haben sich nach der Wende viele Unternehmen, auch aus dem Hochtechnologiebereich, angesiedelt. Leipzig steht westdeutschen Städten in Sachen Wachstum, Wirtschaftskraft und städtischem Flair kaum nach. Der nahegelegene Flughafen wächst ständig und wird als künftiges Drehkreuz für die Frachtflieger von DHL zu einem der ganz großen in Deutschland ausgebaut werden. Der Freistaat verzeichnet das höchste Wirtschaftswachstum unter den östlichen Bundesländern, dennoch ist die Zahl der Erwerbstätigen seit 1999 um knapp 80 000 gesunken.

Neue Arbeitsplätze entstehen fast ausschließlich für hoch qualifizierte Kräfte. Von den Menschen ohne Berufsabschluss ist jeder Zweite arbeitslos. Trotz hoher Arbeitslosigkeit – das ist einer der Widersprüche des Arbeitsmarktes – herrscht ein Fachkräftemangel. Die Bevölkerungszahl ist seit der Wende drastisch zurückgegangen auf derzeit knapp unter 4,3 Millionen. Bis 2020 wird die Zahl auf unter 3,9 Millionen sinken.

Es mag einige Leser erstaunen, dass Berlin so weit unten in der Rangliste der Zukunftsfähigkeit steht. Verantwortlich dafür ist die außerordentlich hohe Verschuldung. Die Wirtschaft hatte jahrzehntelang während der Teilung Deutschlands von der beträchtlichen Westberlin-Förderung profitiert und dadurch den notwendigen Strukturwandel verschlafen. Als nach der Wende die Subventionen wegfielen, folgte der Absturz. Viele Firmen zogen fort. Die Wirtschaft entwickelt sich nur noch schleppend. Politiker, Beamte und Hauptstadtrepräsentanten bringen keinen Aufschwung.

Derzeit lebt der Stadtstaat von seiner Substanz. Eine Klage des Senats auf Feststellung einer »extremen

Haushaltsnotlage« – was zur Folge hätte, dass der Bund einen Teil der Schulden übernimmt – hat das Bundesverfassungsgericht abgewiesen. Berlin bleibt also auf seinem Schuldenberg in Höhe von 60 Milliarden Euro sitzen.

Die Bevölkerungszahl Berlins stieg nach der Wiedervereinigung. Aber das war nur ein kurzfristiges Phänomen. Seit 1993 sinkt die Einwohnerzahl kontinuierlich auf heute knapp 4 Millionen Menschen. Im Jahr 2020 werden es nur noch 3,3 Millionen sein.

Das mit gut 18 Millionen Einwohnern bevölkerungsreichste Bundesland ist Nordrhein-Westfalen – ein Land mit gemischten Entwicklungsaussichten. Die klassischen Industriereviere im Ruhrgebiet schrumpfen deutlich, weil auch hier der notwendige Strukturwandel zu spät in Angriff genommen wurde. Zu lange hat man an Kohle und Stahl festgehalten. Dagegen bieten sich neue Arbeitsplätze in Westfalen, dem Kölner Raum und an der holländischen Grenze. Wenn Westdeutsche hochmütig auf die leer stehenden Plattenbauten im Osten zeigen sollten, dann seien sie gewarnt: Auch Städte wie Duisburg oder Gelsenkirchen werden Abwanderung, öffentliche Armut und Gettoisierung erleben.

Die Städte spalten sich in Gettos und Prestigeviertel

Viele Menschen wollen es noch nicht wahrhaben, aber in den großen Städten in Deutschland entstehen immer mehr Gettos. Geringverdiener, Arbeitslose

und Sozialhilfeempfänger wohnen dort, wo es die günstigsten Wohnungen gibt. In diesen Stadtteilen ist der Anteil von Kindern ausländischer Eltern besonders hoch. So gibt es im Berliner Bezirk Neukölln Schulen, in denen 80 Prozent der Schüler nicht Deutsch als Muttersprache sprechen. An den Schulen geht es dann aufgrund der vielfältigen sozialen Probleme manchmal gewalttätig zu, und die deutsche Öffentlichkeit blickt vorübergehend konsterniert auf »diese Zustände«, um sich dann wieder anderen Themen zuzuwenden. Die Betroffenen aber reagieren, und die deutschen Mittelschichtfamilien reagieren, indem sie wegziehen in bessere, teurere Wohngebiete. In ihre bisherigen Wohnungen ziehen dann sozial schwache Menschen ein, die nur in der Lage sind, billige Mieten zu zahlen.
Wenn die Mittelschicht sich absetzt, sinkt die Kaufkraft in diesen Stadtteilen. Es wird dort weniger investiert, und die Infrastruktur verfällt. Die Folge ist, dass immer mehr Quartiere entstehen, in denen sich die sozialen Probleme konzentrieren. In den Berliner Stadtvierteln Kreuzberg und Wedding lebt heute jeder sechste Einwohner von Sozialhilfe. 29,2 beziehungsweise 25,7 Prozent sind arbeitslos gemeldet. Viele melden sich aber gar nicht erst. Mehr als jeder Dritte hat keinen Berufsabschluss.
Das soziale Milieu und die Kaufkraft geraten in eine Abwärtsspirale. Es entstehen Gettos, in denen sich Vandalismus und Gewalt ausbreiten. Die Unterschiede zwischen den schlechten und den guten Wohnvierteln werden größer. Die Lebenswelten driften auseinander, die sozialen Distanzen werden größer – bis hin zur Spaltung der Stadt.

Solche Gettos gibt es nicht nur in Berlin, wo man sie schon kennt und gesehen hat. Auch die »besseren« und reicheren deutschen Großstädte sind betroffen, zum Beispiel München oder Hamburg. Gettos bilden sich einerseits in innenstadtnahen Vierteln mit nichtsanierten Häusern, wenig Grünflächen und wenig lokalem Handel und Gewerbe, andererseits am Stadtrand in den großen Wohnsiedlungen aus der Nachkriegszeit.
Bund und Länder versuchen mit ihrer Aktion »Soziale Stadt« dieser Entwicklung gegenzusteuern. Mit speziellen Programmen für benachteiligte Quartiere soll verhindert werden, dass Mittelschichtfamilien wegziehen. Besser wäre es, es gäbe eine Zuwanderung junger, aktiver Arbeitnehmer und Familien. Doch dass man es jetzt noch schafft, Mittelschichtfamilien dazu zu bringen, in Problemstadtviertel zu ziehen, glaubt selbst Wolfgang Tiefensee, der Bundesminister für Verkehr, Bau und Stadtentwicklung, nicht.
Ein Musterbeispiel dafür, wie sich die Spaltung einer Stadt vollzieht, ist Hamburg. Die Wirtschaftskraft Hamburgs wuchs zwischen 1995 und 2004 um 15,8 Prozent und damit stärker als in jedem anderen Bundesland; das Bruttoinlandsprodukt je Einwohner ist am höchsten und die Kaufkraft mit durchschnittlich 19000 Euro relativ groß. Dies liegt unter anderem daran, dass der Stadtstaat rechtzeitig neben der Neuorientierung in der Hafenwirtschaft neue, innovative Industriezweige erschlossen hat.
Hamburg gehört zu den Gewinnern der Globalisierung. Es ist die östlichste Hafenstadt des Atlantiks und die westlichste Osteuropas. Hamburg ist Chinas

Einfalltor nach Europa. Der Containerumschlag wächst jedes Jahr. 2005 betrug die Zuwachsrate 15 Prozent. Zwei von drei Containern, die durch Deutschland rollen, starten ihre Reise in Hamburg, und von Hamburg aus geht es bis nach Sankt Petersburg, Prag oder Budapest. Hamburg ist der zweitgrößte Handelsplatz der Welt für Kaffee und der drittgrößte zivile Luftfahrtstandort der Welt nach Seattle und Toulouse. Besser können wirtschaftliche Grunddaten nicht aussehen – Hamburg ist stark und erfolgreich.

Die Bevölkerungszahl ist in den zurückliegenden Jahren ziemlich stabil geblieben, aber nur, weil in den zurückliegenden Jahren durchschnittlich 9000 Menschen pro Jahr aus dem Umland neu zugezogen sind. Bis zum Jahr 2020 wird sogar ein leichter Anstieg der Bevölkerungszahl von 1,74 auf 1,77 Millionen prognostiziert.

Von den dreihundert Reichsten Deutschlands leben sechsunddreißig in Hamburg und verfügen zusammen über ein Vermögen von mehr als 43 Milliarden Euro. Davon gehören allein 28,45 Milliarden Euro den zehn reichsten Bürgern Hamburgs, von denen neun immerhin Milliardäre sind.

Doch gleichzeitig hat Hamburg auch ein großes Armutsproblem. Die Zahl der Hartz-IV-Empfänger stieg im Jahr 2005 auf rund 200 000. Somit leben 11,8 Prozent der Einwohner Hamburgs von staatlichen Transferleistungen. Jedes vierte Kind unter 15 Jahren in Hamburg lebt von der Sozialhilfe.

Auf der einen Seite leistet sich die Hansestadt Prestigeprojekte wie die Hafencity, die geplante Elbphilharmonie und das Science Center; da glänzt die Stadt und wird Ziel Tausender Touristen. Auf der anderen Seite verarmen ganze Stadtviertel. Manchmal liegen die Zonen der Reichen und der Armen nur wenige hundert Meter voneinander getrennt – aber die Touristen wollen nur den Jungfernstieg und *König der Löwen*. Die Vandalismus-Schäden in den Hamburger S-Bahn-Zügen haben sich innerhalb eines Jahres verdoppelt.

Die Hälfte des 500 Kilometer langen Hamburger Hauptstraßennetzes ist sanierungsbedürftig. Bei den Nebenstraßen ist der Anteil sogar noch höher. Wenn man nicht bald investiert, werden viele Hamburger Straßen in 10 bis 15 Jahren nicht mehr befahrbar sein. Schon heute sind manche wegen der großen Schäden für Lastwagen gesperrt. Hamburg ist zwar stolz darauf, eine grüne Stadt zu sein, aber die Radwege sind in einem so maroden Zustand, dass die Zahl der Unfälle im Jahr 2005 um 14 Prozent stieg.

Nirgendwo lässt sich die so genannte Broken-Window-Theorie besser beobachten als in Hamburg. Diese Theorie, die vor Jahrzehnten am Beispiel der heruntergekommenen Bezirke New Yorks entwickelt wurde, besagt, dass jede eingeschlagene Fensterscheibe, die nicht repariert wird, dazu führt, dass noch weitere kaputt gemacht werden. Die Täter gehen davon aus, dass ihr Handeln nicht bestraft wird, und leben ihre Aggressivität immer ungehemmter aus.

Was dann passiert, kann man in Hamburgs altem Schanzenviertel ebenso gut beobachten wie in den Neubaugebieten in Wilhelmsburg, Osdorf oder Mümmelmannsberg. In den Armenvierteln werden Büchereien, Hallenbäder und Schulen geschlossen. Dafür wird die alte Speicherstadt nachts illuminiert, und in die neue Philharmonie werden locker 250 Millionen Euro investiert. Verantwortung für die Armen fühlen die Reichen in der reichsten Stadt Deutschlands nicht. Es gibt zwar rund tausend Stiftungen, die sich um das Gemeinwohl kümmern, aber es ist eben das Gemeinwohl der Gutsituierten, die in den noblen Einkaufsstraßen und Wohnvierteln unter sich bleiben wollen.

Infrastruktur ade – Notizen aus der Provinz

Eines Tages hängt an der Stelle, wo sich bisher ein Briefkasten befand, nur noch ein Hinweisschild: »Den nächsten Briefkasten finden Sie …«. Von finden kann keine Rede sein: Er ist ziemlich weit weg und versteckt. Die kleine Poststelle ist in dem Ort schon vor einigen Jahren geschlossen worden, dafür gibt es im Nachbarort im Schreibwaren- und Zeitschriftenladen jetzt eine Postagentur. Dort ist man stets gutwillig und hilfsbereit, hat aber längst nicht alles vorrätig, wofür die Post wirbt, zum Beispiel kein Päckchen mit Marke. »Das kriegen Sie bestimmt im Postamt in der nächsten Stadt«, lautet die Auskunft. Die nächste Stadt? Ohne Auto sind wir verloren.

Mit dem Briefkasten-Abbau fängt es nur an. Funktionierende Infrastruktur ist teuer; zu teuer für ein Land, das sich auf Rückbau einrichten muss.
Per E-Mail hatte sich die Deutsche Telekom bei ihrem Kunden gemeldet und ihm einen noch besseren und schnelleren T-DSL-Anschluss angeboten, der nicht

nur billiger war als der bisherige des Kunden, sondern für den man auch noch einen Bonus bekam, wenn man ihn per Internet bestellte. Das wollte sich der Kunde nicht entgehen lassen. Doch als er alle seinen Daten eingegeben hatte und die Bestellung abschickte, erhielt er die Meldung, dass die gewünschten Leistungen und die damit verbundenen günstigen Tarife trotz der Werbung ihm leider nicht angeboten werden können.

Ein Mitarbeiter des Kundendienstes sagte ihm die Wahrheit: »Nein, diese Technik wird es auch in absehbarer Zeit in Ihrer Region nicht geben.« Die Zahl der Kunden im ländlichen Gebiet sei einfach zu gering, so dass sich eine technische Aufrüstung nicht lohne. Der Kunde müsse leider die bestehende geringere Leistung auch weiterhin teurer bezahlen. Ende der Durchsage. Wer in der Provinz wohnt, nimmt am technischen Fortschritt noch bedingt teil.

Der kleine Edeka-Laden im Ort war geschlossen worden. Es lohnte sich nicht mehr. Zu wenig Umsatz. Und wer nicht mit dem Sortiment des rollenden Händlermobils zufrieden war, der ein Mal pro Woche durch den Ort fuhr, musste sich eben selbst ins Auto setzen und 10 Kilometer weit fahren. Dort gab es nämlich noch einen Supermarkt und sogar auch Aldi und Lidl.

Das Leben auf dem Land war früher billig. In Zukunft wird es teurer. Die Kosten pro Kubikmeter Wasser steigen ebenso wie die Abwassergebühren. Auch die Müllentsorgung wird immer teurer. Die Begründung: ein zu geringes Müllaufkommen und zu weite Wege. Manche Straßen im Ort werden nach dem Winter nicht mehr repariert, stattdessen wird ein Schild aufgestellt: »Durchfahrt für Kraftfahrzeuge aller Art verboten, Anlieger frei.« Das ist billiger, als der Straße eine neue Fahrbahndecke zu geben, und für die Anlieger gilt das eigene Risiko. Auch die Schulen wurden zusammengelegt, weil die Klassen zu klein geworden waren. Die Kinder müssen jetzt mit dem Schulbus eine halbe Stunde länger fahren als zuvor.

Zum Glück sind die meisten ländlichen Gebiete heute noch friedliche Gegenden. Hoffentlich bleibt das so, denn Diebesbanden müssten kaum die Polizei fürchten. Die nächste besetzte Polizeiwache befindet sich künftig nur noch in der größeren Stadt – 40 Kilometer entfernt. Vom Notruf bis zum Eintreffen am Einsatzort vergehen etwa 50 Minuten; Erklärung: Die Straßen sind so schlecht, da kann auch die Polizei nicht allzu schnell fahren. Wenn der Notarzt gerufen wird, braucht der »nur« 20 Kilometer zu fahren. Nur wenn es brennt, ist die Hilfe schnell da. Eine örtliche freiwillige Feuerwehr gibt es – wie lange noch ...

So sieht es heute in ländlichen Regionen aus. Man könnte es die »abgehängte Provinz« nennen. »Wer in dünn besiedelten Gebieten leben möchte, muss sich auf eine andere Versorgung einstellen als in der Stadt«, sagt der Chef der brandenburgischen Staatskanzlei Clemens Appel. Und sein Referatsleiter ergänzt: »In manchen Gebieten wird man Jeep und Handy brauchen.« Nicht alle Straßen können erneuert werden, im Winter können nicht einmal alle geräumt werden. Nicht überall wird es Festnetztelefone geben. Vielleicht werden auch die Kläranlagen abgeschaltet. Strom liefert der eigene Generator, sofern man sich den leisten kann.

Aber nicht nur auf dem flachen Lande wird die Infrastruktur zurückgebaut, sondern auch schon in vielen Städten. In Duisburg wurde eine Studie in Auftrag gegeben, die ermitteln soll, wie man Kanalisation, Klärwerke und andere Infrastruktur abbauen kann. Von den 500000 Duisburgern heute werden im Jahr 2020 nur noch 440000 in der Stadt leben, und das überwiegend nicht mehr in den Vororten mit den Einfamilienhäusern, sondern nur noch in den dicht besiedelten Wohngebieten. Da lohnt sich auch der Erhalt von manchen Schulen nicht mehr; es wäre günstiger, die Kinder mit Privatchauffeur in andere Stadtteile zu fahren, rechnen die Stadtbediensteten vor.

Laut Mikrozensus stehen bereits seit 2002 knapp 10 Prozent der Wohnungen im ländlichen Deutschland leer. Zwar versuchen die Verwandten von Verstorbenen, diese alten Häuser noch zu erhalten und hoffen auf Käufer. Doch je mehr leerstehende Häuser es gibt, desto geringer werden die Chancen, überhaupt noch Geld dafür zu bekommen.

In den neuen Bundesländern haben einige Immobilienmakler einen neuen Markt entdeckt. Sie verkaufen Häuser, die nicht mehr als 30000 Euro kosten. Der Durchschnittspreis liegt zwischen 10000 und 20000 Euro, und es gibt sogar schon Schnäppchen für 2000 bis 5000 Euro. Dafür bekommt man woanders oft nicht einmal einen vernünftigen Gebrauchtwagen.

Die Häuser sind nicht schön, aber bewohnbar und sie finden erstaunlicherweise Käufer. Zwar stehen Renovierungen an, aber das muss nicht unbedingt sofort sein. Natürlich ist die Verkehrsanbindung schlecht, auch wenn so manches Haus direkt an der Bahnlinie

liegt: Die Züge halten da nicht mehr. Trotzdem finden sich immer mehr Käufer, die mit dem, was sie sonst in ein paar Monaten an Miete zahlen mussten, Eigentum erwerben können. Wer beispielsweise als Flohmarkthändler durch Deutschland zieht, den stört es nicht, wenn er ein paar Kilometer mehr bis zur nächsten Autobahnauffahrt fahren muss.
Dieses Szenario der entvölkerten Landstriche, in denen nur noch ein paar Sonderlinge in Katen leben, erinnert an die amerikanischen Hollywoodfilmproduktionen, in denen mit dem Weltuntergang düstere Spannung erzeugt wird. Bedeutet Zukunft, sich zurückfallen zu lassen in die Zeiten der Selbstversorgung, ein Leben in der Wildnis, mit Stromgenerator und Durchsetzung des Rechts des Stärkeren?

Marode Stromnetze – in Europa gehen die Lichter aus

Die meisten Menschen haben gar keine Vorstellung davon, wie weit unsere Gesellschaft von der ständigen Verfügbarkeit elektrischer Energie abhängt. Nicht nur die privaten Haushalte brauchen den Strom für die Beleuchtung, die Heizung und die Warmwasserversorgung, für das Telefon, den Kühl- und Gefrierschrank und so weiter. Die Wirtschaft ist ganz besonders auf Strom angewiesen, um auf elektronischem Weg zu messen, zu regeln und zu steuern. Natürlich verfügen Krankenhäuser über Notstromaggregate, die hoffentlich anspringen, wenn der Allgemeinstrom ausfällt. Und natürlich haben große Industriebetriebe eigene Kraftwerke, um unabhängig

zu sein. Aber der allergrößte Teil der Menschen ist auf die öffentliche Versorgung angewiesen.
Am Abend des 4. November 2006 gingen in weiten Gebieten Europas die Lichter aus. Zum Glück war es ein Samstag. In Deutschland waren Teile von Nordrhein-Westfalen, Baden-Württemberg, Bayern, Hessen und des Saarlands betroffen. Für die Dauer von einer halben Stunde bis zu anderthalb Stunden waren weit mehr als eine Million Einwohner in Deutschland ohne Elektrizität und in Frankreich rund fünf Millionen Menschen. Aber auch in Belgien, Österreich, Italien und Spanien wurde es dunkel. So richtig kann bis heute keiner der vielen Spezialisten erklären, was da passierte. »Menschliches Versagen eines Mitarbeiters«, sagt die Presseabteilung von E.ON. Aber kann inzwischen ein einzelner Mensch Westeuropa lahmlegen? Falls ja, wäre das ein praktischer Hinweis für terroristische Interessenten.
Bisher hatten wir in Deutschland an die Versorgungssicherheit geglaubt. Die Politiker und die großen Energiekonzerne versprachen sie uns immer wieder. Als es im Jahr 2003 in Italien einen Total-Stromausfall gab, sagte man uns noch, ein großflächiger Stromausfall sei in Deutschland unwahrscheinlich. Das deutsche Netz sei mehrfach abgesichert, und es gebe genügend Kapazität, um regionale Ausfälle auszugleichen. Im Rahmen des Verbundnetzes Europa, versicherte ein Sprecher von RWE, sei es normalerweise kein Problem, wenn von einer Sekunde auf die andere 3000 Megawatt ausfallen – was der Leistung von drei bis vier großen Atomkraftwerken entspricht –, da es jederzeit Reserven

gebe. Das Rückgrat der europäischen Stromversorgung bildet eine 380000 Volt-Stromleitung, an ihr hängen alle untergeordneten Netze.

In der Energiebranche weiß man allerdings schon seit Jahren, dass in Deutschland die Zuverlässigkeit der Stromversorgung sinkt. Die im Jahr 2005 veröffentliche Befragung von Topmanagern der Branche – Branchenkompass Energieversorger – ergab, dass 77 Prozent von ihnen die gewohnte Versorgungssicherheit schon bis zum Jahr 2007 infrage stellen. Drei Jahre zuvor waren es nur 64 Prozent der Befragten gewesen, die an der Zuverlässigkeit der Stromversorgung zweifelten.

Warum sinkt die Versorgungssicherheit? Genügend Kraftwerke sind in Deutschland im Prinzip vorhanden; es hapert nur bei den Leitungen. Als es das Verbundnetz Europa noch nicht gab, brauchte man in Deutschland den Strom nur über relativ kurze Entfernungen zu transportieren; dazu waren die Leitungen leistungsfähig genug. Seit der Liberalisierung der Strommärkte haben wir größere Transite, für die die bestehenden Leitungen nicht ausgelegt sind.

Hinzu kommt, dass vor allem in Norddeutschland immer mehr Windkraft eingespeist wird und von Norden nach Süden transportiert werden muss. Auch dafür ist das bestehende Netz nicht ausgelegt. Wenn wir die ursprüngliche Sicherheit halten wollen, brauchen wir mehr Leitungen, fordern Experten. Erschwerend ist, dass der Wind nicht prognostiziert werden kann. Man muss Reserven aus anderen Kraftwerken bereitstellen für den Fall, dass der Wind später als erwartet kommt. Diese Reservehaltung ist zurzeit ein großes Problem. Man muss doppelt investieren, in den Wind und in die Reserve für den Wind. Wir haben uns die Windkraftwerke gewünscht: als saubere Energiequelle. Über die Folgen waren sich die Laien nicht im klaren.

Wenn die bestehenden Netze schon heute nicht den Anforderungen entsprechen, wird dies in Zukunft erst recht nicht der Fall sein. Der Stromverbrauch und damit die zu transportierende Menge werden kontinuierlich wachsen. Wenn nicht bald in den Leitungsbau investiert wird, werden wir öfter Blackouts erleben wie im November 2006 – aber vielleicht länger als eine Stunde, vielleicht tagelang. Und dann können wir uns von der Illusion der Versorgungssicherheit verabschieden.

Im November 2005 jedenfalls hatten die Stromkonzerne angekündigt, sie wollten das Stromnetz bis 2020 für 40 Milliarden Euro modernisieren. Geld ist da, denn an unseren Stromrechnungen sehen wir, wie zunehmend kassiert wird. An den Dividenden der DAX-Konzerne E.ON und RWE sehen wir, dass kräftig Gewinn ausgeschüttet werden kann. Da bleibt uns nichts anderes übrig, als zu hoffen – und vorsichtshalber einen großen Vorrat an Kerzen anzulegen.

Der Staat zieht sich zurück

Die Ansichten darüber, welche Aufgaben der Staat selbst wahrzunehmen hat und welche nicht, welche Dienstleistungen er seinen Bürgern schuldet oder auch nicht, sind eng mit politischen Wertvorstellungen, aber auch mit handfesten wirtschaftlichen

Interessen verbunden. Fast ein Jahrhundert lang war man zumindest in Deutschland der festen Überzeugung, dass es für alle – Staat, Gesellschaft und Wirtschaft – nützlich und sinnvoll ist, dass von staatlicher Seite die Verkehrsinfrastruktur einschließlich des Brieftransportes, der Energie-, Wasser- und Abwasserversorgung sowie der Müllabfuhr zentral gelenkt und sichergestellt werden. Auch die ausreichende Versorgung mit Krankenhäusern, Kindergärten, Schulen, Universitäten und Altenheimen wurde als originäre staatliche Aufgabe gesehen.

Das ging so lange gut, wie der Staat diese Leistungen aus Steuergeldern und über moderate Gebühren finanzieren konnte. Damit war Schluss, als die Staatsbediensteten Löhne und Gehälter verlangten, die sich denen in der privaten Wirtschaft näherten. Gleichzeitig wuchs auch die Kritik an der Qualität, der Schnelligkeit und der Flexibilität staatlicher Einrichtungen. Immer mehr Unternehmen sahen die Chance, bestimmte von staatlichen Bediensteten erbrachte Leistungen schneller, billiger und trotzdem noch gewinnbringend übernehmen zu können.

Andererseits empfanden viele Politiker die Beschäftigung mit der Leistungsverwaltung als Hemmnis ihrer Tätigkeit, weil dadurch immer mehr staatliche Gelder gebunden wurden und der finanzpolitische Spielraum immer enger wurde. Weil nun die Allzuständigkeit des Staates immer häufiger infrage gestellt wurde, der finanzielle Spielraum abnahm und das Verlangen der Wirtschaft, bestimmte Aufgaben zu übernehmen, immer größer wurde, setzte in Westdeutschland ein Prozess der Privatisierung staatlicher Aufgaben ein, dessen Ende nicht abzusehen ist.

Es kamen parallel verschiedene Grundstrategien zur Anwendung. Zum einen wurden Unternehmen, die dem Staat gehörten oder nach Ende des Zweiten Weltkriegs zunächst verstaatlicht worden waren, in Aktiengesellschaften umgewandelt. Mit dem Ziel der Vermögensbildung in breiten Schichten der Bevölkerung wurden die Aktien dann verkauft, aber natürlich hatte der Staat auch ein Interesse daran, zusätzliche Finanzmittel in die Kasse zu bekommen.
1965 wurde die Volkswagen-Aktie ausgegeben, 1984 der Energieversorger VEBA (heute E.ON) verkauft und 1996 die Deutsche Telekom. Inzwischen sind auch die Lufthansa und die Deutsche Bundespost Aktiengesellschaften. Damit ist die Liste der Verkäufe von Unternehmen auf Bundes-, Landes- und Gemeindeebene aber noch längst nicht abgeschlossen. Der Hamburger Stadtstaat privatisierte den Landesbetrieb Krankenhäuser und das Land Nordrhein-Westfalen versucht gerade, die Landesentwicklungsgesellschaft (LEG) mit ihren rund 96 000 Wohnungen sozialverträglich zu verkaufen. Hamburg hat außerdem den Startschuss für den Verkauf von bis zu 49,9 Prozent der Hamburger Hafen und Logistik AG (HHLA) gegeben.
Die Deutsche Bahn AG ist bereits in eine Aktiengesellschaft umgewandelt, ihr Verkauf eine Frage der Zeit. Auch die Bundesanstalt für Flugsicherung war bereits in die Deutsche Flugsicherung GmbH umgewandelt worden. Der Verkauf sollte unauffällig über die Bühne gehen. Da jedoch wurde die Privatisierung durch den Bundespräsidenten auf Grund verfassungsrechtlicher Bedenken zunächst einmal verhindert.

Aus der Gesellschaft für Nebenbetriebe der Bundesautobahn wurde die Tank & Rast GmbH, und der Freistaat Bayern trennte sich von einem Großteil seiner Anteile an der Bayernwerk AG, der DASA und der Viag. Das ist die eine Schiene der Privatisierung, von der manche sagen, hier verkaufe der Staat einen Teil seines Tafelsilbers, um seine Schuldenlast zu drücken und irgendwann wieder vor neuen Schulden zu stehen. Dann aber gebe es keinen Griff mehr zum Staatseigentum. Andere hingegen begrüßen den Weg zum »schlanken Staat«.

Ein anderer Weg der Privatisierung wird beschritten, wenn zum Beispiel die Reinigung von öffentlichen Gebäuden wie Schulen, Behörden und Gerichten nicht mehr von Angestellten des Staates durchgeführt wird, sondern von privaten Reinigungsunternehmen. Auch die Übertragung der Müllabfuhr an private Unternehmen gehört in diese Kategorie. Wenn die Gewerkschaften gegen diese Maßnahmen Sturm liefen, dann ging es meist darum, dass Arbeitsplätze aus dem sozial sicheren Bereich des Staates in die private Wirtschaft wanderten, mit mehr Teilzeitarbeit, schlechterer Bezahlung und größerer sozialer Unsicherheit.

Auch die Lizenzvergabe, sei es nun für die Mauterhebung durch Toll Collect oder für die Nutzung von Mobilfunkfrequenzen, ist eine Form von Privatisierung. Den wohl größten Privatisierungsschub gab es, als die Staatsunternehmen der ehemaligen DDR durch die 1990 gegründete Treuhandanstalt in Privateigentum überführt wurden.

Wie geht es mit der Privatisierung in Zukunft weiter? Ist nicht das meiste, was nach heutiger Auffassung nicht zu den staatlichen Aufgaben gehört, schon in private Hände gelangt? Einige Sektoren bieten durchaus noch Möglichkeiten, wie wir am Beispiel der USA sehen. Dort werden immer mehr Straßen und Autobahnen, aber auch Brücken im privaten Besitz betrieben und die Wegezollstationen erinnern ein wenig an die Raubritterburgen des deutschen Mittelalters.

Auch Gefängnisse in Privathand, im großen wie im kleinen Stil, gibt es in den USA längst – Kleinstgefängnisse mit nur wenigen Zellen für den kleinen Unternehmer oder große mit Tausenden Zellen irgendwo in der Wüste. Natürlich lässt sich auch noch das Thema Sicherheit vom Staat auf private Unternehmen übertragen. Schwarze Sheriffs in öffentlichen Verkehrsmitteln gehören heute zum normalen Bild in der Öffentlichkeit und von Privatfirmen betriebene Radarfallen, die gegen Provision Autofahrer jagen, werden auch immer häufiger. Die Sicherheitsaufgaben werden immer seltener von staatlicher Polizei oder vom kommunalen Ordnungsamt wahrgenommen. Unternehmen, bei denen es auf Sicherheit ankommt, beschäftigen ihre »Security«.

Weshalb sollte man nicht auch Zoll- und Passkontrolle an Privatfirmen übergeben? Dass öffentliche Gebäude, unter anderem auch schon Bundeswehrkasernen, verkauft und zurückgemietet werden, ist bereits an der Tagesordnung, ebenso dass die Bundeswehr ihre Nutzfahrzeuge und Pkw nur noch least und nicht mehr kauft.

Und da in den Bundesministerien immer häufiger Fachleute aus Unternehmen arbeiten, die an komplexen Gesetzen mitwirken und auch sonst mit Rat und

Tat zur Seite stehen, könnte man sich doch überlegen, ob man nicht auch gleich bestimmte Ministerien einschließlich der Führungskräfte in die Verantwortung der Wirtschaft übergibt.
Vielleicht wäre es gar nicht so schlecht, die ganze Bundesrepublik zu einer Aktiengesellschaft zu machen, die den Bürgern gehört, bei der die Kanzlerin oder der Kanzler auf der jährlichen Hauptversammlung Rede und Antwort stehen muss. Eine Utopie? Warten wir ab. Statt Abstimmung alle paar Jahre per Stimmzettel könnten die Bürger künftig im Internet abstimmen, ob sie lieber einen Park in ihrer Stadt wollen oder doch besser ein Krankenhaus. Technisch ist das jetzt schon machbar.

Die schöne Welt der Public Private Partnership

Public Private Partnership (PPP), zu deutsch öffentlich-private Partnerschaften, heißt das Modell, das auch in Deutschland immer mehr Anwendung findet. Im Rahmen ihrer Innovationsoffensive will die Bundesregierung dieses Prinzip der Zusammenarbeit zwischen öffentlicher Hand und privaten Unternehmen fördern. Es geht der Regierung darum, dass öffentliche Infrastrukturprojekte effizienter realisiert werden als bisher.
Während sich bei uns PPP-Projekte meist darauf beschränken, dass ein Privatinvestor ein öffentliches Gebäude kauft oder neu errichtet, das er dann an den Staat vermietet, ist man in Großbritannien schon wesentlich weiter. So hat die Gemeinde East Riding in Nordengland einen großen Teil ihrer hoheitlichen Aufgaben an ein Privatunternehmen vergeben.

Die Arvato AG, eine Tochter des Bertelsmann-Konzerns, ist jetzt zuständig für die Eintreibung der Gemeindesteuern und die Auszahlung der Sozialhilfe, aber auch für die Verwaltung der Finanzen und die Betreuung der Bürgerbüros des Gemeindebezirks. Der auf acht Jahre befristete Servicevertrag soll Arvato Einnahmen von jährlich 25 Millionen Euro bringen.

Arvato hat sich verpflichtet, 500 Beschäftigte der Verwaltung von East Riding zu unveränderten Konditionen zu übernehmen und zusätzlich 600 neue Arbeitsplätze zu schaffen. Darüber hinaus erhält die Gemeinde 20 Prozent der erzielten Gewinne. Bertelsmann sieht in East Riding ein Modellprojekt, das sich in Zukunft auch auf Deutschland übertragen lassen könnte.

Die Frage ist: Wollen wir das? Der oft verspottete deutsche Beamte hat auch Qualitäten. Offenbar fallen sie aber erst auf, wenn man ihn vermisst. Ein Staatsdiener oder Angestellter im öffentlichen Dienst – jedenfalls heute in unserem demokratischen Staatswesen – verhält sich anders als der Akkordarbeiter eines Privatunternehmens. Städtische Verkehrsbetriebe investieren mehr in die Qualität von Bus und Bahn als Private, weil sie nicht mit dem ganz spitzen Stift rechnen müssen. Als warnendes Beispiel sehen wir den unfallträchtigen Zustand und die Unzuverlässigkeit der britischen Bahnen, seit sie in privater Hand sind. Eine örtliche Sparkasse wird auch gegen die Regeln von »Basel II« einem Handwerksbetrieb Kredit geben, weil es ja um Arbeitsplätze in der Kommune geht. Die private Bank entscheidet fernab und kühl ohne Ansehen der öffentlichen Interessen. Es gibt viele Gründe, die für ein Verzögern der allgemeinen Privatisierung sprechen. Doch die öffentliche Armut ist ein starker Antrieb für Stadtdirektoren und Bürgermeister.

Geld grenzt aus – und der Staat macht mit

Eine besondere Art der Zusammenarbeit zwischen privaten Firmen beziehungsweise betuchten Privatleuten und der öffentlichen Hand gibt es in Hamburg. Der Neue Wall, einst eine der nobelsten Einkaufsmeilen der Hansestadt, drohte zu verkommen, weil die Stadt jahrzehntelang nichts in den Straßenbelag und die Fußwege investiert hatte. Angesichts des maroden Zustands der Einkaufsstraße drohten die finanzstarken Kunden der noblen Läden wegzubleiben. Also griffen vierzig Immobilieneigentümer des Neuen Walls zur Selbsthilfe. Sie legten insgesamt 6 Millionen Euro zusammen, um die Sanierung auf eigene Kosten durchführen zu lassen; 3 Millionen Euro kosteten allein die Straßenbauarbeiten.

Angesichts der noblen Geschäfte fiel die Sanierung dann entsprechend edel aus. Die Stadt hätte sich das so nicht leisten können. Die breiter angelegten Gehwege wurden mit hellem Granit gepflastert. Vor den Eingängen der Luxusläden stehen Buchsbaumkübel. Moderne Lampen in der Straßenmitte sorgen dafür, dass man auch am Abend gern an den Schaufenstern entlang flaniert.

Das Beispiel Neuer Wall wird gern als vorbildlich dargestellt: Es gibt noch Eigeninitiative in unserem Land! Doch wenn man nach den Motiven der »Sponsoren« fragt, sieht die Sache ganz anders aus. Dieses

Engagement lag doch nur im Eigeninteresse der Beteiligten, es ging nicht um eine wohltätige Aktion zugunsten aller. Man wollte die Nobelmeile erhalten, damit sie die kaufkräftigen Kunden weiter anzieht. Man wollte verhindern, dass die Reichen wegbleiben und nur noch das normale Fußvolk durch die Straße spaziert. Und so hat man auch gleich nach der Sanierung des Neuen Walls private Sicherheitskräfte engagiert, die dafür sorgen, dass kein Falschparker den Blick auf die Schaufenster versperrt. Bestimmte Käufergruppen werden durch die hohe Präsenz der scharfäugigen Herren auch am Flanieren gehindert. Es findet Selektion statt, im ökonomischen Interesse.

BID, Business Improvement Districts, nennt man das Modell, wenn sich Händler und Immobilienbesitzer in Eigenregie um die Verbesserung ihres Geschäftsviertels kümmern. Nicht nur in Hamburg, sondern auch schon in einigen anderen Städten Deutschlands gibt es solche Aktionen. Und da es meist um die Veränderung von öffentlichen Straßen geht, muss der Staat zuvor eine offizielle Erlaubnis erteilen. Dies tut er gern, weil er ja keinen Cent für die Sanierungsmaßnahmen ausgeben muss.

Wenn ganze Geschäftsviertel aufwendigst modernisiert worden sind, wirkt sich das natürlich auf die Immobilien- und Mietpreise aus. Dort werden sich nur Läden mit teuren Designer-Produkten, Luxushotels und Restaurants ansiedeln, mit Preisen, die sich ein Normalbürger kaum leisten kann. Und falls es noch irgendwo in den Altbauten Mietwohnungen gibt, wird man mit Renovierungsmaßnahmen und anschließenden satten Mieterhöhungen die alten

Mieter weggraulen, die nicht zu den Reichen der Gesellschaft gehören. Schließlich will man unter sich sein, und das lassen sich die Reichen auch etwas kosten.
Der BID-Trend kommt aus den USA und Kanada. Von dort kommt auch der Trend, dass ganze Wohnviertel der Reichen von der Außenwelt abgeschirmt werden. An den Privatstraßen befinden sich Schranken, die nur für die Bewohner und deren Besucher geöffnet werden. Überall sind Videoüberwachungsanlagen installiert. Private Sicherheitsdienste sorgen für Recht und Ordnung in diesen Vierteln.
Besonders häufig findet man solche abgegrenzten Wohnviertel für die Reichen in den großen Städten der so genannten Schwellenländer oder neuen Industrieländer, wo der Unterschied zwischen Arm und Reich besonders krass ist, wie zum Beispiel in Johannesburg oder Manila. Doch wenn die Entwicklung so weiter verläuft wie bisher, werden auch in Deutschland in den kommenden Jahren mehr solcher Enklaven für die Reichen entstehen.

Luxus spaltet die Gesellschaft

Statussymbole haben zwei Funktionen. Zum einen sollen sie Auskunft über ihren Besitzer geben, seine Vorlieben, seinen Geschmack und seine gesellschaftliche Rolle darstellen, also Zugehörigkeit signalisieren. Zum anderen sollen Statussymbole aber auch, und das ist ihre hässliche Seite, andere Menschen ausgrenzen, ihnen signalisieren: »Du gehörst nicht dazu.«
Die klassischen Luxusartikel, wie Kleidung und

Schuhe, Lederwaren, Parfums und Kosmetik, Uhren, Schmuck und Tischbedarf, taugen aber nicht mehr dazu, sich wirklich von der Masse abzugrenzen. Weltweit können sich inzwischen viel zu viele Menschen Dinge leisten, die noch vor einigen Jahrzehnten wenigen vorbehalten waren. Sie schränken sich in bestimmten Bereichen ihres Lebens ein, um in anderen aus dem Vollen schöpfen zu können. So entsteht das, was Trendforscher »Massclusivity« nennen, die Exklusivität der Massen. Also muss man sich nach anderen Statussymbolen umsehen, wenn man sich von der Mehrheit abheben möchte. Eine dieser Möglichkeiten besteht darin, sich teure Ferienimmobilien zu kaufen.

Nehmen wir Mallorca. Die Insel hat unterschiedliche Entwicklungsphasen als Touristenziel der Deutschen erlebt. Ursprünglich – also in den sechziger Jahren – stand sie für eine Demokratisierung des Tourismus. Die ersten Charterflieger landeten auf dem Flughafen von Palma. Die ersten größeren Hotels entstanden. Der Pauschaltourismus nahm zu und verhalf Mallorca zu dem zweifelhaften Prädikat »Hausraueninsel«.

Die Regionalregierung der Balearen war mit dem Massentourismus irgendwann nicht mehr glücklich. Die Wende nahm ihren Anfang in den neunziger Jahren. Es gab einen Baustopp für Hoteltürme und die Auflage, alte Hotels so zu renovieren, dass sie in die Vier- und Fünf-Sterne-Kategorie kamen. Mallorca wurde »fein«. Das änderte nichts am Traumziel Mallorca, aber es wurde eine andere Kundschaft angesprochen. Inzwischen gibt es mehrere Golfplätze, viele Luxushotels und Sterne-Restaurants, neue

Jachthäfen und neue Villensiedlungen. Die Preisentwicklung zeigt, was aus Mallorca wurde: Seit dem Jahr 2000 lässt sich ein Anstieg um durchschnittlich 80 Prozent verzeichnen. Deutsche Models, Schauspieler, Sportprominenz zahlen gerne jeden Preis. Eine beispielhafte Entwicklung. Auch an der Côte d'Azur kletterten die Preise um 60 Prozent – da sind die neureichen Russen die Preistreiber. In bestimmten Orten Floridas musste man innerhalb der vergangenen drei Jahre bis zu 120 Prozent mehr für Immobilien zahlen als zuvor. Aber selbst bei solchen Preisentwicklungen kann man von echter Exklusivität nicht mehr sprechen, wenn man weiß, dass rund 700 000 Deutsche schon ein eigenes Haus oder Appartement in südlichen Regionen haben. Zur Preistreiberei hat auch beigetragen, dass die meisten Ferienimmobilien nur für vier bis fünf Jahre erworben und dann wieder verkauft werden.

Inzwischen liegt der Einstiegspreis für ein frei stehendes Einfamilienhaus auf Mallorca bei 450 000 Euro. Die Preise werden bis zum Jahr 2011 noch jährlich um 5 bis 10 Prozent steigen. Das heißt: Vergleichbare Häuser sind mittlerweile auf der Mittelmeerinsel weitaus teurer als in Deutschland. Billiger kommt man zu einem Haus in Florida, wo die Preise ungefähr bei 200 000 Euro beginnen. Ein neues Ziel nach der Toskana und der Côte d'Azur ist für die Deutschen das Languedoc-Roussillon – die französische Provinz am Mittelmeer nahe der spanischen Grenze. Dort kosten Häuser noch zwischen 220 000 und 400 000 Euro, Tendenz ebenfalls rasant steigend. Abgesehen von der dort lebenden Landbevölkerung, die von den zugereisten Ausländern stets als pittoreske Bereicherung angesehen wird, ist man ansonsten wenigstens unter seinesgleichen, was das Einkommen betrifft.

Doch Geld allein grenzt gar nicht mehr ausreichend gegen andere Menschen ab. Das stellt mit besonderem Bedauern die Oberklasse in den USA fest, wo die Einkommensschere noch viel deutlicher auseinandergeht als in Deutschland. Goldene Vertu-Mobiltelefone (einer Exklusiv-Marke von Nokia) für 30 000 Euro können sich heute ebenso viele Amerikaner leisten wie eine Flasche Rémy Martin für 6400 Euro, bei der ein farblich passender Diamant im Flaschenhals sitzt. Man könnte fragen, ob der dann auch in den Altglascontainer entsorgt wird. Aber halt: Der Amerikaner neigt ohnehin nicht sehr zum Mülltrennen.

Wahre Exklusivität lässt sich nach Ansicht von Insidern in den USA nur noch durch extensive Wohltätigkeit darstellen, zum Beispiel bei der »Hamptons' Chow Chow Bow Wow«-Party, ein Fest, bei dem die Tickets bis zu 10 000 Dollar kosteten und der Erlös an eine Tierschutzorganisation ging. Woanders versucht man mit so genannten Private Members Clubs, Distanz zu schaffen. Natürlich sind die Beitrittsgebühren außerordentlich hoch, beim Berliner China Club zum Beispiel beträgt sie 10 000 Euro.

Aber Geld allein reicht nicht. Man muss schon Beziehungen haben, um zu den Auserwählten zu gehören, denen eine Mitgliedschaft angetragen oder zumindest ermöglicht wird. Insofern gibt es auch eine Spaltung innerhalb der Oberschicht, zwischen denen, die nur viel Geld haben, und denen, die darüber hinaus auch noch über Beziehungen verfügen.

Sicherheit wird knapp

Das Sicherheitsbedürfnis ist in den vergangenen Jahren weltweit gestiegen. Während der Weltmarkt für Sicherheitstechnik im Jahr 2004 noch 13 Milliarden Euro umfasste, geht man für 2006 bereits von 14,3 Milliarden Euro aus. Davon entfallen 5,4 Milliarden Euro auf Europa, 5 Milliarden auf Amerika sowie 3,9 Milliarden auf den asiatisch-pazifischen Raum und den Rest der Welt.

Deutschland ist der größte Markt in Europa. Hier wurden im Jahr 2005 gut 2,2 Milliarden Euro in elektronische Sicherheitstechnik investiert. Noch machen Brandmeldeanlagen 40 Prozent davon aus, Überfall- und Einbruchmeldeanlagen 28 Prozent, Videoüberwachung 14 Prozent und Systeme für Zutrittsmanagement 9 Prozent. Dieses Verhältnis wird sich in den kommenden Jahren verschieben. Die Branche geht für die nächsten Jahre von einem Anstieg der Nachfrage nach Videotechnik von 8 bis 9 Prozent aus, während die anderen Bereiche nur moderat zulegen werden.

Auf der einen Seite überwachen immer mehr Städte, zum Beispiel Hamburg, München und Frankfurt, ihre öffentlichen Plätze per Videokameras und hoffen so, der anwachsenden Kriminalität entgegenzuwirken. Auf der anderen Seite werden immer mehr Reiche ihre Geschäfts- und Wohnviertel mit Hilfe von Videosystemen vor unerwünschten Eindringlingen schützen.

Die Welt verändert sich

Wenn Sie eine eigene Internet-Seite betreiben oder zumindest über eine E-Mail-Adresse verfügen, wird es Ihnen sicherlich auch schon passiert sein, dass Sie eine Nachricht von einer, vielleicht sogar von Ihrer Bank bekamen, in der Sie aufgefordert wurden, im Rahmen eines technischen Updates Ihre Zugangsdaten zu Ihrem Online-Konto noch einmal einzugeben und an die angegebene Adresse zurückzusenden. Vielleicht war es sogar so, dass man Sie davor warnte, dass Betrüger Ihr Online-Konto missbrauchen wollten und dass dieses Konto aus Sicherheitsgründen binnen 24 Stunden gelöscht würde, wenn Sie nicht umgehend alle sicherheitsrelevanten Daten einschließlich einiger TAN-Nummern eingeben.

Ich hoffe nur, dass Sie in keinem Fall das getan haben, was man von Ihnen verlangte, sondern dass Sie die empfangenen Mails umgehend gelöscht haben. In allen Fällen ging es nämlich nur darum, von Ihnen Daten in Erfahrung zu bringen, die es Betrügern ermöglichen, Ihr Konto zu plündern. Die Banken warnen inzwischen vor den verschiedenen Methoden dieses so genannten Phishing. Leider fallen immer wieder ein paar Menschen auf die Betrüger herein.

Eine andere Methode dieser Betrüger besteht darin, dass sie sich bei jemandem melden, der per Internet ein teures Auto verkaufen möchte, und ein ganz dringendes Kaufinteresse zeigen. Sie sind sogar bereit, auf das Konto des Verkäufers eine Anzahlung zu leisten, damit dieser den Wagen nicht an jemand anderen vergibt. Tatsächlich, schon kurze Zeit später ist das Geld auf dem Konto des Verkäufers eingetroffen. Doch dann meldet sich der Kaufinteressent wieder.

Es gebe leider dringende Gründe, weshalb er den Wagen nun doch nicht kaufen könne. Er bittet den Verkäufer, ihm das Geld auf ein ganz bestimmtes Konto zurückzuüberweisen. Natürlich entschuldigt er sich vielmals und bietet dem Autobesitzer an, dass dieser von der überwiesenen Summe 1000 Euro behalten darf, für die vielen Unannehmlichkeiten, die ihm durch den geplatzten Verkauf und das Hin- und Her-Überweisen entstanden sind. Die meisten Menschen sind von dem Vorschlag recht angetan, denn aus ihrer Sicht ist das leicht verdientes Geld. Also beeilen sie sich, die Summe auf das genannte Konto zurückzuüberweisen.

Doch dann erhalten sie nach einiger Zeit von ihrer Bank die Meldung, dass die ursprüngliche Überweisung auf ihr Konto rückgängig gemacht wurde. Was war passiert? Der vermeintliche Autokäufer hatte den Anzahlungsbetrag nicht etwa von seinem eigenen Konto überwiesen, sondern mit Hilfe gestohlener Zugangsdaten vom Konto eines Dritten. Die Rücküberweisung erbat er dann auf sein Konto, das er danach schleunigst dichtmachte. Über den Autoverkäufer als Mittelsmann konnte er seine Spuren verwischen und den Verdacht zunächst einmal auf eine fremde Person lenken. Dem Opfer bleibt der erhebliche Schaden.

Vielleicht werden Sie sich fragen, weshalb ich Ihnen

diese Geschichte erzähle. Sie enthält ganz viele Elemente von dem, was sich in unserer Welt verändert hat. Da ist zunächst einmal die neue Art von Geschäften, bei denen niemand mehr persönlich erscheinen muss – ja, für die man nicht einmal mehr eine fest eingetragene und amtlich registrierte Adresse oder Telefonnummer braucht.

Immer mehr Menschen legen sich eine oder sogar mehrere virtuelle Identitäten zu, unter denen sie mit anderen kommunizieren oder durch Chaträume geistern. In dem Online-Internet-Spiel World of Warcraft schlüpfen dünne Jungs in die Rüstung kräftiger Kämpfer. Sie bewegen sich in einer virtuellen Welt, online und live. Es ist eine Verlockung, gegen die Sci-Fi-Filme im Fernsehen oder Videospiele auf DVD Kinderkram sind. Oder: Woher weiß man, ob die blonde 23-jährige Medizinstudentin, mit der man in einem Chatroom flirtet, nicht in Wirklichkeit ein 60-jähriger glatzköpfiger Mann ist? Ebenso wenig weiß man, ob der Interessent für ein Auto wirklich interessiert ist, bis er persönlich vor einem steht und dann hoffentlich keine üblen Absichten hat. Das Internet ist aber noch auf eine andere Weise dabei, unsere Welt zu verändern.

Schon in den sechziger Jahren hat der amerikanische Psychologe Stanley Milgram das Experiment gemacht, einen bestimmten Menschen, dessen Adresse er nicht kannte und zu dem er auch keinerlei persönliche Beziehung hatte, per Brief zu erreichen. Er schrieb seinen ersten Brief an eine Person, von der er annahm, dass diese näher an der Zielperson sein müsste, als er es war. Nun bat er diese Person, ihrerseits ebenfalls jemanden auszuwählen,

von dem sie annahm, dass dieser den Brief weiterleiten könnte.
Es stellte sich bei diesem Experiment heraus, dass wahrscheinlich jeder Mensch mit jedem anderen auf der Welt über sechs Kontaktschritte verbunden ist. Sechs Schritte, mehr nicht. Milgram nannte es das Small World Phenomenon, das Phänomen der kleinen Welt. Inzwischen ist dieses Experiment immer wieder erprobt worden und brachte immer wieder dasselbe Ergebnis – damals, in der Zeitrechnung vor dem World Wide Web.
Nun hat das Internet diese ohnehin kleine Welt noch einmal schrumpfen lassen. Die meisten Menschen, die ihren eigenen Namen in eine der Suchmaschinen eingeben, sind immer wieder erstaunt darüber, wie viel Informationen über sie im Internet gespeichert sind. Ich selbst habe Verwandte wiederentdeckt, die ich lange aus den Augen verloren hatte. Ganze Lebensläufe lassen sich so rekonstruieren. Arbeitsgemeinschaften während des Studiums, Adressverzeichnisse, Veranstaltungen und Seminare oder Bilder, die Freunde ins Netz stellen, hinterlassen ihre Spuren. Aber es ist ja nicht nur so, dass ein Großteil unser real existierenden Welt im Internet abgebildet wird, sondern dass es auch in Echtzeit abgerufen werden kann.
Es gibt kaum eine Information, die ich heute über ein x-beliebiges Ereignis auf der Welt nicht sofort erhalten könnte. Irgendeine Webcam wird mir schon zeigen, ob es in Oslo schneit oder in Manila regnet. Ich kann per Internet in Melbourne ein Auto mieten und in Johannesburg eine Kiste Wein kaufen. Weder die Entfernung noch die Tageszeit spielen eine Rolle.

Je stärker die Vernetzung zunimmt, desto mehr nimmt die Kontrolle ab. Die Internet-Ganoven, die mein Konto plündern möchten, können praktisch im Büro nebenan sitzen, in einem Hinterhof in Bangalore oder in einem schicken Penthouse in Rio de Janeiro.

Das Internet hat Ort und Zeit zu unbedeutenden Faktoren werden lassen. Das Einzige, was noch zählt, ist das Hier und Jetzt. Und wenn das so ist, dann können minimale Veränderungen gewaltige Folgen auslösen, mit dem Ergebnis, dass man stets mit dem Unvorhersehbaren rechnen muss.

Wie kleine Dinge Großes bewirken können, hat der amerikanische Journalist Malcolm Gladwell in seinem Buch *Der Tipping Point* sehr plastisch geschildert. Der Tipping Point ist der Kipppunkt, an dem eine Entwicklung, die scheinbar sehr harmlos und vorhersehbar verläuft, plötzlich gewaltige Folgen hat, mit denen zuvor niemand rechnete. Denken Sie nur an den Benzinpreis. Die meisten Tankstellen der großen Marken haben inzwischen elektronisch gesteuerte Preistafeln, die zentral bedient werden und auf die der einzelne Tankstellenpächter gar keinen Einfluss mehr hat. Man kann immer wieder beobachten, dass in Zeiten, in denen der Rohölmarkt auf bestimmte Weltereignisse reagiert, sich auch die Preise an den Tankstellen mehrmals täglich, manchmal schon im Halb-Stunden-Takt um mehrere Cent ändern.

Früher war es der *Bild*-Zeitung eine Meldung auf der Titelseite wert, wenn der Benzinpreis um 2 Pfennige angehoben wurde. Wenn er heute innerhalb eines Tages um 5 Cent, zur Erinnerung: rund 10 Pfennige, schwankt, interessiert das niemanden mehr. Auch der dahinter stehende Mechanismus bleibt uns verborgen. Gewaltsame Auseinandersetzungen im Nahen Osten, die Explosion einer Pipeline in Afrika oder der Regierungsumsturz in einem asiatischen Land lassen sofort den Weltmarkt für Öl erbeben.

Spekulanten und Händler kaufen oder verkaufen, und das im Sekundentakt. Computer-Programme, die den Markt beobachten, reagieren sofort, ziehen Schlüsse und treffen Entscheidungen. Und wir müssen schon ein paar Stunden später beim Tanken tiefer in die Tasche greifen.

Minimale Veränderungen können Lawinen auslösen. Spielerisch zeigt das der Trickfilm *Ice Age*, bei dem Scrat, eine prähistorische Kreuzung aus Eichhörnchen und Ratte, ständig damit beschäftigt ist, Nüsse zu sammeln. Als Scrat die letzte Nuss aus dem Spalt zieht und sie auf den Gletscher fällt, löst er eine Weltkatastrophe aus. Nur ein Trickfilm; aber so ist es.

Überall auf der Welt treffen wir auf diese Kipppunkte, diese Tipping Points. Es geht so lange gut, bis es plötzlich umschlägt. Und es sind meist die unvorhergesehenen Ereignisse, die die Welt verändern. Irgendwann liegen dann die Zahlen auf dem Tisch. Nicht mehr Deutschland ist Exportweltmeister, sondern China. Möglich ist alles. Vielleicht bricht die EU an der Frage, ob die Türkei aufgenommen wird, auseinander und der Euro macht der D-Mark Platz. Vielleicht läuft beim alljährlichen Rentenbericht im Jahre 2015 das Fass über, und alle jungen Menschen verlassen im Konvoi unser Land. Vielleicht ist es falsch, sich von den russischen Erdgaslieferungen immer stärker abhängig zu machen und immer mehr deutsche Firmen an russische Investoren zu verkaufen. Vielleicht sind es aber auch die besten Ideen, die man überhaupt haben konnte. Die Welt verändert sich eben.

Alles wird gut – warten auf bessere Zeiten

Wenn man einen Frosch in einen Topf mit heißem Wasser wirft, wird er sofort wieder herausspringen. Setzt man ihn jedoch in einen Topf mit kaltem Wasser und erhitzt dieses ganz langsam, so bleibt der Frosch sitzen, bis er gekocht ist. Nach meinem Wissen hat dieses Boiled-Frog-Experiment in Wirklichkeit nie stattgefunden, sondern ist nur eine gut erzählte Geschichte, deren Botschaft sofort einleuchtet. Auf langsame Veränderungen in kleinsten Schritten reagiert der Frosch nicht, weil er sie nicht als Veränderungen wahrnimmt. Wahrscheinlich findet er es nicht angenehm, was passiert, aber er gewöhnt sich an das unangenehme Gefühl, bis es zu spät ist und er nicht mehr handeln kann.

Genauso wie dem Frosch ergeht es auch unserer Gesellschaft. Wir lernen mit schlechten Nachrichten zu leben. Wir gewöhnen uns daran, immer mehr Nachteile in Kauf nehmen zu müssen, und wir akzeptieren, ohne noch lange darüber nachzudenken, dass die Gesellschaft immer stärker in Gewinner und Verlierer aufgespalten wird.

Einen ganz wesentlichen Anteil an diesem Gewöhnungsprozess hat meine Zunft: der Journalismus, die Welt der Medien, auch das Fernsehen, vor allem aber das Internet und seine journalistische Variante. Früher – so lange ist das gar nicht her – gab es die

Tageszeitung, abends eine Nachrichtensendung im Fernsehen (»Tagesschau«) und das wars. Die Nachrichten verbreiteten sich langsamer. Von mancher Naturkatastrophe erfuhren wir nie. Politiker durften noch dick oder hässlich sein. Der Übertragung ihrer Reden hörten wir zu.

Dann veränderte sich die mediale Welt. Nachrichten wanderten schnell um den Erdball, nicht nur Texte, sondern auch Fotos, schließlich sogar bewegte Bilder. Ohne die Fernsehberichterstattung über Danang, Saigon und My Lai wäre der Vietnamkrieg von den USA mit aller Härte bis zu einem Sieg weitergeführt worden. Das Fernsehen, auch das private amerikanische, zermürbte die so genannte Heimatfront. Seit diesen siebziger Jahren hat sich die Live-Berichterstattung perfektioniert. Kameraleute haben Satellitentelefone im Gepäck und so genannte Easy Links. Sie selbst können live übertragen. Technik wird einfach und billig – deshalb gewinnt die Live-Übertragung an Vorrang gegenüber dem Inhalt. Der spektakuläre Unfall wird zum Aufmacher. Die Arbeitslosenquote – na, die kennen wir ja schon. Gestiegen? Der Frosch spürt die steigende Hitze nicht.

Als der Tsunami die asiatischen Küsten heimsuchte, waren Stunden später Fernsehbilder in Europa und den USA zu sehen. Die spannendsten Einblicke lieferten die wackelnden Videokameras der Touristen – und damit öffnete sich das zurzeit letzte Kapitel. Die Menschen machen ihre Bilder selber. Die schauen auch nicht unbedingt bei den großen Sendern, sondern sie schaffen sich eigene Plattformen im Internet. Da zeigen sie alles, vor allem Privates und selten Politisches. Und die hintergründige Nachricht, das

Feature, die Dokumentation – das sind Formen von gestern.
Wenn die schlechten Nachrichten von uns ohnehin nicht beeinflusst werden können, dann ignorieren wir sie. Was nicht zu ändern ist, schieben wir einfach beiseite. Wie schrieb der amerikanische Medienforscher Neil Postman schon im Jahr 1987 über die Urteilsbildung im Zeitalter der Unterhaltungsindustrie? *Wir amüsieren uns zu Tode.* Zurzeit ist das Wasser schon ziemlich heiß, aber der Frosch hat gerade YouTube entdeckt und schaut private Filmchen.

Der Einzelne muss Eigeninitiative entwickeln

Noch nie war die Spaltung zwischen den Regierenden und den Regierten in Deutschland so groß wie heute. Im Durchschnitt trauen 62 Prozent aller wahlberechtigten Deutschen keiner der existierenden Parteien zu, eine Lösung für die aktuellen Probleme zu finden.

Optimistisch sind allein die Menschen rund um Stuttgart, im Weser-Ems-Gebiet und im nördlichen Niedersachsen, also im Speckgürtel Hamburgs. Dort vertrauen immerhin noch 42 Prozent darauf, dass es die Politik schon richten wird, aber eine absolute Mehrheit ist das irgendwie auch nicht. Vollkommen desillusioniert und enttäuscht sind – wie sollte es anders sein – die Menschen in den neuen Bundesländern. Hier liegt der Grad des Vertrauensverlustes deutlich über dem Bundesdurchschnitt und erreicht in der Region um Dessau 70 Prozent.

Es macht für die Menschen in Deutschland einfach keinen Unterschied mehr, ob man eine Bundesregierung hat, die von der CDU/CSU geführt wird oder von der SPD. Früher war das anders. Es gab politische Lager. Um Mehrheiten wurde erbittert gekämpft. Parteimitglieder und Sympathisanten jubelten über Siege und sahen bei Wahlniederlagen die Welt untergehen. Inzwischen verlieren alle Parteien kräftig Mitglieder. Die Versammlungen im Ortsverband oder Ortsverein sind gerontologische Grüppchen, schwundgeschädigt. Politik bewegt nicht mehr. Im Jahr 2005 konnten 70 Prozent der wahlberechtigten Bürger die Politik der großen Volksparteien nicht mehr voneinander unterscheiden. 1983 war es umgekehrt: 70 Prozent erkannten Unterschiede und nur 30 Prozent erkannten keine.

Da ist es nicht verwunderlich, dass sich immer mehr Menschen entscheiden, nicht mehr zur Wahl zu gehen. 2006 lag die Zahl der bewussten Nichtwähler im Bundesdurchschnitt bei 17 Prozent. Zählt man auch noch die hinzu, die nicht wussten, wen sie wählen sollten – also die Unentschlossenen –, dann kämen noch einmal 13 Prozent dazu. Also knapp ein Drittel aller Deutschen hat die Beziehung zur Politik verloren. Das macht auch Wahlergebnisse fragwürdig, denn sie beziehen sich auf den Anteil im Bezug auf die abgegebenen Stimmen. Gäbe es Mandate auch für die Nichtwähler, würden sie in manchen Parlamenten die stärkste Partei stellen.

Die Ursachen dafür sind vielfältiger Natur. Zum einen ist Politik immer mehr zur Symbolpolitik verkommen. Es wird mehr geredet als gehandelt. Im Fernsehen Betroffenheit zeigen, Gegner diffamieren und abkanzeln, die eigene Bedeutung unterstreichen und deutlich machen, dass einzig und allein man selbst im Besitz der Wahrheit ist – das gehört heute zu den politischen Standardritualen gegenüber der Öffentlichkeit. Intern geht es um Machterhalt, um Bündnisse und Koalitionen sowie darum, möglichst nicht verbindlich und damit angreifbar zu sein, sondern sich höchst flexibel zwischen dem Sowohl-als-auch zu bewegen. Kommt es dann doch zu Entscheidungen, sind sie nicht von Ideen geprägt, sondern von Pragmatismus. Wichtige politische Reformen werden in Nachtsitzungen zerredet und in Formelkompromissen ihres Kerns beraubt. Nach den langen Nachtsitzungen der Koalitionsparteien zur Gesundheitsreform hatten Teilnehmer höchst kontroverse Erinnerungen an die Inhalte des Beschlossenen. Nach der Entscheidung des Kabinetts zum Börsengang der Deutschen Bahn erinnerte sich der Bahnchef, dass man ihm das Schienennetz versprochen habe. Der Verkehrsminister betonte, man sei sich einig gewesen, dass das Schienennetz beim Bund bleibe. Kein Wunder, dass der Wähler irgendwann denkt: Mir ist beides egal.

Dass der Bürger das Gefühl hat, keinen Einfluss mehr auf das politische Geschehen nehmen zu können, weder bei den Sachthemen noch bei der Auswahl der Politiker, ist sicherlich nicht falsch; wird doch immer häufiger zwischen Spitzenpolitikern und Sachpolitikern unterschieden. Die Sachpolitiker bewegen sich auf der Ebene der scheinbar so kleinkarierten Fakten, die außer ihnen ohnehin niemand mehr versteht. Die Spitzenpolitiker fühlen sich nur noch für die Stimmung und Repräsentation verantwortlich.

Was Politiker offensichtlich von »Normalmenschen« unterscheidet, ist, dass ihr Beruf sie charakterlich offensichtlich stärker deformiert, als es die meisten anderen Berufe tun. Misstrauen und Machtbewusstsein gehören für Politiker ebenso zum Alltag wie eine anspruchsvolle Selbstüberschätzung und das Gefühl, allen anderen überlegen zu sein und deshalb tun und lassen zu dürfen, was man will, solange man nicht erwischt wird. Deswegen lernen Politiker auch sehr schnell, dass es gefährlich ist, in der Nähe von Mikrofonen Wahrheiten zu sagen. Es ist gefährlich (das hat Präsident Bush erfahren müssen), es kann existenzgefährdend sein (weiß inzwischen auch der ungarische Ministerpräsident).

Politiker sind auch keineswegs die feinsinnigen, sensiblen und nachdenklichen Menschen, wie sie sich gern der Öffentlichkeit und uns Journalisten präsentieren. Den früheren Innenminister Otto Schily nannte man im Ministerium Schilyescu in Anlehnung an den rumänischen Diktator Nicolae Ceausescu. Viel zu oft verlieren Politiker nicht nur ihre Versprechen, die sie vor der Wahl gaben, aus den Augen, sondern auch ihre Ziele. Kein Wunder, wenn man fern vom Volk in einer eigenen Klasse lebt, abgeschirmt von den Misslichkeiten des Alltagslebens und umgeben von loyalen Helfern.

Wie schnell ein normal denkender und rational handelnder Mensch in der Welt der Politik abstürzen kann, zeigte sich bei dem Finanzexperten, Ex-Verfassungrichter Professor Paul Kirchhof. In nur wenigen Wochen war er wieder von der politischen Bühne verschwunden, demontiert vom politischen Gegner, vor allem aber von den eigenen Partei-»Freunden«. Dabei war das, was er wollte und heute immer noch will, keineswegs falsch. Er wollte Einfachheit in der Steuergesetzgebung und Gerechtigkeit. Die Profipolitiker hielten ihn für naiv, seine politischen Absichten für gefährlich. Tatsächlich steckt in seinen klaren Konzepten eine Gefahr für den etablierten Politikbetrieb; der hat das erkannt und ihn kaltgestellt. Kirchhof sieht den Staat als ein Ungeheuer, eine Hydra, bei der sich das Gute stets in

Böses verwandelt. Aus Unterstützung wird Abhängigkeit und aus Wohltaten ein Schuldenberg.
Der Bürger darf die sich professionell darstellende Politik nicht mehr als Vordenker und Garant für ein glückliches Leben im Wohlstand akzeptieren, sondern muss sein Leben selbst in die Hand nehmen. Der Staat funktioniert nach dem Prinzip »mehr von demselben«, mehr Vorschriften und mehr Regelungen des Einzelfalls. Vor mehr als hundert Jahren machte man Gesetze, die heute noch ihre Gültigkeit haben, wie zum Beispiel das Bürgerliche Gesetzbuch. Heute macht man Gesetze, die schon nach einem halben oder einem Jahr überarbeitet werden müssen, weil sich Fehler eingeschlichen haben, Sachverhalte falsch bewertet wurden oder man bei einer großen Zahl von Einzelfällen nachbessern möchte. Noch mehr Gesetze, die keiner mehr versteht, sind alles andere als ein Garant für eine glückliche Zukunft. Auch wenn der Staat vielfältige Hilfe verspricht, am besten ist dem geholfen, der sich selbst hilft.

Das Prinzip Verantwortung – eine Identität für das 21. Jahrhundert

Alles, was ich bis hierher geschildert habe, beschreibt eine Zukunft, wie sie sein wird, wenn wir die Gegenwart einfach nur fortsetzen. Aber es gibt schließlich auch noch die Möglichkeit, die Zukunft selbst zu gestalten. Man kann etwas ändern, wenn man es will. Man kann Spaltungen überwinden. Was allerdings nicht bedeutet, dass damit auch sofort alle Ungleichheiten beseitigt sind.

Jeder, der seine Zukunft selbst in die Hand nimmt, sollte sich dessen bewusst sein, dass es neben dem Geldkapital auch noch ein Sozialkapital gibt, das viel wertvoller und dauerhafter ist, als finanzielle Mittel es sein können.

Wir leben heute in einer Zeit der Wende und des Übergangs. Solche Zeiten werden nicht nur als schwierig, problembeladen und krisenhaft erlebt, sie sind es auch. Alte Strukturen zerfallen oder werden zerstört, neue Strukturen müssen aufgebaut, erprobt und vielleicht auch wieder verändert werden.

Was in diesen Übergangszeiten fehlt, ist die Sicherheit. Die Sicherheit, genau zu wissen, das Richtige zu tun oder zumindest nicht das Falsche. Es ist die Zeit, in der es darum geht, die eigene Existenz, so wie man sie bisher erlebt hat, abzusichern. Und es ist die Zeit, die eigenen Erwartungen zu korrigieren, neue

Schwerpunkte zu finden und zu akzeptieren. Das Neue muss nicht schlechter sein, aber es ist anders, ungewohnt und wird deshalb von den meisten Menschen als bedrohlich empfunden.

Lange Zeit mussten wir uns keine Gedanken um den Erhalt unseres Lebensstandards machen: Die Flut hob alle Schiffe. Diese Sorglosigkeit zeigte sich auch immer wieder in Meinungsumfragen. 1984 wurde es gerade einmal von 24 Prozent der Bevölkerung als Problem empfunden, den bestehenden Lebensstandard zu erhalten. Im Jahr 2000 waren es dann schon 39 Prozent, die sich darüber Gedanken machten, und im Jahr 2003 lag deren Anteil schon bei 45 Prozent.

Prognosen gehen davon aus, dass im Jahr 2020 rund 60 Prozent der deutschen Bevölkerung sich darüber Sorgen machen werden, wie sie ihren Lebensstandard sichern können. Viele Menschen werden zu dem Ergebnis kommen, dass sie selbst dafür verantwortlich sind, und sie werden entsprechend handeln. Aber noch mehr Menschen werden der Meinung sein, dass es die Aufgabe der Gemeinschaft, also des Staates, ist, für seine Bürger zu sorgen.

Die Sicherung des Lebensstandards wird also zu einem bestimmenden Thema der Zukunft werden. Es wird Parteiprogramme und Wahlen beeinflussen, und es wird sich im konkreten politischen Handeln niederschlagen müssen, denn sonst werden die Bürger sehr konsequent diejenigen abwählen, die nicht ihren Forderungen und Wünschen entsprechen. Die Bürger werden sich nicht mehr mit Parolen und Versprechungen und auch nicht mit einer reinen Symbolpolitik zufrieden geben. Sie werden Fakten sehen wollen, weil sie sich als viel mündiger begreifen und wissen werden, dass sie selbst die Verantwortung dafür tragen, welchen Kurs das Staatsschiff einschlägt. Vielleicht werden die Menschen nicht glücklicher und zufriedener sein, weil sie bessere materielle Rahmenbedingungen vorfinden, aber sie werden es sein, weil sie wissen werden, dass das, was geschieht, von ihnen selbst gewollt ist.

Wer selbst entscheidet, kann auch selbst neue Prioritäten setzen. Wer mehr leisten muss, der wird zum Beispiel besser auf seine Gesundheit achten und ihr eine höhere Priorität einräumen. Voraussetzung ist allerdings, dass sich die Bürger ihrer Situation bewusst werden. Weg von Brot und Spielen, hin zum gesellschaftlichen Diskurs. Dafür werden wir nicht alle gewinnen können. Aber viele sollten es schon sein.

Die Folgen werden ganz praktisch und sichtbar sein. Niemand wird im Supermarkt mehr Gammelfleisch akzeptieren, bloß weil es billig ist. Der Verbraucher wird vielleicht nicht bereit sein, mehr für die Lebensmittel zu bezahlen, aber er wird andere Qualitätsanforderungen stellen.

Wenn im Handel gespart werden muss, dann nicht an der Qualität, sondern vielleicht an der Werbung und vielleicht auch an den aufwendigen und teuren Installationen, die derzeit vorgenommen werden, um das Kaufen zum angeblichen Erlebnis werden zu lassen. Wenn Werbung, Marketing- und Verkaufsaktivitäten einen Anteil von 30 bis 50 Prozent am Preis eines Produkts haben, wird der Verbraucher, der eigenverantwortlich und kostenbewusst denkt, vielleicht viel nachdrücklicher, als wir es uns heute vorstellen können, fordern, auf diese Kostentreiber zu verzichten. Die Informationen, die er braucht, holt er sich ohnehin nicht mehr von den Doppelseiten der Hochglanzzeitschriften oder aus der Fernsehwerbung.

Das Prinzip Verantwortung wird für alle bedeuten: ein neues Spiel mit neuen Regeln.

Wenn die heute geborenen Kinder in zwanzig Jahren herangewachsen sind, wird ihr Alltag von den vier großen »U« bestimmt werden: Ungleichgewicht, Ungewissheit, Unübersichtlichkeit und Unsicherheit. Die Spaltungen in der Gesellschaft, die wir heute auf nationaler Ebene erleben, werden in zwanzig Jahren im globalen Maßstab stattfinden. Insofern wird es ein nationales Wunderland nie mehr geben. So wie wir, die wir heute noch auf der Sonnenseite des Lebens stehen, unseren Wohlstand gegenüber denen, die wenig oder nichts haben, absichern und rechtfertigen können, indem wir dafür sorgen, dass auch sie einen Anteil bekommen, den alle gerecht finden, wird dies in zwanzig Jahren in der ganzen Welt stattfinden.

Wer nicht in einem bestimmten Maße teilt und verteilt, wird vielleicht irgendwann gar nichts mehr haben, weil die Armen sich einfach holen, was sie brauchen. In China und Indien lernen zurzeit immer mehr Menschen, wie man in einem marktwirtschaftlichen und kapitalistischen System die eigenen Vorteile durchsetzt – wobei sie dieselben Fehler machen, die Europa und Amerika im 19. Jahrhundert gemacht haben. Aber sie sind schneller als wir. Sie werden sehr schnell erkennen, dass sie sich damit längerfristig mehr schaden als nutzen. Das Prinzip Verant-

wortung wird in zwanzig Jahren auch dort Einzug halten – ja, Einzug halten müssen.
Die Initiative »Perspektive Deutschland«, die von McKinsey, der Zeitschrift *stern*, dem ZDF und WEB. DE getragen wird, hat in den Jahren 2005 und 2006 den Bundesbürgern die Frage gestellt: »Wohin Deutschland?« Das Ergebnis, gespeist aus den vielen Antworten, deckt sich mit denen ähnlicher Umfragen. Die Deutschen wollen eine »soziale Leistungsgesellschaft«. Oberflächlich betrachtet, sieht es so aus, als ob hier etwas Gegensätzliches zusammengeführt werden soll: Wollen die Deutschen letzten Endes nur eine eierlegende Wollmilchsau?
Betrachtet man die Ergebnisse jedoch etwas genauer, dann erkennt man, dass der Leistungsgedanke mehrere interessante Facetten hat. Auf die Arbeit bezogen, stehen Fleiß und Ehrgeiz als Haupttugenden in Deutschland immer noch an der Spitze. Acht von zehn Befragten wollen, dass sich der Lohn stärker nach der Leistung richtet. Viele wünschen sich einen Arbeitsplatz mit höheren Anforderungen und sind in dem Zusammenhang auch bereit, ein höheres Risiko einzugehen, wenn das entsprechend belohnt wird.
Weit mehr als die Hälfte der Befragten wünschen sich eine Gesellschaft, die marktwirtschaftlicher ausgerichtet ist und mehr Eigenverantwortung fordert. Gleichzeitig wünschen sich drei Viertel, dass die sozialen Unterschiede geringer werden sollen. Dafür möchten viele Menschen auch den Staat in die Pflicht nehmen. Die Politik erhält von den Bürgern den Auftrag, das bestehende Spannungsverhältnis zwischen Leistungsdenken und sozialem Auftrag mit innovativen Ideen aufzulösen. Dabei sind die Deutschen

keineswegs reformmüde. Acht von zehn Befragungs-Teilnehmern fordern, dass die Reformprozesse weiter zügig vorangetrieben werden sollen, und sechs von zehn Befragten sprechen sich für einen schnelleren gesellschaftlichen Wandel aus.

Eine überwältigende Mehrheit der Deutschen bekennt sich zum lebenslangen Lernen. Immerhin bemühen sich acht von zehn Befragten, immer wieder Neues zu lernen, und nur 6 Prozent glauben, dass sie in ihrem Leben bereits genug gelernt haben. Sowohl die Allgemeinbildung als auch die soziale Kompetenz und die Teamfähigkeit sollen stärker gefördert werden. Im Prinzip bedeutet dies alles, dass der Begriff »Leistung« in Deutschland neu definiert werden muss.

Leistung bedeutet in Zukunft eben nicht nur, zu arbeiten. Es geht viel mehr darum, mehr Verantwortung zu übernehmen. Verantwortung für sich selbst, für andere, für das, was die gewählten Politiker in meinem Namen entscheiden, und auch für das, was mit meinen Steuern in der Öffentlichkeit geschieht. Schon 1997 schrieb Reinhard K. Sprenger ein Buch mit dem Titel *Die Entscheidung liegt bei Dir!* Die Richtung, die er aufgezeigt hat, nämlich Verantwortung für sich selbst zu übernehmen und diese nicht an andere oder den Staat zu delegieren, gilt auch heute noch.

In Zukunft wird das Thema Leistung für den Einzelnen immer weniger ausschließlich mit der beruflichen Arbeit verbunden sein. Gemeinsinn und Nächstenliebe werden als Abkehr vom Egoismus neu entdeckt werden. Der brandenburgische Ministerpräsident Matthias Platzeck spricht von einem vorsor-

genden Sozialstaat, dessen Aufgabe es in den nächsten zehn bis fünfzehn Jahren sein wird, die Chancen für die nachfolgenden Generationen durch eine bessere Schulausbildung zu erhöhen.
Dazu werden viele nicht spektakuläre Einzelmaßnahmen gehören, wie zum Beispiel eine bessere pädagogische Ausbildung der Lehrer und Erzieher, aber auch mehr Geld für die Kinderbetreuung und Kindesentwicklung. Nur wer über eine gute Bildung verfügt, hat in Zukunft Chancen, zu einem anerkannten Mitglied der Gesellschaft zu werden. Gerade im gemeinwirtschaftlichen Handeln wird sich in Zukunft immer stärker die Leistungsbereitschaft und das Prinzip Verantwortung zeigen.
Das folgende Beispiel für gemeinwirtschaftliches Engagement in South Barrington bei Chicago hat mir Hannelore Becker aus Hannover erzählt. Mitglieder der Willow Creek Church, eine der größten Kirchen Amerikas, haben es sich zur Aufgabe gemacht, den Armen in der Bevölkerung, die dringend ein Auto brauchen, es sich aber nicht leisten können, ein Fahrzeug kostenlos zur Verfügung zu stellen.
Die Kirche hat dazu aufgerufen, alte oder defekte Autos, für die sich eigentlich eine Reparatur nicht mehr lohnt, zu spenden. Freiwillige, die Spaß am Schrauben haben, reparieren und restaurieren diese. Die guten Autos, das sind fast die Hälfte, werden verkauft oder versteigert und vom Erlös bezahlt man die Ersatzteile und den Unterhalt der Werkstatt. Die anderen instandgesetzten und technisch einwandfreien Autos werden an Bedürftige verschenkt, zum großen Teil an alleinerziehende Mütter. 1992 verwirklichte ein Kirchenmitglied seine Idee und restau-

rierte das erste Auto. Heute gibt es fünf hauptamtlich angestellte Mitarbeiter und 80 ehrenamtliche Männer, die pro Jahr hundert bis hundertzwanzig Autos wieder fit machen. Dies ist nur ein Beispiel, eine lokale Aktion – hier nicht bekannt, denn so etwas findet nicht den Weg in die Nachrichten.

Zu dieser sich verstärkenden Form des bürgerlichen Engagements gehört aber nicht nur das aktive Handeln des Einzelnen, es gehört auch Geld dazu. Auch dabei ist Deutschland schon auf einem Weg, den es sich lohnt fortzusetzen. In den letzten fünfzehn Jahren hat sich die Zahl der Stiftungen verdoppelt: 13 000 Mal wurde Kapital gebunden, um der Allgemeinheit zur Verfügung zu stehen. Achthundertfünfzig Stiftungen wurden allein im Jahr 2004 von Privatleuten, Firmen oder Vereinen ins Leben gerufen, um gemeinnützige Projekte zu finanzieren. Weniger Staat und mehr Eigeninitiative ist also die Devise. Eine neue Identität für das 21. Jahrhundert wird den Deutschen nicht von allein in den Schoß fallen. Jeder wird an sich selbst arbeiten müssen – und dabei die anderen nicht vergessen dürfen.

Quellenverzeichnis

Die Zitate von Wendelin Wiedeking auf S. 199 wurden mit freundlicher Genehmigung folgendem Werk entnommen: Wendelin Wiedeking, Anders ist besser, Piper 2006, Seite 143 ff.

Die Zitate von Henning Scherf auf S. 93 und 94 entstammen einem Interview, dass von Vladimir Balzer geführt und von Deutschlandradio Kultur am 25.09.2006 gesendet wurde. Vergleiche hierzu: http://www.dradio.de/dkultur/sendungen/kulturinterview/546650/

Die Bedingungen unseres Lebens ändern sich – und damit müssen wir umgehen. Aber wie?

John Kotter, Holger Rathgeber

Das Pinguin-Prinzip

Wie Veränderung zum Erfolg führt

Auf einem Eisberg in der Antarktis lebt eine Pinguinkolonie. Da entdeckt eines Tages der aufgeweckte Pinguin Fred, dass sein Volk in großer Gefahr schwebt. Der Eisberg schmilzt. Und Fred ahnt: Niemand wird die schlimme Botschaft hören wollen.
Die herzerfrischende Parabel vermittelt Strategien für erfolgreiches Handeln im Berufs- und Alltagsleben: Der neugierige Pinguin Fred und seine Mitstreiter machen uns vor, wie wir schwierige Situationen bewältigen können, gemeinsam den Mut zu Neuem entwickeln und auf unkonventionellen Wegen unser Ziel erreichen.

»Egal, ob Sie in einem Unternehmen arbeiten oder Ihr eigenes Leben managen, ob Sie Firmenchef oder Schüler sind – jeder kann von dieser Geschichte etwas lernen!«
Spencer Johnson, Autor des Bestsellers
»Die Mäuse-Strategie für Manager«

Droemer